JN039833

学徒出陣
80年目のレクイエム

還らざる学友たちへ

一橋いしぶみの会 編

セルバ出版

刊行にあたって

本書を編纂した一橋いしぶみの会は一橋大学の前身である東京商科大学の戦没者を追悼する会である。したがって戦没学友の追悼が本書の第一の目的である。

戦没学友一人ひとりのことを忘れないこと、忘れさせないことこそが追悼であるとの考えのもとに、「戦没学友の碑」が２０００（平成12）年に、一人ひとりの名前を刻んだ記名碑が翌年に建立されて20年余りが経つ。記名碑には、昭和の戦争で斃れた８３６名の学友の名が刻まれている。

その活動の中心を担ったのは戦没学友と同世代のいわゆる戦中派とその世代と直接つながりのあった戦後第一世代の先輩たちだった。当時戦中派は70歳を超え、戦後第一世代も60代になっていた。

戦中派はそれぞれの節目に、同窓会会報や同期会の回想文集などを通じて戦没した学友たちの回想や自らの戦争体験を文章に残している。「戦没学友の碑」の建立という一大事業を成し遂げた先輩たちは満足感、達成感はあったであろうが、同時にこれらの記憶や追悼の行事が次世代へ継承されるようにと、一橋いしぶみの会を設立し、春秋年２回の追悼会の開催をこの会に託した。

それから10年余りが立ち、学徒出陣経験者の会員が一人となったとき、その会員は一橋いしぶみの会に、戦争と戦没学友のことを次世代に伝えることを改めて託した。

会はその言葉を彼一人の思いではなく、戦没学友を含む戦中派の先輩の総意であると受け止めた。

そして、戦没学友の家族や友人の彼らに対する思いをアーカイブの中から救い上げ、忘れ去られようとしていた人々のことを伝えようと、個人史調査が２０１６（平成28）年に始まった。

「戦争を知らない子供たち」だった70代の高齢の卒業生会員から祖父母も戦争を知らない世代である一橋新聞部の部員ら在校生、それに子や甥や姪の代となった遺族がそれぞれの思いで筆を執った。

執筆者たちが感想で述べているように、彼らは戦中派世代が残した限られた貴重な痕跡から、亡くなった若者たちの短い人生に思いを馳せ、それを綴った。

戦没学友と「学縁」、血縁でつながった執筆者たちが、残された痕跡に寄り添いながら綴った追悼文といえる。

これまでに綴られたものは、毎年春秋の学園祭企画『戦争と一橋生』として読んでいただく機会を持ったが、学徒出陣80年の節目の年にあたり、１９４３（昭和18）年12月以降に、学業半ばで軍隊に入隊し斃れた戦没出陣学徒の個人史をまとめて本書を上梓することにした。

『学徒出陣 80年目のレクイエム ―還らざる学友たちへ』

読者は綴られた一人ひとりの歴史のなかに、かけがえのない人を失くした遺族や友人の悲しみを読み取る。

そして彼らの命を奪った戦争、彼らをそのような状況に追い込んだ戦争を憎む人もいるだろう。彼らのような逸材が奪われたことに口惜しさを感ずる人もあるだろう。今ある社会が彼らの犠牲のもとに築かれたとの思いから、感謝の念を抱く人もいるだろう。彼らや前の世代がなぜ戦争への道を止められなかったのか、と疑問を持つ人がいるかもしれない。

本書によって起こされた様々な感情の響きの1つひとつが重なり合って奏でられるレクイエムが、戦没出陣学徒に届けられれば、本書は彼らへのこの上ない鎮魂歌となるものと確信している。

2023（令和5）年　学徒出陣80年の秋

一橋いしぶみの会世話人代表　竹内雄介

学徒出陣80年目のレクイエム　還らざる学友たちへ　目次

第2章　戦局の悪化から終戦まで

第３章　戦没出陣学徒の足跡

序

アジア・太平洋戦争中の１９４３（昭和18）年、それまで認められていた学徒（高等教育機関に在籍する学生・生徒）に対する徴集延期が停止され、文科系などの学徒を在学途中で徴兵し出征させる、いわゆる学徒出陣が始まりました。２０２３（令和５）年は、学徒出陣が始まって80周年にあたります。本書は、このとき、ある１つの大学――東京商科大学（現在の一橋大学、以下本学）――から送り出された「出陣学徒」戦没者・生還者の足跡・生と死を、記録と記憶に留めていくことを目的とする「学徒出陣80年記念出版プロジェクト」から生まれました。

本書に編まれたのは、ある1つの大学の「出陣学徒」をめぐる歴史ですが、そこからは「出陣学徒」の世代と時代すべてに共通する経験や思いが浮かび上がるに違いないと信じています。その一方、本書を手に取る読者の皆さんには、本書が描く「出陣学徒」たちの姿をより身近に感じるためにも、少しだけ、彼らがそこから巣立った大学について知っていただきたいと思います。

２０２２（令和４）年2月、ロシア連邦によるウクライナ侵略戦争が始まり世界が揺れる中、4月の学部入学式で私は新入生に向かって「一橋大学が平和を愛するというとき、決してそれは月並みな決まり文句ではありません」と述べました。それには、いくつかの理由があります。

本学の建学と発展の恩人・渋沢栄一は、当代一の平和主義者でした。日本資本主義の父とも呼ばれる渋沢は、1875（明治8）年に森有礼が私設した商法講習所を支援して以来、終生を通じて本学の発展に尽力し、その熱意が実って、1920（大正9）年、本学は官立大学に昇格して東京商科大学が発足しました。

その同じ年に渋沢は、第一次世界大戦の反省から生まれた国際連盟を支援するために、同志と共に日本国際連盟協会を創立して、会長に就任しました。戦前最大の平和運動として今日評価されているものです。その会長講演で、渋沢は、当時としては大変に思い切った平和論を展開し、悪化する日米関係と日中関係に心を痛め、軍備が過半を占めていた当時の国家予算を批判して、「経済戦」という言葉についても、「経済は戦争とは全く違う、経済とは相互に利する譯のもので、戦争によって双方が利することは絶対にあり得ぬ、この言葉は間違っております」と断じています。このような議論には、渋沢自らが青年期を送った幕末維新の時代に、戊辰戦争や西南戦争などを通じて、親族・親友を含めて多くの有為の人々を戦争で喪った体験が影響を与えているのではないかと私は感じています。

渋沢は、本学同窓会・如水会の名付け親ともなり、晩年まで毎年のように本学に足を運んで卒業式などで講演を行い、また多数の講演・著書を通じて、自らの思いを社会に説き続けました。その人柄・思想は本学の学風にも少なからず影響を与えたと私は考えています。やや乱暴にまとめれば、空理空論や極端な思想を嫌い、実際的で建設的であることを好み、思想の自由を擁護する「自由寛容の貴重なる伝統」が、教員・学生・生徒の間で共有されてきたのです。しかし、渋沢の願いもむなしく、1931（昭和6）年、渋沢が満91歳でその生涯を終えた年に起きた満洲事変から、日本は長い戦争の時代に入り、本学の「自由寛容」の伝統も厳しい試練の時代を迎えたのでした。

学長が毎年の卒業式・入学式で学生諸君と向き合う兼松講堂もまた、本学にとって戦争と平和の意味を考える大事な場所です。東京商科大学のキャンパスは現在の千代田区一ツ橋にありました（今でも如水会館があり、同地の学術総合センター内には本学施設として一橋講堂と幾つかの大学院専攻がおかれています）。

しかし、1923（大正12）年の関東大震災によって一ツ橋の学園は図書館を除いて灰燼に帰し、そのことを契機として郊外移転が決断され、一ツ橋から約30キロ西方の谷保村

（当時）に雑木林を切り開いて開発された大学町と共に現在のキャンパスが生まれました。兼松商店（現・兼松株式会社）から寄贈を受け、日本建築界の巨匠・伊東忠太によるロマネスク様式のデザインで知られる兼松講堂は、１９２７（昭和２）年11月、国立キャンパスで最初に落成した建物でした。以来一世紀近くにわたり、同じ講堂で学生諸君を迎え、送り出してきた大学は、日本でも世界でも極めて限られた数しかありません。そのことは同時に、この講堂が日本にとっての戦争の時代をくぐり抜けてきたことを意味しています。

１９４１（昭和16）年12月には、戦時体制下で12月に繰り上げられた卒業式が兼松講堂で行われ、５０３名が卒業したことが記録に残っています。このうち35名が戦没したことが確認されています。

１９４３（昭和18）年秋に続き１９４４（昭和19）年秋にも全学壮行会が、兼松講堂で開催されました。そのときのことについて、ある卒業生は、壇上に立った山口茂教授が、「諸君、どうか死なないでくれ」と、当時の日本ではほとんど禁句であった言葉を第一声として力強く放たれたという鮮烈な思い出を語っています。しかし、東京商科大学の軍隊入隊者の比率は、他の理系・医学系をもつ国立大学の場合が３割台に留まったのに対して約８割と抜群に高く、それだけ多くの戦没者を出さざるを得ませんでした。このように多くの戦争犠牲者を出したこともまた、「一橋大学が平和を愛するというとき、決してそれが月並みな決まり文句ではない」もう1つの理由です。

戦争から生還した卒業生は、喪われた学友の命に対する思いや平和への願いに駆り立てられて、戦後日本の復興と成長に大きな役割を果たしてきました。そして、1980年代に入り、その世代が60歳代を迎えた頃、一橋大学で学園史編纂が進められていたことから、石川善次郎（1940年卒業）をはじめとする卒業生有志が集い、「第二次大戦と一橋」という部会を起ち上げて、本学出身戦没者の全数把握をめざして調査を開始しました。そして大学、如水会、各年度クラス会が全面的に協力した結果、1983（昭和58）年までに戦没者（戦死、戦病死、軍属等として殉難された方）672名を特定して、その死亡年月日、亡くなった状況などの調査結果をまとめて、学園史の一冊として刊行された『第二次大戦と一橋』に掲載しました。この結果をふまえて、一橋の学園にも戦没者鎮魂の記念物を残して欲しいという声が高まりましたが、実現までには長い時間がかかりました。

国立キャンパスの南には、東京商科大学初代学長佐野善作が1929（昭和4）年に建造した私邸を戦後大学に寄附して、現在はゲストハウス・会議場として利用されている一橋大学佐野書院があります。2000（平成12）年、その構内に、卒業生を中心とする「戦没学友の碑建立期成会」が募った篤志により、「戦没学友の碑」が建立されました。碑は追悼碑と記名碑からなり、このときまでに確認された本学出身戦没者の数は８１７名で、記名碑にはその名前が刻印されました（その後、新たに判明した戦没者の名前が刻印され、現在記名碑には８３６人の名前が刻まれています）。この活動を引き継いで発足したのが、本書編纂の主体でもある「一橋いしぶみの会」です。

「一橋いしぶみの会」は、毎年の学園祭で『一橋新聞』の学生諸君と協力して本学出身戦没者一人ひとりの足跡をたどるパネル展示を行ってきたほか、２０２１(令和３)年には、卒業生の青木文太朗さん（２０１９年卒業）が脚本を書き、学生諸君が出演する朗読劇「ある戦没オリンピアンの日記」をコロナ禍の中、オンライン公演するなどしてメディアでも話題を呼び、私もそれらを一教員として拝見して感銘を受けてきました。いずれも「一橋いしぶみの会」世話人代表をされている竹内雄介さん（１９７４年卒業）の熱意と努力があって初めて可能となった取組です。竹内さん、取組に参加してきた卒業生・学生の皆さん、そして何よりご協力いただいた「出陣学徒」生還者の皆さん、ご遺族・ご家族の皆さんに、一橋大学長として、あらためて敬意を表し、感謝したいと思います。

そして本書を手に取った皆さんと共に、否応なしに戦争に巻き込まれていった出陣学徒に思いを馳せ、現在も、ウクライナ、中東をはじめ世界各地で戦争・暴力の渦中にある人々が一日も早く平和を取り戻すために私たちにできることを考えて行きたいと思います。

一橋大学長　中野　聡

2023（令和5）年秋

「一橋学園」について

一橋学園とは東京商科大学の学部、予科、専門部及び教員養成所の総称である。

東京府下の国立(くにたち)に学部と専門部及び教員養成所があり、そこから遠くない小平(こだいら)に予科のキャンパスがあった。

予科とは学部に進学する前段階の3年制教育課程で、帝国大学における旧制高校の位置づけであるが、無試験で東京商大の学部に進学できた。専門部は、高等商業学校と同等の専門学校であり実践教育を旨としたが、一橋学園においては教授が学部とほぼ兼官であったことから、アカデミック寄りの教育が施されていた。教員養成所は、当時唯一の商業学校教員の養成機関であり、少人数で学費は無償。専門部と履修科目がほぼ共通であった。

学部の約70%は、予科からの進学者であった。予科生は入学直後の一年間、大半が小平の一橋寮で生活を共にすることになっていたため、親交が深かった。専門部や教員養成所卒業者からも進学者が一定数いた。その他、高等学校や高等商業学校からの進学者は「高商・高校組」とされたが、学部におけるゼミナールが中心の生活や、クラブ生活等を通し友情を育んだ。

一橋学園は、旧キャンパスがあった神田一ツ橋の名に由来する。関東大震災後、まず予科が郊外に転出し、武蔵野の原野を学園都市として拓いた国立は、駅からの大通りを挟み、西に学部、東に専門部の校舎を配置した。

「一橋」の名への愛着は強く、国立移転後も、学内者は自らを「一橋(いっきょう)人」と名乗り、出版物は『一橋新聞』、『一橋論叢』とその名を冠したままにした。戦後の新制大学名「一橋大学」は学生投票の結果を考慮している。

学部は学内では「本科」と呼ばれており、予科、専門部を加えた「三科」を学生自治会「一橋会」がまとめた（なお、「一橋会」は1941（昭和16）年に「一橋報国団」として改組される）。

「学生」と「生徒」で構成された一体感が「一橋学園」の特徴で、当初は入学式も一緒に行われ、学長は学部生には「ジェントルマン」、予科・専門部生には「ボーイズ」と、学生と生徒を呼び分けつつ辞を述べた。

戦後の制度改革で、旧制中学の5年課程は、新制中学の3年課程と新制高校の3年課程に、大学予科（旧制高校）の3年課程は新制大学の前期2年、旧制大学の3年課程は後期2年となった。（野村由美）

「旧制東京商科大学と新制一橋大学」

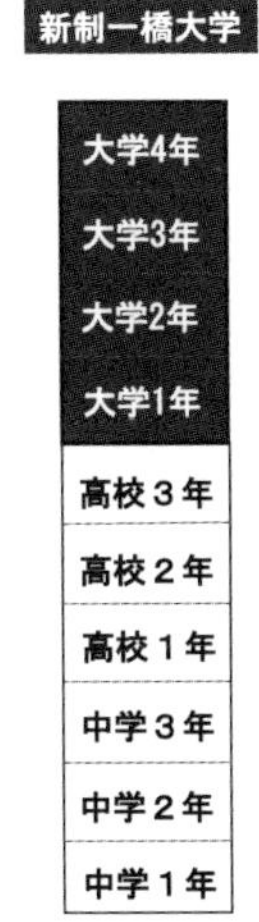

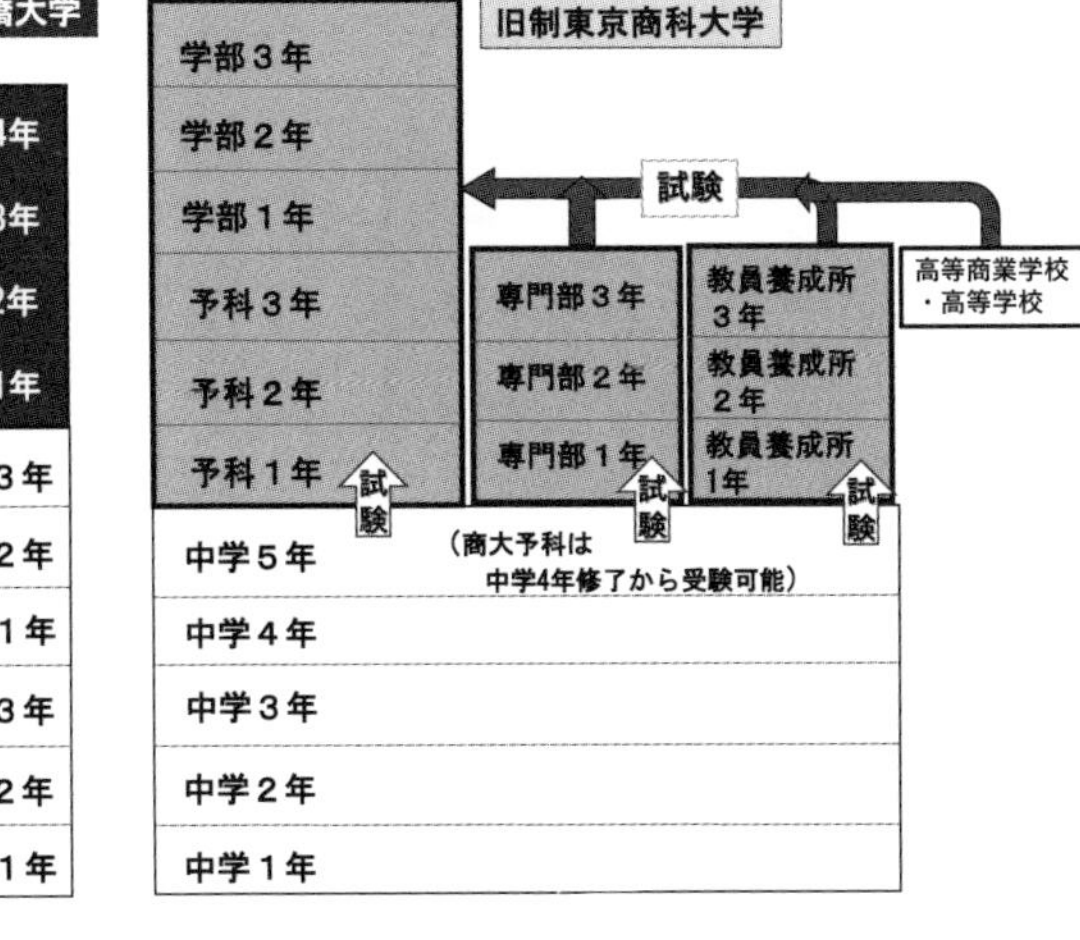

・**国立（くにたち）キャンパス（学部、専門部）**

国立は、佐野善作学長と箱根土地建物株式会社が、武蔵野の原野を拓いてつくった学園都市である。「大学通り」と呼ばれる幅広の道路を挟み、西側に学部校舎、東側に専門部校舎を配した。専門部は渋沢栄一が命名した中和寮を持ち、収容人数は限定されたが、予科の一橋寮と並んで自治の気概が強かった。

・**小平（こだいら）キャンパス（予科）**

国分寺から私鉄多摩湖線で10分の地である小平に、予科キャンパスはおかれた。予科には一橋寮があった。玉川上水を北上したところには津田塾専門学校があり、普段の交流は皆無であったが、学徒出陣前夜、津田塾生がキャンドルサービスを行ったエピソードが残る（51頁参照）。

戦後は一橋大学の前期教養課程のキャンパスとして使用され、現在は小平国際キャンパスとして整備されている。

・**兼松講堂**

実業家の兼松房治郎の遺志を受けた寄付により、建築家伊東忠太がロマネスク様式でつくった講堂である。

一橋学園のシンボル的存在であり、各種式典、講演会等の催し物が行われ、出陣学徒を送る壮行会もこの講堂で行われた。

東京商科大学兼松講堂：東京商大卒業アルバム　1940

「一橋学園キャンパス配置図」

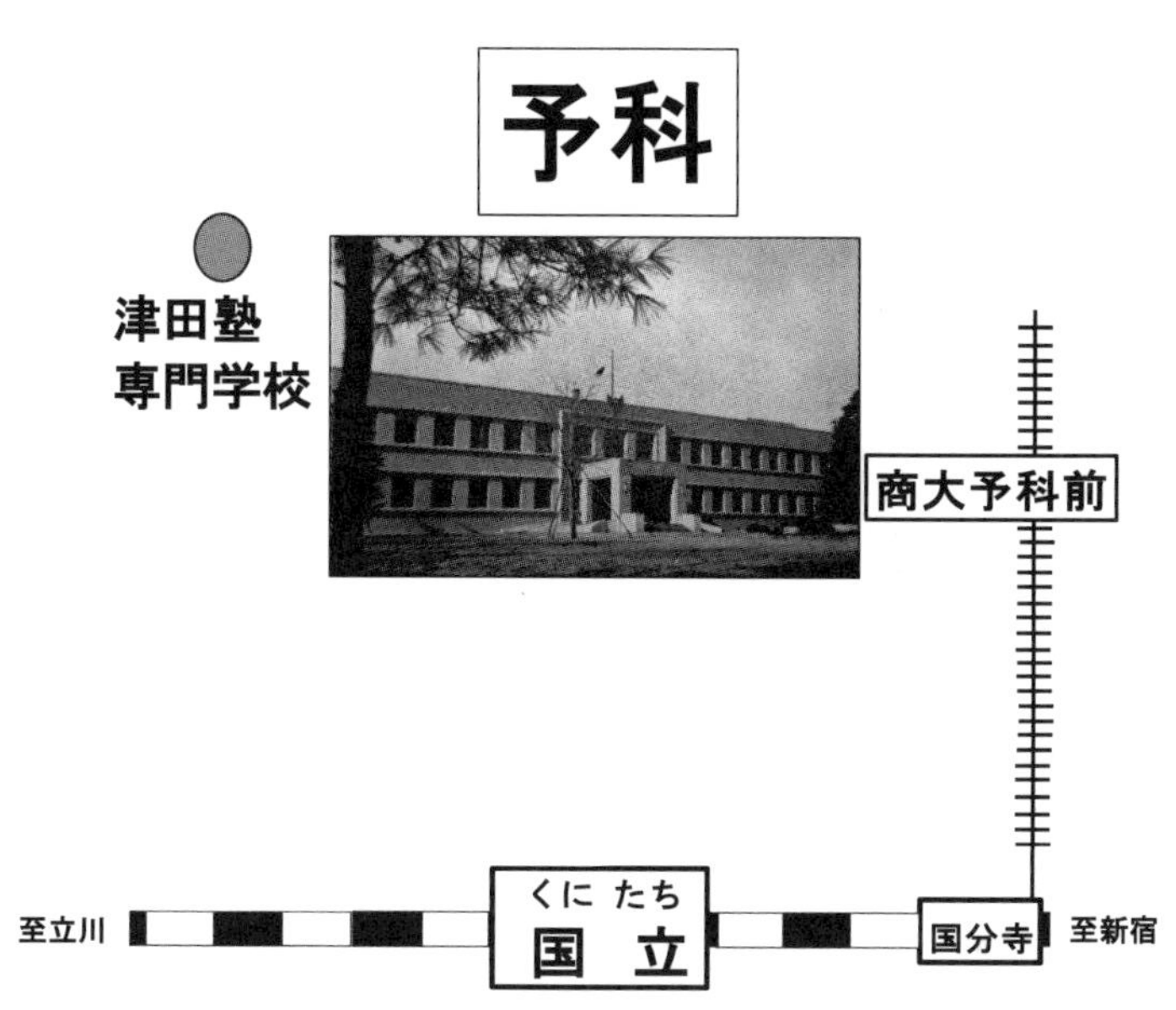

出所：東京商大卒業アルバム　1940

凡例

・年号は西暦を基本とし、原則として和暦を併記した。
・固有名詞の略記は次のとおり。東京商科大学→「東京商大」、東京商科大学本科→「学部」、同予科→「予科」、同附属商学専門部→「専門部」、同附属商業教員養成所→「教員養成所」、帝国大学→「帝大」、高等商業学校→「高商」
・戦前の中学、高校、専門学校、大学については必要としない限り「旧制」と付記していない。
・陸海軍の部隊名表記は正式名称、通称号乃至は俗称を使用した。
・横須賀第二海兵団及び佐世保第二海兵団は１９４４（昭和19）年1月の改称後の名称「武山海兵団」及び「相浦海兵団」を使用した。
・地名及び住所表示は、当時の名称を原則とし、必要に応じ現名称を併記した。
・氏名は当時の学生名簿等の表記、没年齢は満年齢表記とし、敬称は原則として略した。
・本文中の引用については、新聞・雑誌は発行年月日（或いは号数）を記載、書籍は著者、書名のみを記載し、巻末の参考文献一覧で編著者・出版社、発行年を確認するものとした。
・引用文は、原則として、旧字体を常用漢字に、歴史的仮名遣いを現代仮名遣いに改めた。
・引用資料中には、現在では不適切な言葉も含まれるが、資料の歴史的意義に鑑みそのままとした。

第1章　一橋学園の学徒出陣

「1」の持つ重み

2023（令和5）年は学徒出陣から80年である。1943（昭和18）年10月2日に「在学徴集延期臨時特例」が公布され、11月30日までに20歳以上となる文科系の大学生、大学予科（高校）生、専門学校生は12月に軍隊に入隊した。彼らと、それ以降に学業半ばで軍隊に入隊した学生・生徒を本書では「出陣学徒」と呼ぶ。

出陣学徒世代は入学同期会の固い結束の許、情報を持ち寄り、徹底した調査により、戦没した級友の大半の戦没年月日、戦没場所を調べ上げた。

次頁の表では「1」とあらわされている戦没出陣学徒一人ひとりにはそれぞれの学園生活があり、将来の夢や希望があった。しかし、配属地、兵種等によって、また戦場における判断や運によって、一橋学園への帰還を果たせなかった107名の先輩がいた。彼ら一人ひとりをより具体的に次の世代に伝えようと作業は始まった。

第3章で紹介できたのは50名である。残りの57名についても、知り得た情報で少しでもそれぞれの人物像に近づこうとした。第1章、第2章では、彼らが過ごした社会、主に学園生活を紹介し、より身近に彼らを感じられるようにした。

（竹内雄介）

東京商科大学の戦没出陣学徒数

（名）

			学部入学時期 1945年4月	学部入学時期 1944年10月	学部入学時期 1943年10月	学部入学時期 1942年10月	学部入学時期 1942年4月	予科・学部計	専門部	合計
戦没者			5	1	36	28	22	92	15	107
内訳	地域別	フィリピン	0	0	16	11	6	33	2	35
		沖縄	0	0	2	4	4	10	2	12
		マリアナ諸島・硫黄島	0	0	3	3	1	7	0	7
		ビルマ	0	0	1	1	3	5	1	6
		台湾・南シナ海	1	0	1	4	3	9	2	11
		中国・満洲・シベリア	4	0	2	2	4	12	4	16
		国内	0	1	10	3	1	15	3	18
		不明	0	0	1	0	0	1	1	2
	年月日別	1943年12月	0	0	0	0	0	0	1	1
		1944年1月から6月	0	0	1	0	0	1	0	1
		1944年7月から12月	0	0	2	7	3	12	1	13
		1945年1月から3月	1	0	8	6	7	22	1	23
		1945年4月から6月	0	0	14	15	5	34	4	38
		1945年7月から8月15日	0	0	7	0	4	11	5	16
		1945年8月16日以降	4	1	3	0	3	11	2	13
		不明	0	0	1	0	0	1	1	2

出所：一橋いしぶみの会

出陣学徒の少年時代　一ツ橋ガクト君物語

ガクト君は、1923（大正12）年に生まれた。

ねえさんのキクエさんは1918（大正7）年生まれ、共に東京で育った。ガクト君の父キヨシは慶應義塾大学を出て、百貨店の重役だ。キヨシの取引先に日本橋の老舗袋物問屋があり、その娘イトとキヨシは結婚した。

イトがお嫁に来る時に、家にいた女中が一緒についてきて、今ではガクト君の家のばあやとなっている。母の実家の店は、伯父の代だ。本当はキクエさんとガクト君のあいだにもう一人女の子がいたのだが、赤ちゃんの時に亡くなってしまった。

ガクト君の幼い時の記憶で強烈なものは、東京上空にやって来たドイツの飛行船ツェッペリン号だ。

父キヨシは、ガクト君を明治神宮外苑野球場に連れて行ってくれる。六大学野球のリーグ戦はとても人気があり、なかでも早慶戦の盛り上がりは凄い。スポーツの「聖地」神宮に行くのは、ガクト君にはとても嬉しいことだった。

ガクト君は、1930（昭和5）年に小学校に上がった。小学生の読み物として、『少年倶楽部』、『少女倶楽部』に人気があった。『少年倶楽部』、『少女倶楽部』には所有者の記名欄がある。みんなで回し読みをするからだ。

1931（昭和6）年新年号の『少年倶楽部』から、「のらくろ」の連載が始まった。ガクト君たちがちょうど小学校1年生の時だ。

「のらくろ」の主人公は天涯孤独の野良犬黒吉、略してのらくろ。寝る所もない、腹ペコののらくろは、ある日、軍隊に行けばなんとかなると思いつき、「猛犬部隊」を訪れる。無学であわて者ののらくろが失敗を重ねながら軍隊の中で昇進していく。陽気で元気なのらくろに、みんなが夢中になった。

『少年倶楽部』には帝国元帥写真集や、佐藤紅緑、大佛次郎といった一流執筆陣による読み物も満載だ。爆弾三勇士の模型など、豪華な付録も呼び物だった。

ガクト君が、小学2年生の9月に満洲事変が起こった。ガクト君たちは戦争ごっこでよく遊んだ。「大きくなったら陸軍大将になる」と思っていた少年がたくさんいた。

小学校に入学して最初に覚えたのは、四大節（天長節、明治節、新年、紀元節）の歌だった。天長節、明治節、新年、紀元節それぞれの歌がある。四大節は、一張羅を着て学校の講堂に集まる。四大節拝賀式のあとはお菓子がもらえた。紅白大福餅か紅白打物だったが、紀元節には建国団子であった。年間行事は4月3日の神武天皇祭を始め、たくさんある。

ガクト君が小学校3年生のときに、満洲国が建国された。

世界地図で赤く塗られたガクト君の国は、樺太、北海道、本州、四国、九州、沖縄、台湾、朝鮮、南洋諸島。

朝鮮の向こう側に、朱色に塗られた満洲国ができたのだ。地図で見る満洲国は、とても大きい。

キクエさんは教師に従って素直に学び、教えられたことをまっすぐに信じる優等生だ。ガクト君も負けたくなくて、勉強をよくする子に育った。

1936（昭和11）年、キクエさんは高等女学校を終え東京女子高等師範学校（4年制、現・お茶の水女子大学）へ、ガクト君は東京府立第一中学校（5年制、現・

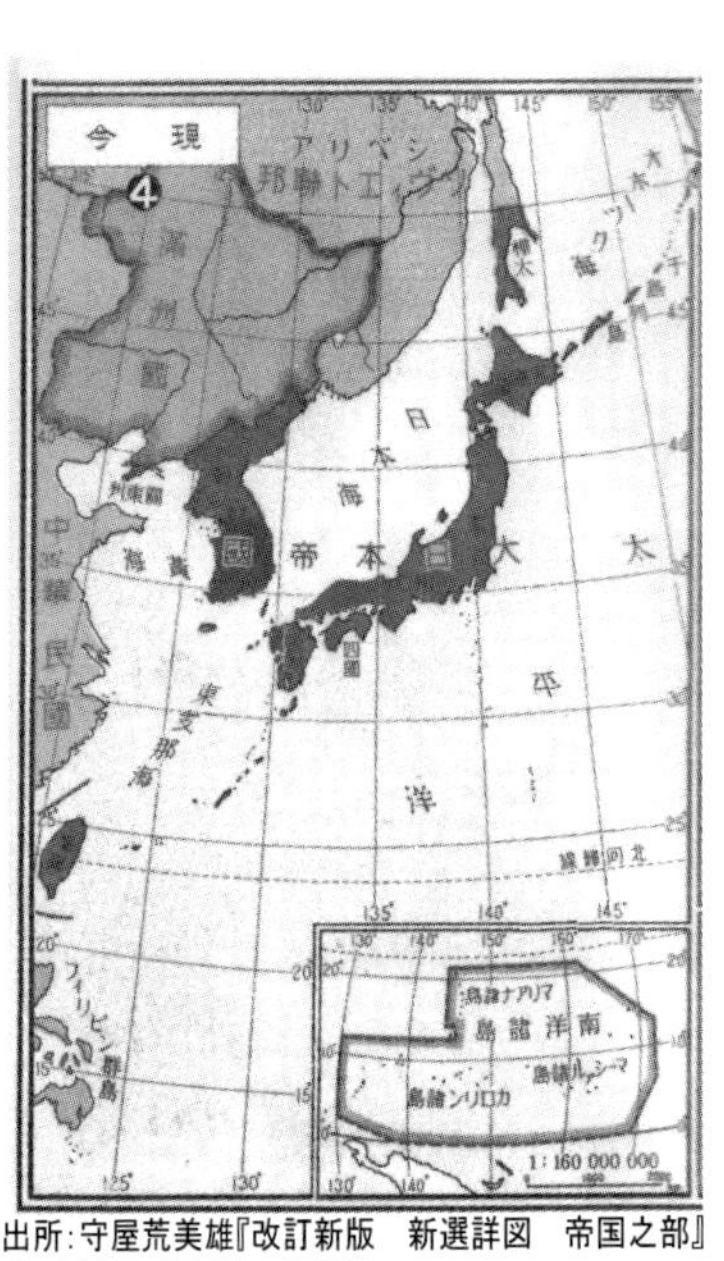

出所：守屋荒美雄『改訂新版　新選詳図　帝国之部』帝国書院　1934年　復刻版

都立日比谷高校）に進学した。いずれも伝統ある名門校である。実はガクト君は東京高校（尋常科4年、高等科3年の7年制、現・東京大学教養学部・東京大学教育学部附属中等教育学校）も受けたのだが、だめだった。でも、一中だって名門だ。

ガクト君の入学のほんのひと月ほど前には二・二六事件が起こった。事件の舞台となった場所は、ガクト君の中学のすぐそばである。上級生の話では、学校から事件の兵士たちの姿が見えたらしい。

ガクトくんの学校では、毎日第2時限目と3時限目の間の10分間、独自の全校体操をする。当時の校長先生が体操担当教員に命じて考案させ、1933（昭和8）年から始めた自校体操だ。中学からは陸軍現役配属将校による学校教練（軍事に関する訓練。軍事教練）も義務づけられていた。

この年の8月、ベルリンで第11回オリンピックが開かれた。現地からの電送写真とラジオの実況中継が話題になった。女子200メートル平泳ぎで優勝したのは前畑秀子だ。「前畑ガンバレ」という熱狂的実況中継に、ラジオの前の聴取者は大いにわいた。そのオリンピックの第12回大会の開催地は東京に決まった。万歳。ベルリンオリンピックの4年後、ベルリンオリンピックを撮影した映画「民族の祭典」が日本でも公開された。

体を鍛えること、錬成はとても重視された。中学でも、小学校の時と同様、行事、儀式は多かった。

ガクト君が中学2年の7月7日、盧溝橋事件が、8月に第二次上海事変が起こった。けれども、都会で学校に通っているガクト君たちには、中国での戦いは遠い世界の出来事のようにも感じられた。

「明治維新の後、我が国は日清、日露の2つの大きな戦争に勝って、一段と皇威を輝かした。日本は肇国以来外国の戦いに負けたことは一度もない神国である」

キクエさんもガクト君もそう教わってきた。国内が戦場になったことはなく、戦争の悲惨さは知らなかった。欧州大戦（1914―1918）のときの好景気を知っている大人たちには、戦争はもうかる「商売」でもあった。

> 肇国の精神　「教育ニ関スル勅語」に我カ皇祖皇宗国ヲ肇ムルコト宏遠ニ徳ヲ樹ツルコト深厚ナリとあるように、我が国をお肇めになった皇祖皇宗の御盛徳のこと。

1937（昭和12）年6月、陸軍士官学校の改組と大改正があった。翌年度の陸軍予科士官学校（旧陸軍士官学校予科）が、2200名も採用する。一般からの志願者の年齢は、15歳から20歳だという。学科試験の程度は概ね中学校第4学年第1学期修業程度というから、中学2年のガクト君にとって、うんと遠い存在でもないことになる。

タケゾウおじさんというのはガクト君の母方の伯父のところに品物を納めている仕立て職人の親方だが、息子のショウキチさんが徴兵検査で甲種合格になったのだそうだ。つい最近、兵役法施行令の改正があって、身長1・54メートルのショウキチさんでも甲種合格になったという。甲種合格は立派な男性のあかしだそうで、タケゾウさんは大喜びだった。

実は、中学生のガクト君が徴兵検査を受けるのは、ショウキチさんたちのような20歳になる年ではなく、もっと先だ。中等学校以上に進学した者には、卒業するまで徴兵検査を待ってもらえる在学徴集延期という制度がある。学業をまっとうして、それを生かして世のために働けということである。

ガクト君は、大学に進学するつもりでいる。大学生になれば、在学しているあいだは最高で27歳までは徴集延期となる。ガクト君の級友の親たちは中産階級が多く、級友の親たちも兄たちもみな高等教育を受けている。

1937（昭和12）年9月、ガクト君が中学2年の秋から、国民精神総動員運動が始まった。内閣情報部は、国民が永遠に愛唱する国民歌をつくるため、愛国行進曲を懸賞募集した。9月25日に発表され10月20日締め切りという短い募集期間にもかかわらず、5万7500余通の歌詞が寄せられた。

11月3日明治節に受賞作が発表され、今度はこれにつける曲の募集が始まり、9千555篇の曲が集まった。この中から受賞作が発表されたのが12月20日であった。ちょうどこの頃、南京（中華民国の首都）陥落の祝賀大行進もあった。

2年生の11月から、ガクト君の学校では水曜日は日の丸弁当デーとなった。おかずはなく、ごはんに梅干しだけを入れる。年が明けて1938（昭和13）年の1月、厚生省ができた。「厚生」とは「人類生存の道をあつくする」という意味だそうだ。

中国での戦争は遠い世界の出来事ではない、そう思い始めたのは、ガクト君の学校の先生方が戦地に行き始めたからだ。最初は、教練の××先生。次は数学の○○先生、というふうに応召される先生が続いた。日中戦争では、陸軍は現役師団を対ソ戦にそなえて満洲に配置しておくために、中国へは在郷の予備役の働き盛りの男子がぞくぞくと戦場に送られたのである。しかも、その先生方の戦死の知らせが相次いで届き、学内は悲しみに包まれた。

親戚が出征している級友のうちでは、こないだも慰問袋（日用品や娯楽用品などを入れて戦地の兵士に送る）を送ったそうだ。手づくりの慰問袋だけではなく、デパートでは競って「慰問袋」を、たとえば5円、4円、３円の慰問袋セットで売出し、ガクト君の父キヨシは大忙しだった。5円は、ガクト君の中学の月謝と同じだ。「戦争」のおかげで安定した生活を送ることができ、そのうちの子供らが上の学校にまで行ける。異国で苦労している兵隊さんには申し訳ないけれども、こういうのはガクト君のうちだけではないのだ。

１９３８（昭和13）年2月、「紀元二千六百年記念日本万国博覧会行進曲」の歌詞の募集が発表された。再来年は、紀元二千六百年で、万博をやりオリンピックもある。万博行進曲には、２週間で1万通を超える歌詞が集まったそうで、曲は東京音楽学校（現・東京藝術大学音楽学部）がつける。1等賞は千円もらえる。万博の入場券10円（大人1回入場券6枚綴り2冊が一対、1冊が5円）には、1対につき1等2千円、２等１００円、３等10円という抽せんがついており、大人気で最初の発売は完売した。

１９３８（昭和13）年4月1日、国家総動員法が公布され、5月5日から施行された。キクエさん女高師３年、ガクトくん府立一中3年の春である。6月9日に文部省は集団的勤労作業運動実施に関して通達を発した。勤労奉仕（農事・家事の作業、清掃、修理などの奉仕作業）、参拝、教練。キクエさんもガクト君も懸命にこなした。街角で千人針（千人の女性が1枚の布に赤い糸でひと針ずつ縫って千個の結び玉をつくり、お守りの腹巻などにして出征兵士に送ったもの）の協力を求める女の人を見かけることが増えた。

そうしたら、なんと7月15日の閣議で、万博は無期延期、オリンピックは返上すると決まってしまった。入場券はすでに販売されているが、「延期」であって中止ではないから、万博の実施時には使えるらしい。オリンピックは「延期」はできない仕組みだから、返上なのだという。

この年の8月、ドイツ・ナチス党の青少年組織であるヒットラー・ユーゲントの一行30名が横浜港に到着した。1936（昭和11）年の日独防共協定の締結を機に、日独青少年団交歓の一環である。8月16日から89日間日本に滞在し、各地で熱狂的な歓迎を受け11月、神戸港から出港した。ガクト君は8月17日、十数万人の群衆の一人として東京駅前広場に見に行った。9月21日には、キクエさんの通う東京女子高等師範学校にやってきた。キクエさんらは校門前に整列し、校長が作詞した歓迎の歌を斉唱した。金髪碧眼長身の美しい行進姿は注目を集め、30名の団員が誰一人めがねをかけていないことも話題になった。ガクト君のような上級学校進学者は、近視が多かった。

ガクト君の中学も、学年が上がるにつれ進路が話題にのぼる。ゆくゆくは陸大（陸軍大学校）めざして陸士（陸軍士官学校）に行くんだ、とか、あるいは海兵（海軍兵学校）がいいぞ、と言って陸士・海兵に進む者もいる。それでも多くの生徒は一高（第一高等学校）を希望した。ガクト君は多数派にくみせず、東京商大に行きたいと考えていた。母方の伯父は商大の前身たる東京高商（東京高等商業学校）を出て家の商売を継いだ。伯父の高商以来の親友で財閥系の企業にいるおじさんから、見たこともないような外国の珍しいお土産をもらったことがあり、ガクト君も将来は外国で仕事をしてみたいと思っている。

1939（昭和14）年3月、また法改正があり、在学徴集延期の年限が改正された。分類が細かくなり、延期年限も短くなった。でも在学中に延期年限にひっかかるのは、入学試験に何度も失敗したり、途中で病気をしたような人だ。

　ガクト君が中学4年生になった1939（昭和14）年。5月22日、陸軍現役将校配属令施行十五周年にあたり、宮城前広場において、全国各地より参集した学生生徒代表3万2000人余、並びに教職員に対して天皇の御親閲が挙行された。内地はもとより、南洋・満洲・中国の各地の中等学校以上大学に至る約2千校の代表が参加した。ガクト君の学校からは5年生80名が参加した。この記念日にあたり、「青少年学徒ニ賜ハリタル勅語」が下賜された（34頁参照）。

　この年に、キクエさんの学校生徒有志によって、満洲朝鮮視察旅行が行われ、4年生のキクエさんも参加した。5月にソ満国境でノモンハン事件が起こり、詳細はわからないながら心配していたところ旅行は中止になることもなく、予定どおり7月31日に3、4年生一行43名で出発した。下関から関釜連絡船で釜山港に入り、当時日本領であった朝鮮半島各地を見学、満洲国の主要都市を見学して8月18日、大連港を離れ門司港に着いた。同じ時期に奈良女子高等師範学校（現・奈良女子大学）生徒も同様の旅行をしている。将来の教育者たる彼女らの旅行の目的は、開拓移民の実情を知ることだ。

　ガクト君の中学4年生の9月から、毎月1日は興亜奉公日（国民精神総動員の一環として、生活規制・戦意高揚がはかられた日）と定められた。兵隊さんの苦労をしのび、お昼は、もちろん日の丸弁当だ。春が来て、キクエさんは女高師を卒業して、高等女学校の教師になった。

　ガクト君たち中学生は、実は中学4年の終わりで高校や大学予科を受験することができ、一中ではほぼ全員、いったん受験する。受かればそのまま進学。5年制の中学を4年で修了して進学、というのはなかなかかっこいいから、「四修」といって皆が憧れる。ガクト君も、第一志望である東京商大予科を受験したが、駄目だった。

そのまま中学5年に上がる。

記念すべき1940（昭和15）年、この年は神武天皇即位紀元二千六百年だ。これまでになく広範で壮大な国家的祝典が開催された。大川周明の『日本二千六百年史』などの国史関連の出版物が大いに売れた。デパートの紀元二千六百年関連催事も大当たりで、またもガクト君の父キヨシは大忙しだった。

その紀元二千六百年奉祝のため、またヒットラー・ユーゲントが来日した。今度は団長（37歳）、17歳から24歳の団員5名という、前回の来日より人数がぐっと少ない。一行は10月16日シベリア鉄道経由で満洲国に入り、満洲や朝鮮の各都市を回り、釜山から下関に着いた。日本各地を歴訪、途中で伊勢皇太神宮に参拝、11月1日夜に東京に着いた。同月5日、ガクト君たちの学校にやって来た。武道、教練、一中の「合同体操」を見ていった。

11月10日から14日までは紀元二千六百年の祝典で休日だった。ヒットラー・ユーゲントの一行も、10日（日）は紀元二千六百年の式典に参加、11日（月）は、紀元二千六百年の祝賀会に参列した。奉祝式典には外国の代表を含む5万人以上が参列した。その様子はラジオで放送された。

【青少年学徒ニ賜ハリタル勅語】

青少年学徒ニ賜ハリタル勅語

国本ニ培ヒ国力ヲ養ヒ以テ国家隆昌ノ気運ヲ永世ニ維持セムトスル任タル極メテ重ク道タル甚ダ遠シ而シテ其ノ任実ニ繋リテ汝等青少年学徒ノ双肩ニ在リ汝等其レ気節ヲ尚ビ廉恥ヲ重ンジ古今ノ史実ニ稽ヘ中外ノ時勢ニ鑒ミ其ノ思索ヲ精ニシ其ノ識見ヲ長ジ執ル所中ヲ失ハズ嚮フ所正ヲ謬ラズ各其ノ本分ヲ恪守シ文ヲ修メ武ヲ練リ質実剛健ノ気風ヲ振励シ以テ負荷ノ大任ヲ全クセムコトヲ期セヨ

昭和十四年五月二十二日

この年は、帝国1億5００万臣民（うち内地は7３００万人）の多くが、紀元二千六百年を祝う1万2０００以上の行事に参加した。式典、行事はたくさんあるが、その輝かしきはずの年なのに、7月に奢侈品等製造販売制限規則が施行された。

でもそんなことより、まずは自分の将来のための準備だ。外国に行って仕事をするという夢の実現を目指して、ガクト君は勉強に励んだ。1９４1（昭和16）年、東京商大予科に合格した。

この年の予科は２０９８名もの志願者があった。約9倍の高倍率を勝ち抜いた入学生２４４名。1年生は希望を出して、小平の一橋寮に入寮する。親と離れて暮らすのは、生まれて初めてだ。

さあ、これからガクト君の一橋学園生活が始まる。

（酒井雅子）

【ヒットラー・ユーゲントの府立一中訪問】

「東京府立第一中学校卒業アルバム」　個人蔵

戦争が廊下の奥に立つてゐた

１９４３（昭和18）年の出陣学徒の最上級生だった大学３年生が、中学を卒業して大学予科（高等学校）に入学したのは１９３９（昭和14）年４月のことだった。有名な銃後俳句「戦争が廊下の奥に立つてゐた」（渡辺白泉）が詠まれた年だ。

つまり、出陣学徒世代の中学時代は１９３６（昭和11）年の二・二六事件を目の当たりにし、日中戦争の勃発、泥沼化の中で、１９３８（昭和13）年２月には第二次人民戦線事件により労農派の大学教授らが逮捕されている。東京をはじめ大都市で、平日の昼間から繁華街に出ている「不良少年」の大規模な補導がなされたり、若者たちの行動にも更に規制が強くなった。そして４月には「国家総動員法」が成立した、そういう時代だった。

１９３８（昭和13）年に東京商大予科３年で弓道部の合宿担当だった中井隆（１９４１年学部卒）は、弓道部の雑記帳に、次のように記している。

「この処数日新聞を通じ、実際を通じて、僕たちの上に迫ってくるものがある。社会は兎に角今１８０度転換をして了った。今迄の頭で、何と理由づけようと、世間にはもうその理屈は通らない。そんな所から、地方合宿はつつしんだほうがよくはないか、といふような気持が強い。昭和13年2月17日」

更に、翌年には一橋学園でもその世相を反映しているかのような出来事が起こった。5月22日「青少年学徒ニ賜ハリタル勅語」が下賜されて1か月後、東京商大の学生14名が特高（特別高等警察）に逮捕された。

前年7月に神戸水害の復旧支援のため、今でいう災害ボランティアに参加した東京商大の学生たちが、「神戸水害の救援活動を全国的な反戦運動に発展させる意図のもとに行った」との理由だった。1月に5名が逮捕されたのに次ぐものだった。

結局1月に逮捕された5名だけが執行猶予付きの有罪となったが、それ以外の者たちも数か月に及び拘留され取り調べを受けた。この事件が予科に入学したばかりの出陣学徒世代にどのような影響を与えたかはわからないが、以後東京商大では目立った思想事件は起きていない。

それでも、１９４２（昭和17）年には予科で軍事教練を皮肉った『寮報』の投書に憤った配属将校が「自分の後ろには陸軍が付いている。東京商大くらいいつでもつぶせる」と発言。

この発言に反発した予科報国団の役員が中心となって、配属将校の排斥運動を起こした。結局当時の予科当局の懸命の配慮により、配属将校の更迭で事件は終わったと言われている。この事件の真相は定かではないが、このような勇気ある抵抗の動きはあったとしても、学園は急速に戦争に飲み込まれていった。

太平洋戦争開戦前の１９４１（昭和16）年10月には大学等の修業年限が短縮され、翌年3月の卒業予定が12月に3か月繰り上げられ、米英との戦争が勃発した。

それまで大学生、専門学校生は卒業後に徴兵検査を受けていたが、卒業前の徴兵検査、卒業後ただちに軍隊に入隊すること、すなわち「校門は営門に通ず」が当たり前になった。戦争が立っていたのはもはや「廊下の奥」ではなかった。

戦時下の「平穏」 1942年

1942（昭和17）年は、東京商大で学ぶ学徒にとってどんな年だったのか。いくつかのエピソードを紹介する。日米開戦の報道を聞き、予科1年だった河西郁夫は、「卒業時分には戦争も終わり、景気はよくなるぞ」と考えたと率直に語っている。

また、『一橋新聞』（1942・3・25）の投書欄には「あの重苦しい戦前の重圧感が緒戦の大勝でぶっ飛ぶと、今度は「戦果」に甘えた反動的な安易な気持ちが支配」しているとして、どう戦争を意識すべきかと問うている。

その安易な気持ちの表れともいう出来事が2月の学年末試験で起こった。「経済原論不受験事件」である。この年の学部1年必修科目の経済原論担当教官の試験の採点が厳格なため、「優」の数がものをいう就職を有利にしようと、多くの学生がより「やさしい」教官が担当する翌年に受験し直し「優」を稼ぐことを選んだ。受講者の半数を超える150人が「不受験」だった。

前年10月に修業年限の短縮が決まり、12月に卒業した先輩の多くが、2月に入隊した事実を知っているにもかかわらず、2年後の自分たちの就職を有利にしようという学生気質が勝ったのだった。

物資不足は、直接的に学園生活に影響した。２月から衣料品が切符制となった。また、靴はどうしても軍隊用の靴の生産が優先されるために、市中での靴の入手はきわめて困難になっていた。児童生徒学生用の靴は文部省がきわめて不十分な量ではあるが、なんとか確保し、学校を通じて配給をしていたが、くじ引きをして外れる者が圧倒的に多かった。

そんな中、１９４２（昭和17）年1月には、文部省から東京商大に革靴の配給があるという通知が来た。割当数量は全学で僅か99足だった。学部・予科・専門部に均等に割り当て。そして、サイズごとに希望者を募り、くじ引きをしたのではないだろうか。

３月には食堂へのコメの配給が前年の25％減となるとの話が伝わり、学部食堂班の学生は高瀬荘太郎学長の紹介状を持って農林省、商工省に陳情にもいった。基本的な生活物資の欠乏が現実化していた。運動部ではボールやシューズが手に入りにくくなった。

また、４月には9月卒業の学徒を対象とした臨時徴兵検査が実施され、それまで髪を伸ばしていた3年生が一斉に坊主頭となり、学内の雰囲気が一気に変わった。

翌年度の講義要綱の中に時局特別科目として「戦争経済学の問題」「南方資源論」「南方民族論」が新設された。また課外活動では、軍事色の強い国防部傘下の班の拡充が図られた。たとえば「馬事思想普及」の観点から騎道班は懸案だった自馬購入計画に資金が付いた。さらには銃剣道班が正式な班として認められた。

また、日中戦争の頃から「航空思想の涵養と飛行機操縦適性の検知」等に資するとして、グライダーを正課に組み入れる中学が増えていたが、東京商大にも予科滑空

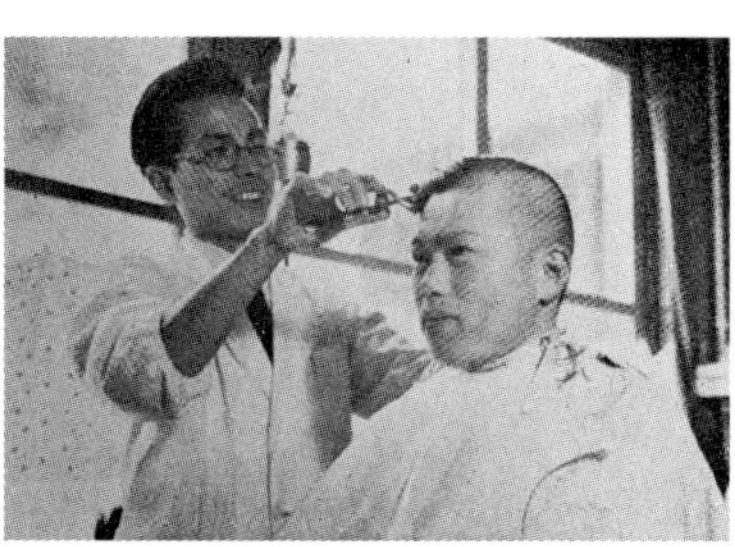

『一橋新聞』1942.4.25　床屋は大忙し

班が設立されることとなった。そして、大学も教員を研修に派遣し、資格を取得させるなど準備を進め、9月にはグライダーを1機購入。予科の武道として正課化し、全予科生の訓練が予科運動場を利用して始まった。

4月18日の米艦載機による本土初空襲で、国立キャンパスも「戦争」を経験した。空襲警報が鳴り響き、見慣れぬ飛行機が1機目撃された。大学の担当者はメガホンを片手に自転車でキャンパス内を「退避せよ！」と叫んで廻った。専門部の一隊は、配属将校の指揮のもと、隊伍を組んで御真影の警備に向かったと記録されている。翌日にも空襲警報が鳴ったり、例年5月に開催される予科祭（学園祭）が中止になるなど、影響は残った。

『一橋新聞』1942.4.25　初空襲

5月7日に起きた「大洋丸事件」は衝撃的な出来事だった。占領地域の行政や経済運営を担うために官庁や民間企業から徴用された1000名を超える船客を乗せて南方に向け出発した大洋丸が、長崎県男女群島付近で米潜水艦の雷撃を受けて沈没し800名以上が犠牲になった。海外勤務経験豊富なベテラン商社マンや抜擢されて派遣された若手社員など東京商大卒業生も22名が殉職した。

この事件は南方の占領地運営の初動に大きな負の影響を与えたが、ほとんど報道されることはなかったためか、学生生活への影響は見られず、6月には例年どおりの就職活動が始まった。

大学では卒業式が9月になったため、10月22日に1か月延期した創立記念式において「大洋丸事件」の犠牲者を含む日中戦争以降の大学関係戦没者78柱の慰霊祭を執り行った。

物資の不足、講義科目や課外活動での戦時色の強まり、

「空襲体験」があったとはいえ、毎日の学園生活に大きな変化はなく、夏休みには恒例の運動各部の三商大戦（神戸商業大学、大阪商科大学との対校戦）が東京で開かれ、11月3日の明治節には学徒、教職員、卒業生、家族の集う「一橋会大運動会」も、種目に戦時色が見られたもののいつもと変わらず盛大に開催された。

　ミッドウェー海戦の敗北によって中止されたミッドウェー島上陸作戦に参加予定だった西野幸雄（1935年専門部卒）の部隊は、8月のガダルカナル島奪還作戦の緒戦で壊滅した。マレー半島や南シナ海、中部太平洋、ニューギニア、ガダルカナル島など、出征した卒業生の戦死が徐々に現実となっていたが、緒戦の大勝の後の「ミッドウェー海戦」や「ガダルカナル島の戦い」における敗北はまだ伝えられていなかった。

　在校生たちは「平穏」の中で、日本という国のそして自分たちの1年後をどのように思い浮べていたのだろう。

交歡に加味する一抹の緊張

夕闇に湧く一橋の讃歌

本學秋季運動大會
如水會員招待家族會　三日盛況

『一橋新聞』1942.11.10　1942年11月秋の一橋会大運動会

近づく戦争の足音　1943年夏

1942（昭和17）年までは、7月半ばから9月初めまでは夏休みだった。学徒は故郷に帰省したり、旅行に出掛けたり、運動部は三商大戦や合宿などそれぞれの夏休みを過ごしていた。

1943（昭和18）年も、7月中旬から9月初旬まで夏季休業ではあったが、3月1日に発表された「戦時学徒訓練実施要項」により、二府県にわたる対校試合、三校以上参加の大会は原則として禁止されたため、三商大戦は4月に中止が決まった。

7月7日、学部学生大会が召集され、夏休み返上で北海道への1か月間の勤労奉仕が決議された。これは6月25日に勤労動員の強化等を指示する「学徒戦時動員体制確立要綱」が閣議決定されたことに応えたものである。

北遣隊の作業風景　「郁水会アルバム」

また、同じく6月に、東條首相兼陸軍大臣は航空を最重点とする軍備建設を指令し、多くの飛行場建設が急がれていた。

学部は、学部北遣隊として8月10日に東京を出発し、1か月間北海道の海軍航空隊千歳飛行場の長さ千メートルの誘導路を建設する土木作業を行った。学部1年、2年全員参加と言われたが、事前に実施された体力検査により、体力的に参加が認められなかった学生もいた。彼らは勤労奉仕に代わって「山寮健民修練」という体力増強のための合宿に参加しなければならなかった。

誘導路の建設作業は鍬やシャベルやモッコといった人力による厳しい労働で、体調を崩すものも続出したが、休むことなく作業は続けられ、帰京の前日にかろうじて所期の目標を達成した。

一行は帰路青森で「イタリア降伏」のラジオニュースを聞いている。「日本は一体どうなるのですか」と付き添いの教官に詰め寄る学生もいた。9月10日全員無事に帰京し、「西郷さんの銅像辺りで解散式をしたが、高瀬学長の出迎えはなかった」という不満が記録されている。

予科は、全員を市内工場奉仕隊、北海道勤労報国隊、健民修練など7つの班に分け、7月19日に活動を開始。北海道勤労報国隊は学部北遣隊より1週間早く上野を出発、函館本線の八雲で下車し、陸軍八雲飛行場で学部北遣隊と同じような飛行場整備の労働に従事した。3週間の重労働の後、疲労困憊で東京に戻った予科3年生に待っていたのは卒業試験、そして9月22日卒業式当日夜の東條首相のラジオによる「在学徴集延期の停止」等の告知だった。

一方、東京商大学部を目指した高商や高校の受験生たちは8月の猛暑の中、国立に集まり入学試験に臨んだ。高商の場合は、前年から学年の学業成績上位1割しか大学の受験資格が与えられなくなっていた。厳しい学内選抜を通過したにもかかわらず、彼らには定員70名に全国から３００名以上が受験するという更に狭き門が待ち受けていた。合格者の最も多かった横浜高商（現・横浜国立大学）の場合は20名が受験し、12名が合格だった。その中では4名が戦死している。熾烈な競争を勝ち抜いた後の大学生活が、わずか2か月の短いものであったことは無念であったろう。

卒業生は軍隊へ志願を　1943年夏～秋

出陣学徒の1年上の学年は、前年同様に年限が6か月短縮され、1943（昭和18）年9月卒業となった。彼らは卒業と同時に就職したのだろうか。この年の就職活動は6月1日に始まっている。従来どおり、各大学が一斉に申込会社を発表すると、学生は就職担当窓口と相談しながら志望会社を決めていったようだ。

『一橋新聞』（1943・6・25）には「決戦下火蓋切る就職夏の陣」という見出しの記事が掲載されており、大学の就職担当者の思いが綴られている。

「校門は直ちに営門に通じる現在、尊き生命を大君に捧げ第一線に銃を取る日を待つ学徒に、色々就職の世話を焼く自分の気持ちに何か割り切れないものがあるらしい」

とはいえ、戦況がますます厳しさを増していたにもかかわらず、例年どおりに就職先は決まっていった。東京商大の主要就職先の1つであった三井物産を例にとると、この年も例年並みに学部から11名、専門部から3名が10月1日付での入社が決まっている。前述の『一橋新聞』によると、戦争と関係の深い重工業や南方関連企業が学徒には人気だった。

この年の就職事情が例年と大きく異なった点は、企業の採用と並んで、陸軍、海軍が共に航空機の搭乗員を確保するために、大量の志願者を募ったことである。

海軍の動きは速かった。ミッドウェー海戦とそれに続く海戦によりとりわけ航空機搭乗員の損耗が激しく、早急に養成する必要を感じていた。５月29日、就職活動解禁より数日早く海軍予備学生の大量募集を公表した。

それより先に、海軍は学生新聞連盟所属の大学新聞の記者たちに土浦航空隊見学の機会を与えた。『一橋新聞』（1943・6・25）の「霞ヶ浦航空隊見学記」と題する記事には、海軍飛行専修予備学生の訓練状況が詳しく報じられ、「決戦の空は我々を待っている。よし行かう。先輩の跡を慕って」と締めくくられている。

また大学は、就職活動解禁日の6月1日と2日に9月卒業予定の3年生全員を集めて現役海軍少将による「海軍軍事講習」を開いている。

陸軍も少し遅れて、特別操縦見習士官（特操）制度を新しく制定し7月5日に第1期の募集を開始した。いずれも、大学・専門学校の卒業生及び9月卒業予定者をターゲットにした募集で、海軍は5万余人、陸軍は1万余人の応募があったと言われている。『一橋新聞』（1943・6・25）は、学内における海軍予備学生志願者が１００名になったことを報じている。

関連名簿によると、最終的に東京商大からは、７名が飛行専修予備学生に、27名が兵科予備学生として入隊した。ほかに74名が第10期短期現役主計科士官として10月に海軍経理学校に入校した。彼らは、内定していた会社に1日も出社することはなかった。

いずれにせよ、9月に卒業した者の多くは早晩軍隊に入隊した。陸軍の特操、海軍の予備学生や経理学校に受かると、陰湿ないじめなどが噂されている初年兵教育は免除されたので彼らがそこに魅力を感じて志願したかもしれない。だが、学徒出陣の先駆けとして、出陣学徒より数か月早く戦線に投入された彼らの犠牲は大きかった。

学徒出陣、決まる　1943年9月

1943（昭和18）年9月22日、予科卒業式の夜に東条英機首相はNHKのラジオ放送を通じて重大発表を行った。その日のことを予科卒業生の一人、板尾興市は「これぞ正に来るべきもの」と日記に記している。

同年2月に大学学長との会合の中で東部軍司令官から「平日の日中に、映画館前に群がって切符を争い買っていたりする、遊惰学生の態度等について、一般市民より軍に頻々と投書がある」との注意喚起があったと『一橋新聞』（1943・2・25）は報じている。また、高等教育機関に進まなかった、進めなかった同世代の若者たちの入隊、出征が伝わっていたであろう。

10月の「在学徴集延期臨時特例」以前に、『毎日新聞』（1943・4・27／28）では「学生の本分に悖るが如きものに対しては就学の実なきものと認め徴集延期を取消す」との内容で、文部・大学当局の強硬な方針を記事にしている。徴集延期の学徒に対する世間の目が厳しかったことが窺える。

なお、徴集延期を取り消されたという私大生の噂もあるとして『一橋新聞』（1943・5・10）でもこの記事を取り上げていることから、徴集延期の取り消しは学園でも話題になっていたことだろう。ガダルカナルからの転進、アッツ島の玉砕、山本五十六元帥の戦死など厳しさを増す戦局、陸海軍の航空機搭乗員を中心とする大量募集や勤労動員の大号令なども含め、学徒出陣は、「これぞ正に来るべきもの」という受け止め方だったといえる。

とはいえ、事前に大学当局にどこまで学徒出陣の具体的な方針が伝えられていたかというと疑問である。東條首相の学徒出陣の放送があった2日後の9月24日、その日は秋季皇霊祭で祝日だったにもかかわらず、東京商大では緊急教授会が召集された。

高瀬学長の発言として、文部省に問い合わせたものの「文部省にても具体的なこと考え中なり。昨日は大臣次官専ら、総局長相談中の由なり」と教授会議事録に残されている。

文部当局談として、「本年末ごろ徴兵検査おこなわる　来年2月3月頃入営とならん。本年末まで授業」ともある。結局9月27日の教授会で来年３月までに完結するようなレア・プラン（授業時間割）を作成する旨が決定されている。そして「学生に対しては10月１日より授業開始するにつき必ず登校せよとの通知を出すこと」「10月1日に学生に話す」と学長からの指示が出た。

このことからも、大学側は日程その他、詳しい情報をこの時点では掴んでいなかったことがわかる。

このため、10月1日は予定どおり学部入学宣誓式が行われ、その後にあった高瀬学長からの訓示はそこまでの緊急性を持たなかったものであったろう。それを聞いた樋口洪（１９４３年10月学部入学）は「学長訓示の中に入営は来年２月ごろと推定されるとあり、もうひと頑張りできると喜んだ」と入学50周年記念文集に記している。

ところが、翌日の10月２日付「昭和十八年度臨時徴兵検査規則」により、徴兵検査は10月25日から11月５日に本籍地で実施、陸軍は12月１日入営、海軍は12月中に入団と決まる（海軍の入団日はまだ決まっていなかった）。

10月４日に開かれた定例教授会では、徴兵検査、入営日程が前回報告時よりかなり早まったため、レアプランの改編が主要議題となった。1年生のゼミナールの決定を含め、履修届締め切りは16日とし、ゼミナールの時間を増やして残された学園生活を充実させてやりたいという気持ちがにじむ。

　学生側からは21日に運動会・講演会・慰霊祭の開催の希望が出ているとの学生事務室からの報告があり、10月21日の文部省による「壮行会」はまだ通知されていなかったようだ。

　結局希望のあった運動会、講演会、慰霊祭を含む「全学出陣学徒壮行会」は10月20日に開催されることとなった。

THE IKKYO SHIMBUN

一橋新聞

一橋の誇り胸に抱き
決戰場へ、我等征かん

ゼミ四單位に増加
受業は最後まで
學園の體制内定

學校は臨時停止
整理廢合に文部省態度愼重

『一橋新聞』1943. 9. 25

コラム①／学徒の「出陣」

学徒は元来、「学究の徒」という意味である。1939（昭和14）年5月に「青少年学徒ニ賜ハリタル勅語」が発布された頃から、この言葉は「学生と生徒」の意味で多く使われるようになった。

この学徒に対する徴兵に、「出征」ではなく「出陣」という言葉を用いたのは、1943（昭和18）年6月、海軍により編集された小冊子『学徒出陣』である。

「日米学生決戦の秋」、「今ぞ起て青年学徒」と鼓舞し、「国家を引っ張って行くだけの気魄をもって突進せよ」、「戦場が君等を待ってゐる」と語りかけたこの冊子は、海軍が高等教育を受けた学徒たちに「予備学生」の志願を呼び掛けるためにつくった募集ツールであり、その目的は、航空戦でパイロット等が不足してきた戦況下、速成教育で学徒たちを養成することにあった。

タイトルにある「出陣」という言葉は若武者の戦意を想起させる。この「武」の言葉と、学徒という「文」の言葉、馴染まない2つをつないだ背景に、兵力を必要とした戦時の緊急性を感じる。この4文字に若者を送り出す演出効果は充分にあったように思う。

当時、高等教育を受けられた学徒は、同世代の3％未満である。金持ちの子弟は学校で勉強させ、兵隊になるのを猶予する法律を盾にのうのうと暮らしている、という批判もあった。彼らを出陣させることでそうした不公平感を払うという「挙国一体」の意図もまたそこには存在した。

（野村由美）

出陣前夜　1943年10月

東京商大の全学出陣学徒壮行会は10月20日に兼松講堂で開催された。当日は、午前中は山水中学（現・桐朋中学・高校）生徒による剣道の模範試合。グラウンドでは毎年11月3日（明治節）に開かれていた「一橋会大運動会」が行われた。平日のため例年のような卒業生や家族の参加はほとんどなかった。

午後4時から兼松講堂で全学壮行会式典。学長講話。壮行歌。卒業生の武井大助海軍主計中将訓話。出陣学徒代表の誓詞朗読。誓詞を読んだのは学部2年の立野廣光学部報国団協議員会議長。

「壮行歌」は黒羽英雄専門部教授の詩に国立音楽学校（現・国立音楽大学）が曲をつけ、同校生徒が揃いの服装で舞台に並び合唱、アンコールに商大生も唱和した。出陣学徒にはこの場面が一番印象に残ったようだ。そして最後は参列者全員による「海ゆかば」の斉唱。その後学生食堂に場所を移しての「晩餐会」。当時としては珍しい赤飯の折詰にビールが出た。教授たちがテーブルの上に立って餞の言葉を述べる。

出陣学徒の一人の発言で会場は騒然とした。

「アッツ島玉砕は悲しさに胸を打たれる。だが、何が悲しいと言って自分が死ぬことほど悲しいものはない。それにも増して、これから学問を続けられないことほど悲しいことはない」。

この学生上島大作（１９４３年10月学部入学）は、無事帰還し、卒業後は郷里の群馬県下の高等学校長などを歴任、県の教育界に貢献した。

各ゼミナールは「歓迎会兼壮行会」を開いた。運動部もそれぞれが壮行会を開き、剣道部、陸上競技部、バレー部などは「部誌」学徒出陣号を編纂した。自分の勉学の証として論文の執筆に努めるもの、友人と連れ立って旅行に出るもの、10月25日から本籍地での徴兵検査が始まるため、早々と帰郷する学生もいた。

教授陣は学徒の学習意欲に応えようと、講義を粛々と行い、ゼミナールを週２回、３回と開いた教授もいた。

壮行歌
一、筆なげうちて剣とり
　戦の庭に馳せ向ふ
　学徒の誇り、身の誉れ
　栄ある今日の集ひかな
二、濫觴遠き一橋の
　興亜の秘策語ひし
　学びの庭の春秋や
　幾度夢に通ふらん
三、心やすかれ大君の
　醜の御楯と益良夫が
　出で立つ道は遠くとも
　み跡につぎて我れ征かん
四、あゝ感激に頬ぬれて
　君が門出を送るとき
　国立の野に秋酣※て
　露吹きむさぶ風の音

※元の活字が潰れていたため、左側の部首「酉」と歌詞の１番～３番の調子から、読みを「アキ××テ」と考え、「酣」（たけなわ）という文字をあてて「アキタケテ」と推測した。
たけなわとは、『広辞苑』（第六版）によれば、
①物事の一番の盛り。真っ最中。
②少し盛りを過ぎたさま。
この歌詞の続きでは、「露吹きむさぶ風の音」と続くので、どちらかといえば②、晩秋に近いやや気温が下がり始めた頃を示していると判断した。

コラム②／「また会う日まで」

徴集延期が停止され学徒の出陣が決まった１９４３（昭和18）年10月、夜も更けた小平の一橋寮の窓下で、

若き女性たちの讃美歌が響いた。歌声の主は、玉川上水沿いの道を西へ1キロ程度の場所にあった津田塾専門学校（現・津田塾大学）西寮にいた10数名の女子生徒たち。

戦地へ赴く予科生への餞として、キャンドルサービスを思いついた彼女たちは、消灯時間後、こっそり寮を抜け、雑木林の真っ暗な道を歩いてきたのだった。一橋寮のそばで讃美歌「また会う日まで」を歌い、そのまま帰ろうとしたところ、気が付いた生徒たちが寝巻にマントを羽織って次々と窓から出てきたという。

津田塾生によるこの歌声は、まさに奇襲であった。

「空は暗かったが満天の星、肌寒さの中で感傷にひたった若者たちの青春に未来はなかった。…（中略）…軍が繰り返す戦争の大義名分には納得がいかなかったが、彼女たちの歌声を聞き、こうした人たちを守るため戦地に行こうと思った」

予科生の一人はこう回想する。

夜道のため送っていくという申し出を、寮規則を破って抜け出てきた彼女等は断った。それではというので、最後は「海ゆかば」を皆で涙を流しながら合唱したという。

この間、5～10分程度。当時の予科と津田塾の間に、民家は一軒もなかった。したがってこの深夜の出来事の傍証者はおらず、その場にいた若者たちの胸の中だけに思い出として収められた。日々、厳しくなる戦局の中で、若者たちの「不可思議な精神行動が1つの接点を持った」と前述の予科生は振り返っている。

「また会う日まで。また会う日まで。
かみのみまもり、汝が身を離れざれ」

後日談となるが、当事者しか知らないで終わったはずの話は、卒業生の中で偶然に出た会話がきっかけとなり、その後互いの所在が判明した。戦時下の星月夜、名前も知らず別れたこの時の女子生徒たちと予科生たちは、実に56年後、再会を果たした。

（野村由美）

学問をした兵隊たちへ―師の餞

『一橋新聞』出陣特別号（1943・11・20）には、学長はじめ教授22名の餞の言葉が掲載されている。

高瀬荘太郎学長、杉本栄一教授の文章、また予科版号外（同年11・10）に掲載された高島善哉教授の文章を紹介する。

＊＊＊＊＊＊＊＊＊＊

「学徒の誇りもて征け」

高瀬荘太郎学長

学問修錬の道において限りなき誇りと名誉を担ふ一橋の学徒が、今や皇国の興廃を決すべき重大な難局に臨んで、戦闘実践の道にて、その誇りと名誉を担ふべき秋が来た。一橋建学の精神と一橋七十年の歴史によって錬磨された一橋の伝統的精神が、一橋全学徒の身心を通して、皇国の存立と大東亜建設の為め猛然奮起すべき秋が到ったのである。一橋の歴史と教育が諸君に

教えた最高の道は、畢竟、皇国の運命を双肩に担ふ日本学徒の実践実行の道に外ならない。過去七十年の歴史は学問の修錬を通して、一橋学徒が皇国の学術及び産業の発展に献身奉公したところの輝かしい実践の記録であった。

今や学問修錬の道を戦闘実践の道に踏み替へ一橋の歴史に未だ曾てなき新たな輝かしい記録が諸君によって作られんとしてゐるのである。すなわち筆を執って描かれた一橋の歴史に銃を執って新たな記録が描かれんとしてゐるのである。危急存亡の秋に臨んで死を決して祖国防衛の大任を担うことは、将に日本学徒の光栄ある大使命である。精鋭なる日本学徒の烈烈たる愛国の熱情が如何に強大なる戦力を発揮するかを敵米英の陣営に知らしめる絶好の機会が到来したのである。学徒が学問修錬の場において日夜精励錬磨した知性の発揚が、戦ひの場においで冷静精緻な判断を以て敵戦力の破砕に強大な諸君は先ず何よりも先きに軍人らしき軍人となり、真の軍人になり切ることに専心しなくてはならない。学徒の誇りも軍人としての誇りの中に融合され、それが軍人としての誇りに一層の光彩を添へるものとならなくてはならない。軍人精神の中に学徒精神を生かし、軍人としての誇りの中に学徒の誇りを盛り込むことこそ出征学徒に期待される最も重要なる課題である。一橋学徒の名声と誇りが如何に軍人精神の中に生かされ、銃を執って立つ一橋の学徒が戦ひにおいてよくその名声と誇りを保持する事。諸君が日本学徒として又一橋学徒として至高、至大の重責を担って勇躍戦場に征かるる秋に臨んで、よくその重責を完うし、赫々たる武勲を挙げて日本の歴史の上に又一橋の歴史の上に永久不滅の名を残されんことを衷心から期待して已まない。

高瀬荘太郎（１８９２―１９６６）会計学者

東京商科大学（東京産業大学）学長（1940―1946）。戦後は教育民主化の中、学生参加の「学長選考規程」を作成し退官。弟子たちによって編まれた評伝『高瀬荘太郎』には、戦時下、学園を守り抜いた学長としての賛美はあるが、学徒出陣に対する記述はない。退官後、第一次吉田内閣の経済安定本部総務長官を務め、参議院議員となり、文部大臣の要職に就いた。（53頁写真・「郁水会アルバム」）

＊＊＊＊＊＊＊＊＊＊＊＊＊

「学問をした兵隊」

杉本栄一教授

朝に夕に国立の林の中で、共に生活し共に学んできた諸君たちを、今戦線に送りだし、しかもその中の若干の人達とはもう二度と会へないのかと思ふと、誠に感慨無量のものがある。しかし諸君が修めてきた学問、そしてまた入営のその前日まで一分一秒をも惜しんで現に究めつゝあるその学問こそ、いまこの国難の秋に際し諸君が前線に赴くことを要求してゐるのだ。一橋七十年の学問的伝統は、他人が実践するのを第三者的立場で冷然と眺めながらこれを定式化することにあったのでは断じてない。

学問のための学問でなく、実践のための学問をこそ我々は修めてきたのだ。学問の本来の面目は、沸るやうな熱情をもって実践しつゝある主体がみづからの実践の意味を冷静に判断して、その効果を極大たらしめようと努力するところに存在してゐる。学問をしたものが学問をしないものよりも強い兵隊となることができるといふ理由はこゝにある。私は諸君の送行会の席上でコタバル上陸戦に際し死の関頭に立ってなほかつ冷静な判断を下した一人の兵隊を例として、このことを実証したが、あのやうな実例を私は南方の戦地で数限りなく聞いてきた。

一橋学園は、諸君の活力の源泉たるべき学問の故里である。最前線における最後の突撃に際しまた戦地及び内地における後方勤務に際し、諸君が君国のためにするあらゆる活動は、すべて一橋の学徒にして始めてなし得る体の立派な活動たるべきことを、一橋の学園は諸君に要求してゐる。それと同時に一橋の学園は、また、諸君の魂が安息を得べき故里である。激烈な戦闘の合間々々に国立の森を想ひ一橋の空を偲んでくれたまへ。一橋の学園は諸君を温かに抱擁するであらう。

諸君よ、眉を上げて勇躍征途につけ。

※コタバル戦の折、冷静な判断で窮地を免れた兵士の実例を話したと思われるが詳細は不明。

杉本栄一（1901―1952）経済学者

計量経済学の導入に功があった。戦後、新制一橋大学の構築に携わるも急逝。（55頁写真「郁水会アルバム」）

＊＊＊＊＊＊＊＊＊＊＊＊＊＊

「社会学徒の自覚をもって戦い抜け」

高島善哉教授

戦いの庭に赴くことはもとより生を賭することである。生を賭するほどの大きな事柄を私は軽々しくことあげすべきではない。けれども諸君は今は現実に戦いの庭へと赴かねばならない。そしていつでも生を賭するの覚悟が要請されている。

征く者の立場から見て、たとえ戦いが生死の問題であろうとも、戦争それ自体はあくまでも生きるための問題を意味している。それは国家や全体社会の悠久性を前提とする。たとえ個体は死すとも社会は永続する。このような国家社会の持続性に対する信頼がなかったならば、戦いに征

くことほど残酷な堪え難い恐怖はまたとあるまい。かくして社会学徒の眼から見れば、戦争は—たとえいかにそれが宏壮苛烈なものであろうと—所詮一つの社会学的現象なのである。

ところで戦いの庭に勇躍赴かしめるに至る国家社会の永続性に対する戦士の信頼感は、逆に当面の国家社会をして真に永遠なるものたらしめようとするところの力感に転化する。

戦士は右の信頼を前提し得ると同時に否、これを前提し得るが故に、戦争を通じてよりよき国家社会の実現を目指すことができる。戦いはいつでも最も血腥（なまぐさ）い現実であると同時に、最も甘美なる青年の夢を孕んでいる。かくして戦争は—たとえいかにそれが宏壮苛烈なものであろうとも—所詮一つのプロセスなのである。

戦争が1つの社会学的事実であり、また戦争が一つのプロセスにすぎないという言い方は、戦争が死を意味しないで、生を意味することを暗示している。これから戦いの庭に赴く者にとっては、こういう言い方は、むしろ酷薄極まる空々しいものであるかも知れない。しかし、社会学徒の自覚は、この場合においてこそその力を験めされなければならないだろう。

現代の社会学は完結ではなく形成を求めている。諸君の出陣は、とりわけ社会学徒の出陣である。いかに烈しい乱闘の中においても明日への期待なくして、明日への確信なくしていかにして安心立命することができるであろうか。戦争の将来を触知している者は、戦争の現在を把握する者は、必ずすでに戦争の過去来歴を認識している者でなければならない。

だから社会学徒の出陣は、社会からの逃避や遁走であるのではなく、反対に社会それ自体への自己内還帰であるのでなければならない。戦争を単に戦争としてではなく、人間社会の自己内還帰のプロセスとして把握することができる者だけが、真の戦士たるに値する者だ。職業的な戦士、技術的な戦士、或いはまた、発作的な戦士、盲目的な戦士は諸君に相応はしからざるものである。あくまで社会学徒たる自覚をもって大事に臨め。これが私の諸君に熱望する主たる眼目である。

戦争は単なる死ではない。戦いに征く者は何よりも先ず現実を、自己の周囲を、直視しなければならぬ。私はこの際諸君に向かってあらゆる形態の敗北主義を警告する。最後の瞬間まで諸君は社会を学び研めよ。そして戦いに勝ち帰れ。そのとき諸君は初めて真の闘士となることができるのである。

高島善哉（１９０４—１９９０）**経済社会学者**

マルクス主義、アダム・スミス研究者。戦後は、学生によって選ばれた上原専禄学長と共に、新制一橋大学をつくり、「社会科学の総合大学」というコンセプトの核となった社会学部の学部長を務めた。（56頁写真・「郁水会アルバム」）

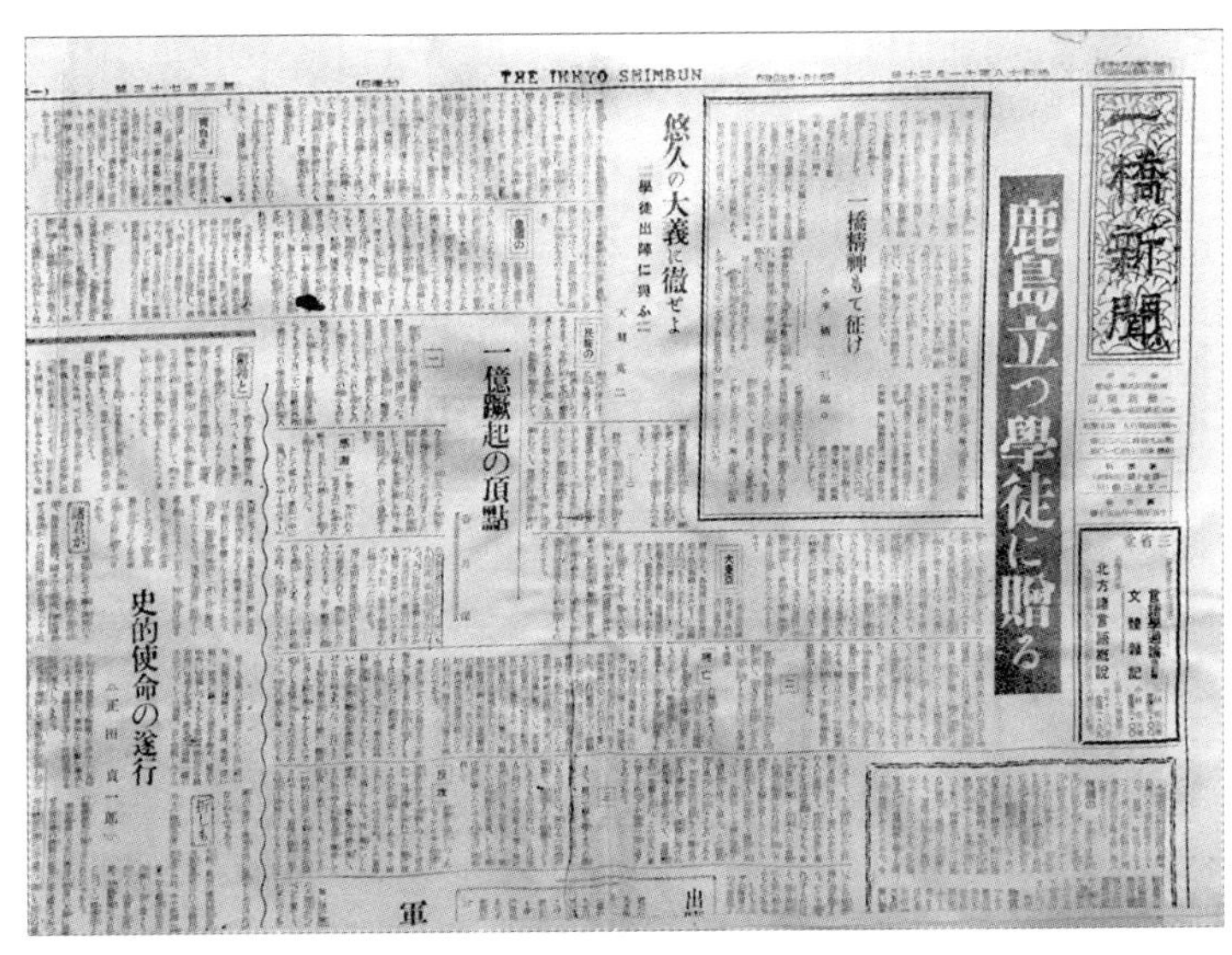

THE IKKYO SHIMBUN

一橋新聞

鹿島立つ學徒に贈る

一橋精神もて征け

悠久の大義に徹せよ
—學徒出陣に與ふ—

一億蹶起の頂點

史的使命の遂行

『一橋新聞』1943. 11. 20 「出陣特別号」

コラム③／「僕たちはどう生きるか」

1937（昭和12）年、日本少国民文庫から吉野源三郎『君たちはどう生きるか』が発刊される。主人公の旧制中学2年生「コペル君」は「一ツ橋ガクト君」と同年代である。つまりその後、出陣学徒となった世代である。

少年の成長を倫理的面から促したこの本は、軍国主義と距離をおいた書きぶりもあり、教養教育の古典として読み継がれ、宮崎駿が2023（令和5）年に公開した映画のタイトルにも使われた。「コペル君」や「ガクト君」は限られた高学歴階級の男子であり、この本のメッセージは少数エリートだけに向けられているという指摘もある。『きけわだつみの声』にもあった「特権学徒の死だけを美化するのか」という批判が纏うことは否めないが、敢えて学徒側から出陣の境地を想像すれば次のようになる。

「コペル君」も「ガクト君」も、少年時代には「のらくろ」を回し読みした。しかし太平洋戦争が始まると、「のらくろ」に描かれたファンタジーはもう通用しなかった。緊迫した社会状況を薄ぼんやり認識しつつ、明日に対する暗澹たる不安はずっと付きまとっていたことだろう。

彼らの特権であった教育は、戦局の激化と共に削がれていった。出陣学徒の手記には、自分が享受し得た学問を社会に貢献できず戦地に赴く無念さを綴ったものも多い。自分の死にどう対峙するべきなのか、その逡巡は『三太郎の日記』や『人生論ノート』を読み、戦争の大義、天皇陛下万歳を、素直に受容できなかった学徒たちの悲哀である。

「君たちはどう生きるか」、この問いかけは成長した彼らが戦地に赴くとき「僕たちはどう生きるか」ではなく、「僕たちはどう死ぬのか」という覚悟に一変するのである。（野村由美）

雨の壮行会　１９４３年10月21日

学徒出陣といえば、学生服にゲートルを巻き、小銃を担いで雨の明治神宮外苑競技場のトラックを行進する出陣学徒の姿を思い浮かべる人は多いことであろう。

気象庁の記録によると、当日の東京は早朝お湿り程度の雨だったが、分列行進の行われた９時台は降水量１・８ミリと傘の必要な降りだった。昼には雨は上がったが参加者にとっては「雨の壮行会」が実感だった。その日は東京周辺の大学、高校、専門学校77校から２万５０００人の出陣学徒が参加したといわれている。

東京オリンピック２０２０の開会式の行進人数は約６０００人。いかに多くの学徒が競技場周辺に集合したかがわかる。送る側はスタンド一杯に小学生から大学生まで、多くの女学生の姿もあった。その数６万５０００人といわれている。東京商大は東京帝大に続き隊列の二番目に行進した。

壮行会への参加は強制ではなかった。既に帰省していた学徒もいたし、明確な意思で友人と下宿にいた者、映画を見て残された時間、現実から目を背けようとした者など、回想からわかる不参加の理由は様々であった。

東京商大では、入隊する学徒にとって幹部候補生選抜

假合格證書
伊東英一
東京商科大學所定ノ學科ヲ
修メ學士試驗ニ合格シタリ
因テ之ヲ證ス
昭和十八年十一月三十日

仮卒業証書　「郁水会アルバム」

に重要な教練の成績に影響しないとの情報が事前に伝わり、参加学徒は半数ほどであったらしい。一大隊は800名、人数が多い大学では参加学徒を選抜したところもあるというが、東京商大の場合、学部の出陣学徒だけでその数を満たすのは難しかったとも思われる。

紫の旗地にマーキュリーをあしらった校旗を捧げた旗手は学部3年西村豊だった。彼は旧制山形高校（現山形大学）からのいわゆる高商・高校組。国立での学園生活1年8か月で、還らぬ学友の一人となってしまった。

行進に参加した学部1年の折井清文はその日の感激を日記に綴っている。彼もまた、戦没出陣学徒の一人である。

「十月二十一日（木曜）雨　文部省主催学徒出陣壮行会に参列。萬雷の拍手に向へられて、御親閲以来初めての感激・緊張・歓喜何れとも云えぬ身を震わす感情に励まされて力いっぱい外苑競技場の分列場を行進した。「折井」の呼び声を聞き益々興奮するを禁じ得なかった。総理大臣・文部大臣の壮行の辞より、女学生や小学生の拍手・万才がどれ程我々の力になるか分らぬ。彼らの純な瞳はぎらぎら光って我々に投げられてゐる。噫、思いは戦場に飛ぶ」。

彼は、翌日徴兵検査のため本籍地の長野県松本に向かった。

いつ終わるとも知れぬ戦争に学徒を送り出すのである。最上級生の処遇が問題となった。結局、文部省は11月に仮卒業とし、希望者には仮卒業証書を授与し、翌年9月には卒業させると決めた。

（竹内雄介）

出陣學徒壯行會

東京商大　白井洋三
※1942年4月学部入学

式場に分列行進をおこすときわき上る拍手に泪落ちむとす
漁業金融論現地調査を果さぬまま書きつがむ日を又思ふなし
出陣學徒のひとりなる吾をけふ母のみ墓に来りわが告げむとす
たたかひのつひの勝をぞ遂げむとき幸のかぎりと吾等はゆかむ
伊勢の大前に立ちてかしこしやただに清くし吾を征かしめ

形見の髪

東京商大　唐津常男
※1942年4月学部入学

徴兵猶豫停止せられて初めての學生兵たる榮に應へむ
一橋のつひの學徒と立ち征けば還る母黌をまた思ふなし
遂げ得ざる論文を措きて卒業す悔とし言はばかかる悔のみ
吾等いま召されてすがし新しく「命を賭けて」の語に感動す
形見の髪とわれは言はなく渡せるを母も無言に受け給ひたり

太　刀

東京商大　久我太郎
※1942年10月学部入学

ちゝのみの給ひし太刀ぞ今此の秋(とき)とり佩く吾の魂(たましひ)はこれぞ
出で征くにとり佩かむ太刀をかたへに置き　時惜み書く「制度理論考」
二十年に一年をかさね父母に孝養も努めずい征かむ吾か
わがために盃擧げて師の君も友どちも集ふ嬉しきかな今宵
わが幸をわが誇を思(も)ふ大御國の大御いくさにい征く一人と

『短歌研究』1943年12月号「学徒出陣の歌」特集より（※は本書における追記）

「神宮競技場の東京商大生」

『一橋大学百二十年史』

コラム④／明治神宮外苑競技場について

出陣学徒壮行会が挙行された明治神宮外苑競技場は、青年スポーツの聖地だった。

明治神宮内苑は、１９２０（大正９）年に完成し、例祭日を11月３日と定めた。明治時代の天長節、すなわち明治天皇の誕生日である。

明治神宮外苑は、旧青山練兵場に開かれた。天皇が生前、何回も観兵式を行い、葬場にもされた。天皇と国家の誕生を記念するにふさわしい場所とされたのである。

外苑の造営にあたっては、予算不足の懸念から青年団による勤労奉仕も発案され、実行された。外苑には競技場に続き、野球場、相撲場、水泳場といった運動競技のための施設が次々に造られ、青年のためのもの、という色合いを深めていく。

東洋一の本格的陸上競技場である明治神宮外苑競技場の落成を機に、１９２４（大正13）年、11月３日を含む

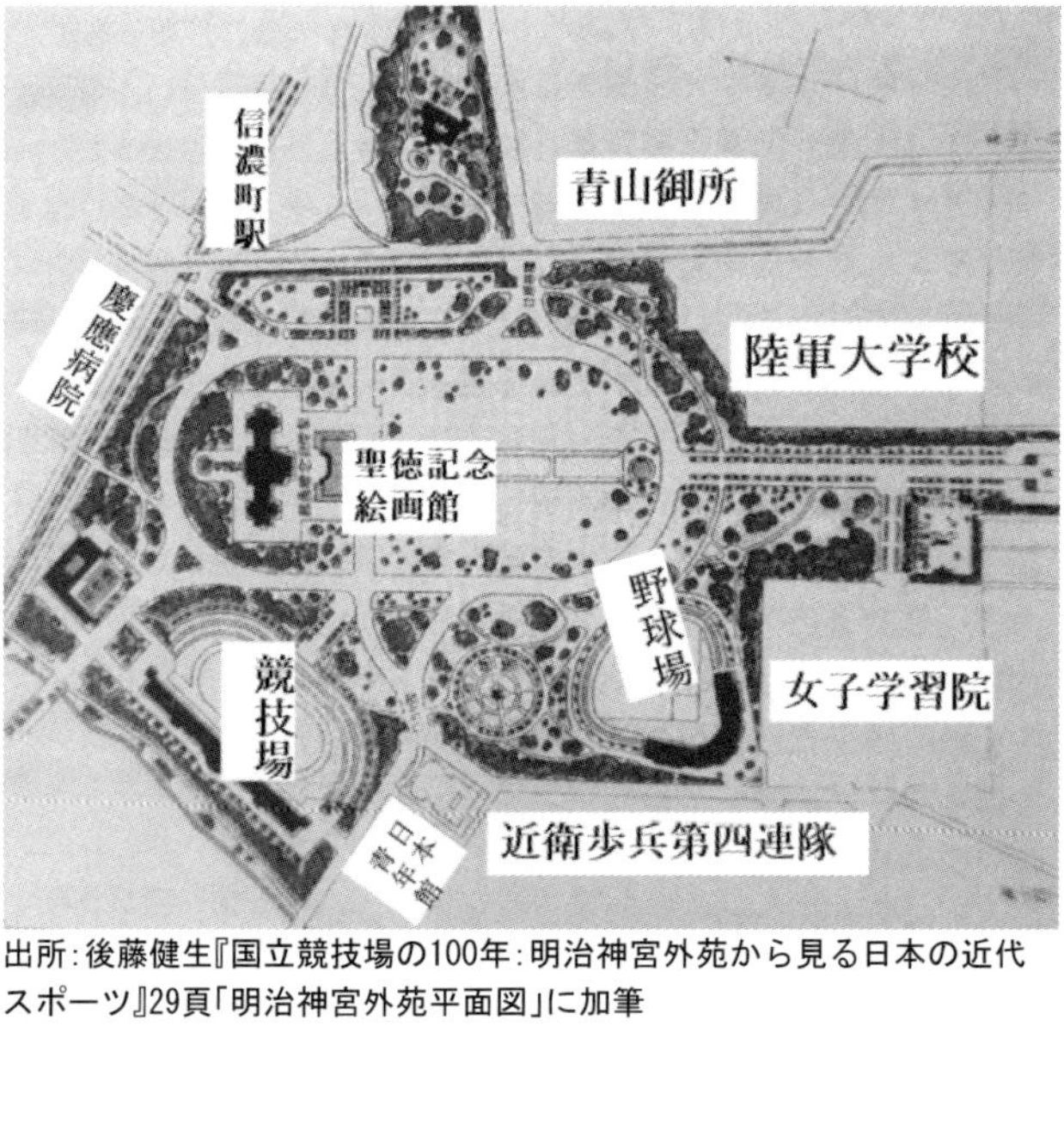

出所：後藤健生『国立競技場の100年：明治神宮外苑から見る日本の近代スポーツ』29頁「明治神宮外苑平面図」に加筆

数日間、内務省主催の第1回明治神宮競技大会が開かれた。日本で初めての全国規模の総合スポーツ大会だった。

一方、文部省は1924年11月3日に全国体育デーを実施した。1925（大正14）年も第2回明治神宮競技大会、第2回全国体育デーは前年同様に実施された。

1926（大正15）年の第3回大会を前に内務・文部両省間の衝突が表面化し、大会の開催すら危ぶまれた。結局、民間団体たる明治神宮体育会（1926年10月井上準之助が会長に就任）に主催者を移すことで落ち着き、名称は明治神宮体育大会となり、第5回大会からは隔年開催となった。

事変下に国民体位の向上が叫ばれ、明治神宮体育大会の主催権は厚生省に移り、名称も明治神宮国民体育大会となった。

体育国策に基づき1939（昭和14）年の第10回明治神宮国民体育大会より、この大会は「単なる運動競技大会ではなく明治天皇の御聖徳を景仰し奉り、明治神宮に奉納する厳粛なる神事奉仕であることを指導精神とし、国民体力の向上を図ると共に東亜建設の精神運動たらしめる」とされた。手榴弾投擲等の国防競技、集団体操といった種目も加わり、毎年開催に戻った。

1940（昭和15）年は、紀元二千六百年奉祝第11回明治神宮国民体育大会が開催され、東京商大専門部は漕艇の滑席艇一般競漕のエイトで優勝するなどして活躍した。漕艇の競技場であった戸田は、幻のオリンピックとなった東京大会のために整備された会場であった。1942・1943年には第13・14回明治神宮国民錬成大会、とさらに名称が変わった。

1943（昭和18）年10月21日、文部省学校報国団本部主催の「出陣学徒壮行会」が開かれた時、その式次第は明治神宮大会などのスポーツ大会の開会式に酷似していた。慶應義塾大生奥井津二による「壮行の辞」に対し、東京帝大生江橋慎四郎は、「明治神宮外苑は、生等が多年武を練り技を競ひ、皇国学徒の志気を発揚し来れる聖域なり。」で始まる答辞で答えた。壮行会の模様は、NHKのスポーツアナウンサーによりラジオ生中継され、新聞各紙でも大きく報道された。

戦争末期には、陸軍が明治神宮外苑を使用する。1945(昭和20)年には空襲が激しさを増す。4月13日から14日にかけての空襲では明治神宮内苑の本殿は拝殿が消失、外苑でも憲法記念館付近に焼夷弾がおよそ60発落下した。5月25日から26日にかけての空襲では、絵画館や中央広場付近の東部軍陣地、競技場や野球場、相撲場が焼夷弾で被災した。競技場では備蓄されていた配給用薪炭が二昼夜に渡って燃え続けた。陸軍大学校は一棟を残して焼け落ち、女子学習院は全焼した。

戦後、1957(昭和32)年1月から明治神宮外苑競技場は解体工事が始まり、跡地には1958(昭和33)年3月に、国立競技場が完成した。ここを中心に、1964(昭和39)年10月10日から24日まで東京オリンピックが、11月8日から14日までパラリンピック東京大会が開催された。

出陣学徒壮行会から50年後の1993(平成5)年10月、関係者有志により、かつての明治神宮外苑競技場そばに「出陣学徒壮行の地」碑が建立された。東京2020オリンピック・パラリンピックに向け新・国立競技場建設に伴い、一時移設されていたが、また元の場所である現在の国立競技場の近くに戻された。

(酒井雅子)

2023年11月　筆者撮影

第2章
戦局の悪化から終戦まで

出陣後の学園　1943年冬

1943（昭和18）年12月、学徒たちの入隊後、残ったのは徴兵年齢に満たない者たちと丙種合格以下で入営が未だ定まらない者たちであった。国立のキャンパスは人影少なく、落ち葉舞う季節となり寂寥感につつまれた。若手教員や職員も次々に戦地へ赴いていった。

この年の臨時徴兵検査結果の公式数字、文部省宛報告（1944年2月）で確認される第三乙種までがその後全員入隊したと仮定するなら、その数、学部は830名、予科は112名となる。専門部については、同種の資料が探し出せなかったが、年齢構成の似通っている予科の入隊者構成から推定すると、90名余りが入隊したものと思われる。すなわち国立・小平キャンパスを併せて、1000名を超える学徒がいなくなったのである。

政府は9月に、本土空襲に備えて、主要官庁を都心部から疎開させる計画を立てていた。またほぼ同時期、徴集で在籍学生数が減少することが見込まれたため、法文経大学のキャンパス統合の検討がされ始めていた。10月12日の閣議決定で、東京帝大が疎開対象とされたこともあり、このキャンパス統合の話は緊急性を帯びた。

10月20日は、午後4時から学内の出陣学徒壮行会が予定されていたがキャンパス統合案の緊急性からだろう、直前の午後1時に臨時教授会が開かれた。

議事録によると、本郷の東京帝大、仙台の東北帝大を国立（東京商大）にまとめる、ということが提案されていたらしいが、内閣では不賛成で否決とされたことがわかる。しかし、教授会ではなおも国立で受け入れたいという声が大きく議論となっている。

陸軍兵務局から学生のいなくなった東京商大の建物の斡旋を求められているという話もあったため、それを阻止する意味合いも強かったろう。官立大学の商科・経済学部をひとまとめにする、という話もあったが、商科をひとまとめにすれば、大学も将来1か所に減ぜられる、という危惧の声があがった。

翌21日に文部省での会議があり、意見をまとめておく必要があり、間際のタイミングで持たれた教授会であった。その他、専門部存続に関する文部省の見解や、教員養成所の改名に至るまで情報共有すべき案件も多く、会議は紛糾した。

閉会時間は午後4時55分となっている。午後4時開催の壮行会は開始時間を遅らせたのか、高瀬学長等の一部の教授たちが壮行会に出席するために、いったん場を抜けそして戻ったのかは不明である。

キャンパス統合に関しては、実は水面下、東京帝大は自主的に千葉へ移転する話を進めていた。計画を進める途中で一部の学生を国立へ、という話もあったようだが、翌年には立ち消えた。１９４４（昭和19）年明けに、東京帝大では法学、文学、経済学部の千葉移転が現実味を帯びたため、この話はなくなった。

10月の学徒出陣後、この時、対象に含まれなかった朝鮮・台湾の学徒には特別志願の慫慂がなされた。11月の教授会の議事録には彼らに志願を強制はしたくないという発言が残るが、文部省からは志願しない場合は休学か退学という措置の通牒が出されている。

12月4日の教授会では、残留学徒を対象にした翌年度の授業計画の議論が行われた。勤労動員の時間を考慮しつつ、できるだけ通常講義を行う方針を模索、授業にあたり人数の僅少は、担当教授に一任された。このため、教授と一対一となっても、学生が希望した場合は学部の講義やゼミは続けられた。暖房もなく人気の少ない教室であったが、状況にめげず彼らもまた学問への熱意を失わなかった。

ゼミについては、教授の自宅で行われる場合もあり、教授のご家族と共に暖をとり、食糧不足でも夕食を振る舞われたという感謝も多く残る。

一方教授陣に対しては、講義負担が少なくなる為、外部から各種依頼や転任の勧めが起こりうることが懸念された。そうした話が出た場合は、学校の存続にかかわるため、直接返事をせずまずは相談してほしい、空き時間はなるべく研究の方へ没頭されたし、という学長発言も議事録に残っている。

学徒出陣後の人影が消えた一橋学園は、存亡の危機に立たされていたといってもよい。

コラム⑤／「朝鮮・台湾出身学徒兵」

日中戦争以前は、帝国臣民ではあるが戸籍法の適用外であった朝鮮・台湾の人間には兵役が課されていなかった。朝鮮では1938(昭和13)年、台湾では1942(昭和17)年、陸軍特別志願兵制度が始まる。海軍も1943（昭和18）年5月に志願兵制度を発表した。「志願」という建前のため、学徒出陣についても適用外とされていたが、1943（昭和18）年10月1日に日本人学生の徴集延期の停止が出された直後、同月20日、朝鮮・台湾人学徒宛にも「陸軍特別志願兵臨時採用規則」(陸軍省令第48号)が改めて出された。志願しない学徒に対して、当時の文部省は、休学・退学措置を大学に命じている。

この改正では、母国に戻し陸軍志願訓練所の日本語教育を受ける過程を省略し、直ちに一般部隊に入隊させた。

特に朝鮮人に対しては集団反乱の危惧から入隊先を分散させたという。隊内での差別もあり、幹部候補生採用率も国内学徒と比べ断然少ない。

（姜徳相『朝鮮・台湾出陣学徒』）

東京商大では、１９４３（昭和18）年11月8日の学部教授会議事録に「朝鮮、台湾学生モ志願認メラレ勧誘シツヽアリ 十二名中一名モ志願ナシ」という学生課長の報告と、欄外には「台湾学生ハ全部志願ノ意思ヲ表示シタリ、利害ヲ以ッテ彼等ヲ嚇スルコトハ面白クナイコトデアル、何卒勧誘慫慂セラレタシ」ともあるが、実際の対応は不明である。急遽本国へ帰国した学徒もいたようだが、志願とは名ばかりの強制措置が行われ、拒否者は拘束され家族への圧力もかけられたという

戦後、如水会（一橋大学同窓会）の有志の調べでは、「特別志願者12名戦没者なし」となっているが、裏付資料がわからない。戦後の同期会名簿には朝鮮３名、台湾１名の卒業生の現住所記載があるが、この４名を除く連絡先は不明。その後の情報も掴めないまま今に至る。

専門部には「一九四三年度特別志願兵申請書」が1年生6名分残っている。この時の志願者たちは１９４４（昭和19）年1月に入隊している。予科についての資料は見つけられない。創氏改名で学生の名前が日本名になっていることもあり、学籍簿で朝鮮・台湾の出自が確認できない限り、東京商大の朝鮮・台湾人学徒出陣の実態は全体数すら確定できない。

同期の回想に彼らの消息を気にする文章も散見されるが、その後の所在の確認ができたのは前述の４名。それ以外、特別志願の形で「徴兵」された彼らの行方は追えていない。

（野村由美）

学園に軍靴の侵入　１９４４年春

年が明けると、2月には小平予科校舎が陸軍東部92部隊（多摩陸軍技術研究所・電波兵器練習部隊）に貸与され、予科寮である一橋寮も3月末日に引き渡しが行われた。小平キャンパスを陸軍に明け渡す形で、予科は寮と共に国立キャンパスに移動した。授業は学部生がほぼいなくなった西校舎が使われた。

4月には専門部も同じく東部92部隊に校舎を引き渡し、中和寮を除く専門部全体が本科校舎へ移転した。これ以降は、学園の授業・事務すべては国立西キャンパスで行われることとなった。学園はほぼ体をなしていない状態であった。

戦局の深刻さを受け、教官の苦悩も深まりつつあった。公式でない場所では、思いが高まった上での本音の吐露があり、次のような回想が残っている。

１９４４（昭和19）年2月、小平の予科校舎を陸軍に明け渡した後、兼松講堂で予科大会が開かれた。その大会にわざわざ出席していた杉本教授は、一番後ろの席から「議長！」と大きな声を出して壇上に駆けのぼった。「大正十三年予科修了、杉本栄一」と名乗った上で、「お前たちが戦争に行くのはやむを得ない。とにかく元気よく戦ってこい。しかし、必ず生きて帰って来いよ。お前たちには帰ってからの方が仕事があるんだから」ということを声をふりしぼり、涙を流さんばかりにしゃべった。

教授ではなく、一先輩として発した言葉は、学生たちに忘れることのできない強い印象を残した。

（丸山泰男『戦争の時代と一橋』）

予科は例年２４０名程度の生徒を入学させていたが、新年度からは新入生はこれまでの3分の1に削減された。なお、修業年限は１９４３（昭和18）年より2年間に短縮されている。

専門部は4月より名称を工業経営専門部と改め、組織再編となった。これは前年12月に、商学に対する否定的見解から、「高等商業学校は、一、経済専門学校、一、高等工業学校、一、工業経営専門部のいずれかの選択」を文部省専門学校局からの通達で迫られていた。学園としては苦渋の決断であった。

しかしこの工業経営を掲げる生き残り策で、予科、学部では減じられた教職員数は、新組織では増加策がとられ、学園全体としては教職員の新規採用も果たされることになった。

工業経営専門部は新入生を5月に１５３名迎え入れ、履修科目に材料力学や機械工作などの科目が導入された。理系の学校の体裁をとり、総力戦に対しての教育シフトが図られた、ということとなろう。但し、入営延期の対象にはならなかった。

兵となりて来りしわれやマニラ新聞に
母黌改組の記事をし読むも

（白井洋三『戦の後の長き日』）

改組を外地で知った出陣学徒もいた。戦争協力といえるこの改組を彼らはどのように受け止めたのだろうか。

学徒勤労動員の強化　1944年春〜夏

1月に「緊急学徒勤労動員方策要綱」が決定される。激増する労務に学徒の労力が必要となった結果である。1943（昭和18）年10月の決定では、勤労動員は「教育実践ノ一環」として、「在学期間中一年ニ付概ネ三分ノ一相当期間」とされてきたが、今回の決定は学徒動員を「勤労即教育」とし、動員期間を断続させず「継続」させるものであるとした。

予科生は年明け1月6日から、静岡県下で1か月の動員、専門部生約300名も1月10日から3週間、埼玉県で勤労動員された。地方での動員も増え、彼方此方に行かされた学徒たちはもはや学業どころではなかった。

1944（昭和19）年4月以降に、多少とも学校らしい授業が続けられていたのは、改組された工業経営専門部（1年生）と、教育系ということでこの年までは入営延期が命じられていた教員養成所のみであった。

勤労動員と野外演習について、この年の夏までの主要なものを列挙すれば、左記のとおりである。

学部（残留生）4月21日から約3か月、約40名が山梨県農村で援農（食糧増産）活動。

専門部3年　5月8日から8日間、富士板妻廠舎野外演習。6月12日から立川航空支廠へ勤労動員。6月17日から7日間、習志野野外演習。
専門部2年　5月31日から12日間立川航空支廠で勤労動員
(6月1日より学部17名追加参加)
予科3年　6月1日から3か月、日野重工業へ勤労動員。
予科2年　6月24日から27日間、淀橋方面にて勤労動員。
7月1日よりは別隊が横須賀海軍軍需部、大日本科学工業川崎工場へ勤労動員
予科1年　6月19日から12日間埼玉県下で勤労動員。
7月4日から10日間、淀橋区へ勤労動員、
7月15日から6日間、富士板妻廠舎野外演習。

授業は、合間を縫って行われていたが、9月には、戦局の窮迫により動員日数がさらに増加したため、勤労動員中の授業は勤務先の昼休み、または2週間に一度登校して午前授業、午後、教練ということが決められた。食料事情の貧困に加え、勤労と教練の負荷は学徒の健康状態にも影響を与えた。医務室は行列する学徒の需要に応じきれず、また医療も設備が整わず満足のいく対応ができなかったという。

立川陸軍航空支廠絵葉書:個人蔵

「どうか死なないでくれ」　１９４４年秋

戦争の激化から軍当局による大学への干渉は更に強まり、一部には文科系単科大学廃止論も囁かれた。1944（昭和19）年10月1日、東京商科大学の名前は東京産業大学へと変更になり、産業経営の大学として予科と学部は存続された。

その間にも徴兵適齢に達した者には、徴兵検査の通知が届き、入隊が続いた。既に徴兵年齢が19歳に引き下げられていた。入隊者を送り出す日々が絶え間なく続いた。壮行歌は、軍歌ではなく寮歌が定番だったとされる。

この年の多くの適齢学徒は、従来からの海軍予備学生制度試験に加え、6月に新たに行われることになった陸軍特別甲種幹部候補生の選考試験を受験していた者がほとんどであった。このため、1943（昭和18）年秋の出陣学徒とは異なり、合格者は初年兵教育を経ることなく、10月と1945（昭和20）年1月に分かれてそれぞれの軍学校に入学した。学校ごとに期間は若干違ったが、同年6月には教育を終え、国内、中国、満洲、朝鮮の部隊に見習士官として配属されていった。

秋に、兼松講堂で学徒主催とされる出陣の壮行会があった。1年前より戦況は悪化しており、送る側にも送られる側にも悲壮感が充満していた。

このとき数名の教授の壮行の辞の後に演壇に立った山口茂教授が次の発言をした。

「諸君、どうか死なないで呉れ」

一瞬私は自分の耳を疑い、場内は水を打ったような静けさになった。戦場で君国のために死ぬことが日本男子の最高の名誉と賞賛され、生きて帰るなどとは口が裂けても言えない時にである。教授は続けられた。

「今や世の中は真におかしくなっている。一億玉砕なぞと叫ばれ街には死にたがっている者で溢れている。死にたい奴には死なせたら良い。しかし諸君には生きていて貰わねば困る。国民が死に絶えた戦勝国など考えられるだろうか。戦争に勝っても負けても国家が直ちに必要とするのは諸君なのだ。生きるためには、前に進めと言われたら後に下ることは考えられぬものだろうか、右に行けと言われたら左に行くことは考えられないものだろうか。どうか後二年、いや時局下二年が無理なら一年だけでも何とか生き延びる方法を考えて貰いたい。その時間稼ぎのためには幹部候補生志願でも何でも良い、是非方法を考えて欲しい」

これだけのことを言われ教授は降壇された。会場は粛として声もなかった。

（田中秀一『如水会々報』810号　1997）

「死なないでくれ」という発言の噂を早速聞きつけ、翌日は憲兵が当時の状況を聞き回ったという。もちろん口を割る者はいなかった。この時の話は、秘話として戦後まで持ち越された。

山口茂（1893―1974）

経済学者、戦前は専門部主事を務め、戦後は一橋大学商学部長を務めた。

（写真：「郁水会アルバム」）

またこの時期、校章を巡っても、軍から圧力がかけられていた。「マーキュリー」と称される一橋学園の校章は、1887（明治20）年頃、前身の高等商業学校時代に、ギリシャ神話の商業神「ヘルメス」（英名：マーキュリー）の杖を図案化したものであった。

一橋人の思い入れ深いこの校章に対し、「古事記等の日本の古典を省みることなく、ギリシャ神話に基づく校章を掲げるとは何事か」という外部圧力がかけられた。さらには内部よりも迎合する意見が現われ、校章改正問題となったのである。

校章「マーキュリー」：一橋大学

「1944（昭和19）年末には学部は何の変哲もない「大學」が校章とされ、予科・専門部は一美術学校教授の手に依る「金鵄（ママ）の下に剣と桜の図案が校章として採用されることになった」

（『一橋専門部教員養成所史』）

不気味な意匠であったという証言のみでこの図案は残されていない。学内でひそやかな抵抗として当時の資材不足を理由に「時間稼ぎ」をしているうちに、終戦となった。その他、兼松講堂を迷彩色に偽装する計画もあった。「偽装計画図」なるものが、一橋大学学園史資料室に残されている。これもまた幸いなことに計画のまま、実行に至らず終わった。

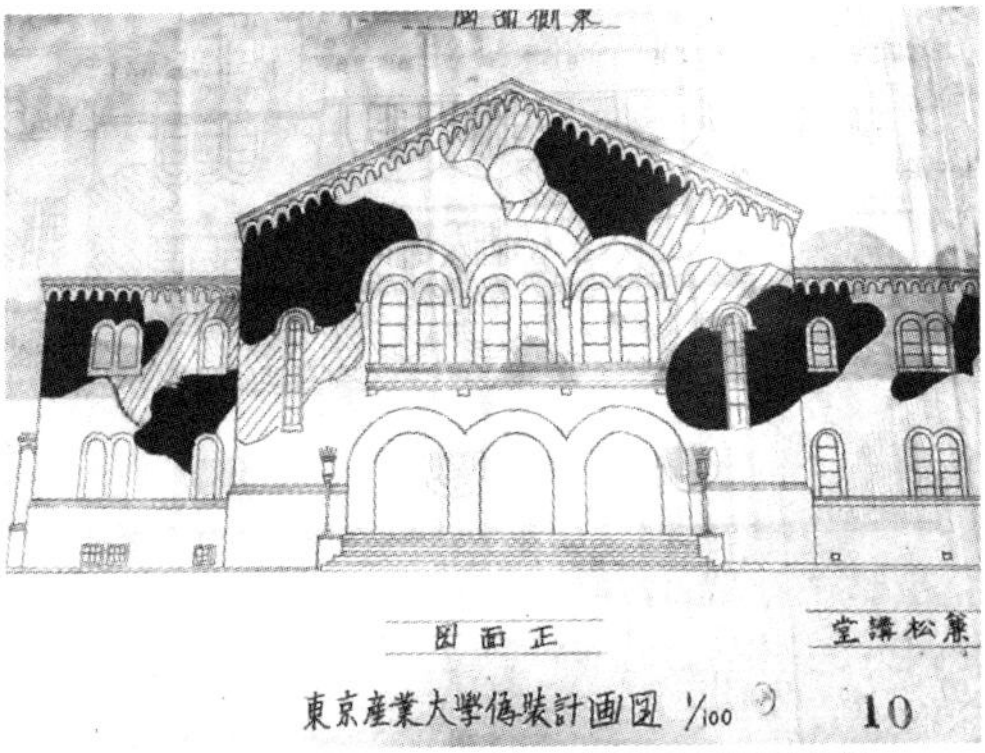

東京産業大学偽装計画図：一橋大学学園史資料室蔵

本土空襲と教育の停止　１９４５年春

１９４４（昭和19）年12月に兼松講堂は、被災した中島飛行機武蔵製作所の疎開工場となった。ただし、軍の管轄の違いから兼松講堂には他校生が詰めており、未入隊の学徒たちには立川陸軍航空支廠等、他の場所での勤労作業が割り振られていた。このため、勤労作業を母校で行いたいという希望は強かった。

教授が間に立って対軍部当局折衝が行われたが、この軍の管轄に関わる問題は非常に面倒で、認められるまで困難を極めた。粘り強い交渉の末、ようやく立川航空支廠の総員を引き上げ、兼松講堂における作業に切り替えることができたのは翌4月である。

学徒たちは慣れない工作機械の操作をベテラン工員に教えてもらいながら1日3交替の勤務に就いた。しかし勤務地が母校になったことは、僅かながらも僥倖であり、勉強時間の確保に貢献したようである。

１９４５（昭和20）年に入ると米空母艦載機による空襲が日増しに増えた。3月10日の東京大空襲では、工業経営専門部部長、増地庸治郎教授が行方不明となり、専門部生たちの捜索で被災死が確認されるという痛ましい事態も起きた。

東京商大周辺でも空襲が度重なったため、危険を回避すべく、図書館の貴重書3万冊は、3回に分けて長野県へ疎開させられた。7月に図書館は機銃掃射を受けており、賢明な判断であったといえよう。

2月には理工系の一部と教育系学徒の入営延期が停止となり、教員養成所にもその恩典が消える。

3月18日に「決戦教育措置要綱」が閣議決定され、4月からは国民学校初等科以外の教育機関の授業は停止となった。もはや学園は教育も研究も行える環境ではなくなってしまったのである。

大学図書館の貴重書
東京商大卒業アルバム　1942

兼松講堂に中島飛行機の工場が移設された際、本館の一部も事務所として使用され、寮も全面的に軍に貸与したため、学問の府としての存在は影が薄くなる一方であった。

残留学徒たちは学生集会所に畳を持ち込み、「如水寮」と称して大学の拠点を温存した。勤労動員の通勤の便を口実に、実質的な学生寮としたものだが、大学の若手助手等がそこに居付き、戦局苛烈化する中で「アカデミアの牙城として、夜は細々ながら読書会等の学習活動が続けられた」という。「戦後、学園民主化のリーダーとなったのはこの学生たちであった」と『戦後と一橋』には記されている。

国立に移った予科一橋寮でも、横須賀の勤労動員をさぼった生徒たちがひそかに学習会を行っており、「一橋寮における「学問への情熱」への精神は小平から国立へ正しく継承されたといってよい」との回想もある。

学ぶことが禁止されたという異常事態の下、当時の社会規範に反しつつも学問への希求を諦めなかった学徒たちがいたことは、今顧みても救いであったといえよう。

コラム⑥／「教育はどう削がれたか」

戦時下は教育年限が短縮されている。日米開戦直前、兵力不足から教育が二の次にされた証左である。

1941（昭和16）年10月16日公布の「大学学部等ノ在学年限又ハ修業年限昭和十六年度ノ臨時短縮ニ関スル件」で大学学部の在学年限、大学予科（高等学校）、専門学校の修業年限は当面6か月短縮された。東京帝大では、在学年限の一方的な決定に対する抗議と共に、文部大臣宛の反対意見が総長名で出されている。東北帝大でも同様の文書が確認されており、この時点での大学側の反発は激しかった。（東京商大でどのような抗議がなされたか否かは、資料がなく不明である）ただ実を結ばず、その後はなし崩し的に勤労動員、学徒出陣と、国家総動員体制の中、教育は削がれていった。

1942（昭和17）年3月卒業予定の在学生は、卒業まで残り6か月を切っていたため、3か月の短縮となり、前年12月繰上げ卒業、年明けに入隊した。続く1943（昭和18）年3月卒業予定の在学生からは大学学部、大学予科（高等学校）、専門部ともに6か月短縮が適用された。同年4月入学の大学予科（高等学校）は3年から2年へと1年の短縮となった。この時、大学学部と専門学校の在学年限に関しては年限短縮が解かれるが、1942（昭和17）年4月入学以前の学徒には適用されなかった。中等学校、高等女学校の修業年限も、5年から4年へと短縮された。

このため1942（昭和17）年の学部は、4月に新入生を迎えた後、10月にも入学生を迎えた。この10月入学体制は3年続いた。年限短縮は1944（昭和19）年度まで実施され、1945（昭和20）年3月18日には「決戦教育措置要綱」が閣議決定されると、国民学校初等科以外の学校授業は4月から1年間停止となった。

「ともあれ明治以来、聖域として守られてきた教育制度が、事変継続中の臨時措置とはいえ軍部の意向で容易に変えられる道が開かれたのである」

（蜷川壽恵『学徒出陣』）

理由は、陸海軍の幹部要員不足と社会全般の労働力不足である。学問の根本義を主張した大学も、戦時という軍部の掲げる大義名分に抵抗しきれなかった。

またこの年限短縮以前の１９４０（昭和15）年12月には、実業学校及び実業専門学校に対して、文部省では進学統制を行っている。すなわち産業の第一線に立たせ、時局に呼応した活発なる活動をさせるためとの名目を以て「各校よりの上級学校進学者の一割以内において学校長が推薦したる者に限る」との通牒を発し、進学の自由を制限したのである。非常時には学問より労働力を、という国の姿勢がこの時期から露となる。

１９４３（昭和18）年1月には、専門学校令・高等学校令が改正され、共に「皇国ノ道ニ則リテ」という文言が追加された。高等学校令の規定第一条には「国体ノ本義ニ徹シ世界ニ於ケル皇国ノ使命ヲ体得シテ至誠尽忠克ク国家重キニ任ジ天業ヲ翼賛シ奉ルベキ人材ヲ錬成スベシ」と記されており、高等教育機関も、皇国の使命、つまり戦争遂行における天皇の臣下としての兵士を養成所とする、と明記されたことになる。

同年10月の「学徒出陣」では、戦地へ向かう学徒が選別された。戦局に資する兵器開発に備えた理工科系学徒、また医学専攻の学徒等は入営延期とされ、不要不急の学問と看做された法文科系の学徒には、即「出陣」が命じられた。文部大臣は「文科系の学問を理科系の学問に比して軽んずる等ということは断じてありません」といいつつ、戦いに必要とされた理工科分野については整備拡充をはかり、文科系の専門学校や大学は整理統合、または理工学系への転化を推進した。戦争遂行に役に立つか否かが学問の価値を決めたといえる。

勤労動員についても触れておきたい。

1938（昭和13）年4月「国家総動員法」の公布後の6月､文部省は「集団的勤労作業運動実地ニ関スル件」を通牒し、夏休みの数日間を農事や工具の修理等の簡易労働をあてた。そして翌年には中等学校以上にこれを漸次恒久化し、正課の授業に準ずるものとした。

1941（昭和16）年2月に出された年間30日以内の勤労作業通牒は「食糧ノ確保増進」を目的とし、農作業が主であった。「国ニ協力施シムル実践的教育」という名目で、勤労時間は授業時間とみなされた。戦局が悪化し労働力が不足した1943（昭和18）年6月「学徒戦時動員体制確立要綱」には「総力ヲ戦力増強ニ結集」が謳われている。

「学徒をして有事即応の体制足らしむると共に、これが勤労動員を強化して学徒尽忠の姿勢を傾け、その総力を戦力増強に結集せしめんとす」とは岡江文部大臣の発言である。4か月後の10月、閣議決定「教育ニ関スル戦時非常措置方策」において、動員期間は「在学期間中一年ニ付概ネ三分ノ一相当期間」と大幅拡大となった。

さらには、1944（昭和19）年2月、閣議決定「決戦非常措置要綱」がだされ、「原則トシテ中学校以上ノ学生生徒ハ今後一箇年常時コレヲ勤労ソノ他非常任務ニモ出動セシメ得ル」となり、通年動員の方針が決定された。ここに学校の教育機能は完全に停止した。

学徒出陣、勤労動員について、当時の文部省は「我が教育史上空前の意義を持った真に画期的なる国家施策」と、訓令の中で述べている。

「勤労動員による労働の後は疲れ果て、書物に目を通すことはほとんどできなかった」と久米明（1944年10月学部入学）は語っている。期間短縮と共に、勤労動員も、学徒たちの本分である学業を奪ったことに間違いない。教育は軍国主義にからめとられ、玉砕したのである。


（野村由美）

終戦と一橋　1945年夏

「それは祈りの集会の様に見えたかもしれない。人々はラジオから流れ始めた、抑揚のある、だが雑音のため語句の定かではない、何か異教の司祭の奏する祭文の様な声のする方を向いて、一様にこうべをたれていた。（中略）放送の後、私は虚脱したような体を、かつて軍教の後で学友たちと寝そべった芝生に運び、仰向けに寝転んで空を眺めた、限りなく、澄み渡る青空は、決して希望のそれではなく、私には底知れぬ空虚の無限の広がりのように思われた」

（日台磯一『如水会々報』628号　1982）

これを書いた日台は大学院特別研究生として入営延期を命じられて大学に残っていた8名のうちの1人であり、終戦直前は、外務省に派遣、対英関係の情報分析に従事していた学生である。緘口令が敷かれていた海外状況も、日台の様な特別な任務を与えられた研究生や、南方へ人員派遣していた学内附置の東亜経済研究所の研究員等から、教授たちに伝えられていた可能性は高い。正確な情報から戦局の判断、すなわち敗戦の予感を、前年の秋頃からは教授たちは薄々持っていたことだろう。

8月15日、本館前に300人の教職員・学徒が整列する中、終戦の玉音放送は流された。この時、高瀬荘太郎学長が何を訓示したか、残されていないことが残念である。そして「戦野にある学友すべてが無事でいることを切に祈った」日台の願いもむなしく、東京商大の出陣学徒の戦死者は107名に上った。

8月29日には、軍隊に占領されていたキャンパスの建物はすべて大学に返還される。しかしそれも束の間、9月に入ると今度は進駐軍から建物引き渡しが求められた。英語に堪能な上田辰之助教授がGHQに赴き、中止と変更を懇願した。授業再開を早めその実績を示すことで、研究・教育の場を何とか守ることに成功している。

前掲『戦後と一橋』によると「終戦時にはほんのわずかな在学生しかおらず、ひっそりとしていた」学園も、復員と授業の再開によって、学徒たちが徐々に復帰しはじめた。しかし「破壊と荒廃、混沌」のさなか、学徒も教職員も「何よりも皆、空腹をかかえ、その日の生活に追われていた」のである。こうした食糧事情のため帰省する者、「一度は国立に姿を見せたが、そのままどこへ消えたのか杳として消息の知れぬ者」も少なくなかった。

学部本館:東京商大卒業アルバム　1943

帰還した学徒は、最小限2年、最大限3年の課程を履修の上、卒業できることとなった。

復員して学園に戻ってきた総数は不明である。戦地から生還できなかった者はもとより、復学を果たせなかった者の中には、その行方がまったくわからない者もいる。終戦直後の病死者も存在したし、戦争という非常事態の中で経済的基盤を失くし、学業継続が不可となった者もいた。

戦没者と同列には語れないまでも、彼等もまたキャンパスに「還ることはなかった」戦争の犠牲者といってよい。

（野村由美）

毎日新聞

聖斷拜し大東亞戰終結

時局收拾に畏き詔書を賜ふ

四國宣言を受諾

萬世の太平開かん

新爆彈・慘害測るべからず

詔書

朕深ク世界ノ大勢ト帝國ノ現狀トニ鑑ミ非常ノ措置ヲ以テ時局ヲ收拾セムト欲シ茲ニ忠良ナル爾臣民ニ告ク

朕ハ帝國政府ヲシテ米英支蘇四國ニ對シ其ノ共同宣言ヲ受諾スル旨通告セシメタリ

抑ゝ帝國臣民ノ康寧ヲ圖リ萬邦共榮ノ樂ヲ偕ニスルハ皇祖皇宗ノ遺範ニシテ朕ノ拳々措カサル所曩ニ米英二國ニ宣戰セル所以モ亦實ニ帝國ノ自存ト東亞ノ安定トヲ庶幾スルニ出テ他國ノ主權ヲ排シ領土ヲ侵スカ如キハ固ヨリ朕カ志ニアラス然ルニ交戰已ニ四歳ヲ閲シ朕カ陸海將兵ノ勇戰朕カ百僚有司ノ勵精朕カ一億衆庶ノ奉公各ゝ最善ヲ盡セルニ拘ラス戰局必スシモ好轉セス世界ノ大勢亦我ニ利アラス加之敵ハ新ニ殘虐ナル爆彈ヲ使用シテ頻ニ無辜ヲ殺傷シ慘害ノ及フ所眞ニ測ルヘカラサルニ至ル而モ尚交戰ヲ繼續セムカ終ニ我カ民族ノ滅亡ヲ招來スルノミナラス延テ人類ノ文明ヲモ破却スヘシ斯ノ如クムハ朕何ヲ以テカ億兆ノ赤子ヲ保シ皇祖皇宗ノ神靈ニ謝セムヤ是レ朕カ帝國政府ヲシテ共同宣言ニ應セシムルニ至レル所以ナリ

朕ハ帝國ト共ニ終始東亞ノ解放ニ協力セル諸盟邦ニ對シ遺憾ノ意ヲ表セサルヲ得ス帝國臣民ニシテ戰陣ニ死シ職域ニ殉シ非命ニ斃レタル者及其ノ遺族ニ想ヲ致セハ五内爲ニ裂ク且戰傷ヲ負ヒ災禍ヲ蒙リ家業ヲ失ヒタル者ノ厚生ニ至リテハ朕ノ深ク軫念スル所ナリ惟フニ今後帝國ノ受クヘキ苦難ハ固ヨリ尋常ニアラス爾臣民ノ衷情モ朕善ク之ヲ知ル然レトモ朕ハ時運ノ趨ク所堪ヘ難キヲ堪ヘ忍ヒ難キヲ忍ヒ以テ萬世ノ爲ニ太平ヲ開カムト欲ス

朕ハ茲ニ國體ヲ護持シ得テ忠良ナル爾臣民ノ赤誠ニ信倚シ常ニ爾臣民ト共ニ在リ若シ夫レ情ノ激スル所濫ニ事端ヲ滋クシ或ハ同胞排擠互ニ時局ヲ亂リ爲ニ大道ヲ誤リ信義ヲ世界ニ失フカ如キハ朕最モ之ヲ戒ム宜シク擧國一家子孫相傳ヘ確ク神州ノ不滅ヲ信シ任重クシテ道遠キヲ念ヒ總力ヲ將來ノ建設ニ傾ケ道義ヲ篤クシ志操ヲ鞏クシ誓テ國體ノ精華ヲ發揚シ世界ノ進運ニ後レサラムコトヲ期スヘシ爾臣民其レ克ク朕カ意ヲ體セヨ

御名御璽

昭和二十年八月十四日

各國務大臣副署

唯民草を慈み給ふ

聖恩宏大感激の極み

國運を將來に開拓

同胞に難きを求む

内閣告諭

異例の御前會議

貫き通せ國體護持

荊棘の道に敢然

皇國興隆へ

米英支宣言とカイロ宣言

米英支三國宣言

社說

過去を肝に銘し前途を見よ

『毎日新聞』 1945・8・15 一面記事

第3章 戦没出陣学徒の足跡

出陣学徒の軍隊キャリア

1943年（昭和18）年12月に入隊した出陣学徒は、僅か1年8か月余りの短い軍隊生活においてどのようなキャリアを歩んだのか。

航空機搭乗員の早期養成が学徒出陣の主要な目的の1つであり、『きけわだつみのこえ』には多くの出陣学徒の特攻隊員の書簡が紹介されていることから、出陣学徒＝航空機搭乗員とのイメージが強い。

しかし、実際には、学徒出陣のもう1つの目的だった、多様な持ち場における現場の初級指揮官として養成され、1年未満の短い養成期間の後、多くの部下の命を預かる現場の初級指揮官（小隊長）として配属された者もいた。

海軍志願者は徴兵検査の際に申し出ることができ、ほぼ希望はかなえられたという。陸軍対海軍の比率は概ね二対一から三対一だったといわれているが、全体的な陸海軍比率が把握されているわけではない。

東京商大の場合は、1942（昭和17）年4月、同10月、1943（昭和18）年10月学部入学の同期会による軍歴調査の数字から、年次によりばらつきはあるが、ほぼ陸対海は二対一だったといえる。

出陣学徒の3分の2が入隊した陸軍の場合のキャリアパスの概略は、91頁の図のとおりである。

初年兵教育は期間3か月で、朝鮮やフィリピン等海外にある部隊で受けた者もいたが、原則として、出身地の部隊に入営し、翌年2月に幹部候補生試験を受験した。航空機搭乗員志望者は、同時期に実施された特別操縦見習士官制度の第2期生の採用試験を受験した。

幹部候補生試験は志願制だが、学校教練の成績が悪く受験資格がなかった者、偶々傷病のため受けられなかった者、自分の意志として受けなかった者が受験しなかったと考えられるが、出陣学徒はほぼ強制的に受験させられたという。

合格率は80％程度といわれており、合格者は2か月後にそれまでの成績により士官に進む甲種幹部候補生（甲幹）と下士官となる乙種幹部候補生（乙幹）に選別された。東京商大出陣学徒に関して、甲幹と乙幹の比率の信頼できる資料は見当たらなかった。

彼らは、地上兵科、航空兵科、技術部（経理部など）に大別され、甲幹はそれに見合った各地の予備士官学校や軍教育隊、経理学校や兵科毎の学校で士官としての教育・訓練を受けた。乙幹もそれぞれの兵科に見合った教育・訓練を下士官教育隊や現場の部隊で受けた。

甲幹は12月に見習士官となって各部隊に配属されることになっていたが、１９４４年（昭和19）年9月には、戦局の悪化から教育課程の半ばで一部を急遽南方軍の教育隊に転属させることとなった。

また、その時期に現場の部隊に配属となり、見習士官任官前に戦死した者も見られる。乙幹も夏から秋には教育課程を終えて、各地の部隊に配属となったようだ。

南方に転属となった幹部候補生に代わって、１９４４（昭和19）年5月に新設された特別甲種幹部候補生第1期生が10月に軍学校に入校した。もう外地へ送ることの困難な彼らは本土決戦における初級指揮官（小隊長）要員として教育された。

そして、翌年6月頃には全国の部隊に配属となった。1945（昭和20）年の入隊者は、幹部教育を受ける機会もなく、一兵士として本土決戦部隊や中国大陸の部隊に投入されたものも少なくなかった。

出陣学徒の3分の1の海軍の場合はどうであったか。

全国4か所の海兵団で2か月弱の二等水兵の期間があったが、その後は全体の70％前後の者は飛行科予備学生（生徒）、兵科予備学生（生徒）、主計科見習尉官、というずれかの士官への道に進み、それ以外の者は、下士官の道に進んだといわれている。

実は、それまでの海軍予備学生は、初年兵教育を受けずに済む特別なコースであったのだが、1943年（昭和18）12月入隊に限り、二等水兵からスタートした。翌期から元の制度に戻っているので、彼らだけ割りを食ったともいえる。東京商大の場合は海軍に入隊した学徒の大半が士官への道に進んでいる。

飛行科予備学生（生徒）の内、地上勤務の要務要員、搭乗員の内の偵察要員は、1944（昭和19）年9月には予備学生（生徒）のまま現場に配属された。操縦要員は、12月まで中間練習機、実用機の訓練を受けた後、各地の航空隊に配属された。そして、操縦、偵察要員から多くが特攻隊員となった。

兵科予備学生は、7月中旬まで武山海兵団で、予備生徒は旅順で基礎教程が行われ、7月15日から各種兵籍に別れ、5か月余り術科学校で教育・訓練を受けた。

主計科は9月1日に経理学校を修了し、艦艇、航空隊、工廠などの配属部隊に見習尉官のまま着任している。

いずれの道を進んだものも、12月25日に少尉に任官（生徒は少尉候補生）したが、任官前に戦闘に参加し戦死者も出ている。

（竹内雄介）

※本章の画像の出典は原則キャプションに271―274頁の参考文献番号で示す。

【軍隊での進路(陸軍)】

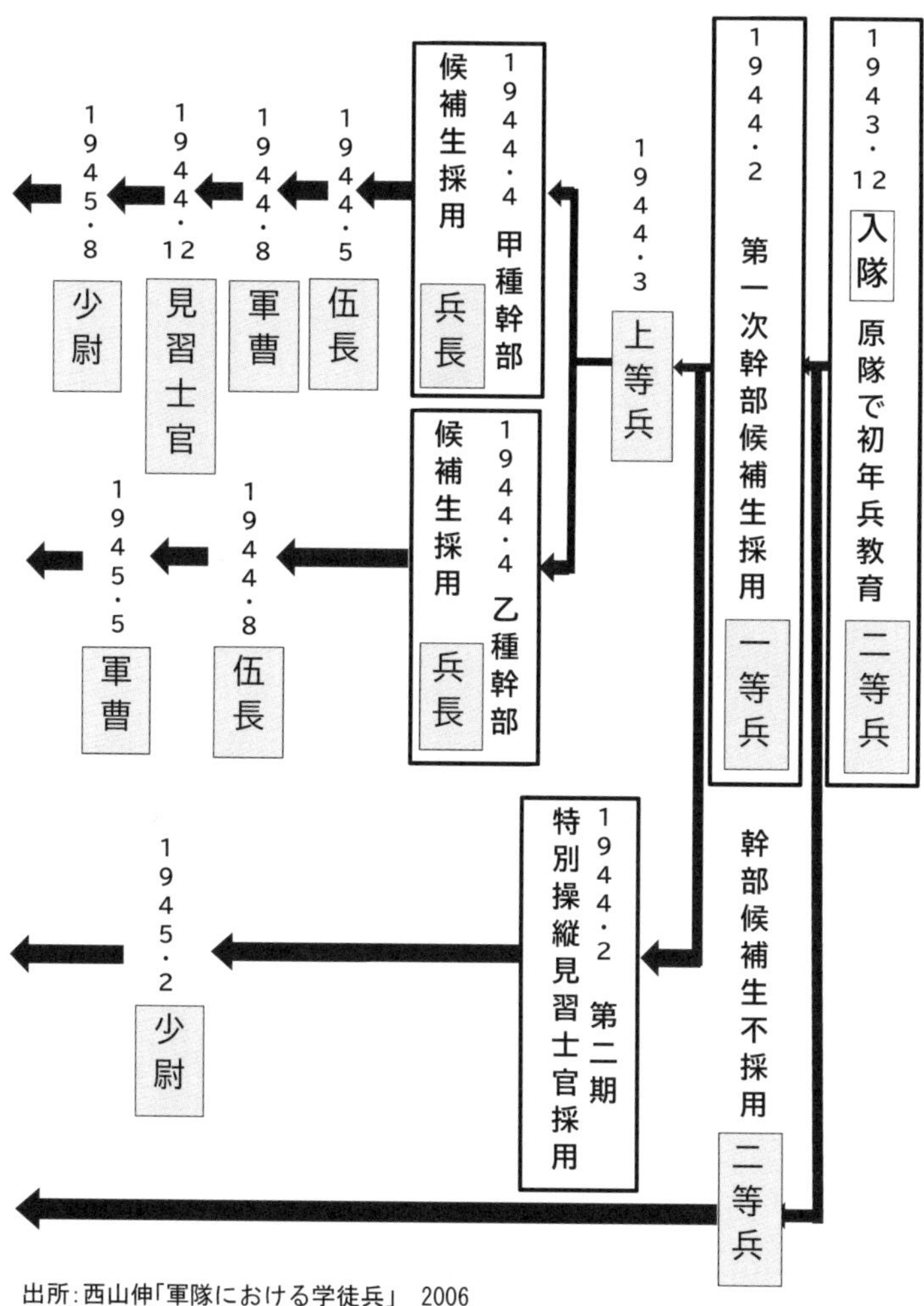

出所:西山伸「軍隊における学徒兵」 2006

フィリピン
最も多くの生命を奪った戦場

フィリピンは最も多くの日本軍兵士が、しかも短期間のうちに斃れた地域である。もちろん大岡昇平が『レイテ戦記』で書いているように、100万人を超えるフィリピン人が外国兵力である日米両軍の戦争のために犠牲になったことを忘れてはならない。出陣学徒たちにとってもそこは最悪の戦場であった。

1944（昭和19）年9月のマニラ大空襲を皮切りに10月20日レイテ島への米軍上陸、レイテ沖海戦、レイテ島の戦い、翌年1月9日米軍のルソン島上陸、2月マニラ市街戦等々、9月3日の降伏文書調印まで、1年近くフィリピン諸島とその周辺で戦いは続いた。

1944（昭和19）年6月17日、如水会（東京商大同窓会）マニラ支部総会が開かれた。前日サイパン島に米軍が上陸したとの情報が伝わっており、和やかな中にも緊張感の漂う会であった。

参加者40数名の大半はマニラに拠点を置く商社、金融機関、メーカーの派遣駐在員たちであった。彼らに混じって、軍隊所属の卒業生が3人参加している。この頃からフィリピンの第14軍増強のため内地から多くの部隊が派遣されて来ていた。

企業駐在員たちも40歳以下の者はすべて12月までに現地召集され、総会参加者の半数以上がマニラの市街戦や北部ルソンの戦いや逃避行で命を落としている。

出陣学徒が関わるのは、1944年秋からのことだ。8月に教育課程を修了した海軍飛行専修予備学生(要務)の中には比島沖海戦に参加した艦艇に配属されたものもいた。また、海軍経理学校を9月初めに修了し、フィリピンの海軍司令部や航空隊の経理部に配属となって赴任した者もいる。

陸軍の場合は1944（昭和19）年9月の『陸亜密第9011』によって2500名を超える幹部候補生が9月に南方総軍に転出のため内地を出発した。その内1000名以上がマニラの第14方面軍教育隊に転属、また一部の出陣学徒はフィリピン諸島の航空軍に配属となった。

戦没者数を把握している前橋予備士官学校に関していえば、ルソン島に上陸した約400名のうち327名の戦死（戦病死を含む）が確認されている。

熊本、仙台予備士官学校出身の出陣学徒は、彼ら中心に戦車撃滅隊が編成され、激戦地のルソン島バレテ峠周辺における米軍戦車隊との戦闘で全滅したとされている。

中部軍教育隊の資料によれば、ルソン島に配属となった200名近くは大部分が航空軍に配属となり、その大半が戦死したとのことである。

東京商大の戦没出陣学徒についても陸海軍とも航空関係の地上勤務部隊に所属した者が目立っている。

ちなみに『戦没学友名簿』によれば、東京商大出身者のフィリピンにおける犠牲者は160名を超え（内出陣学徒35名）、把握している全戦没者836名の20％近くを占めている。

（竹内雄介）

還らざる学友

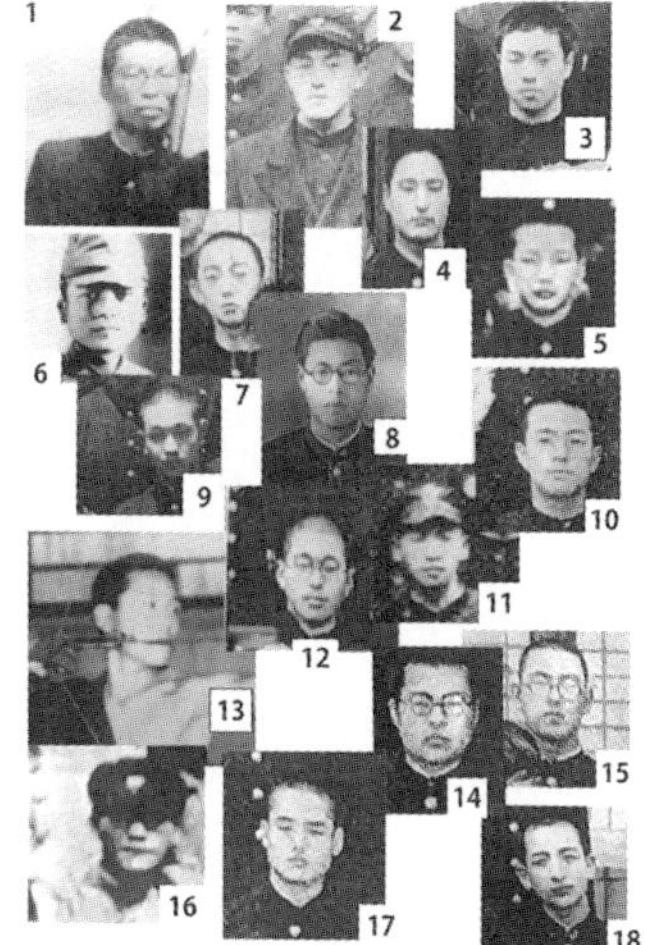

1 熊田柳之助 2 元木実 3 仁科重 4 上野陽一郎 5 長沼勝 6 神浩 7 重宗博 8 上田良一 9 内海久雄 10 澤田義治 11 中村豊 12 寺田裕 13 田村正久 14 花本安夫 15 金子皎一 16 倉林満 17 久保田彰一 18 江守道守

一足先に海軍航空隊を志願したボートマン

岡泰彦　22歳没

身体と頭脳の鍛錬を怠らなかった予科時代

岡泰彦は、神戸一中時代に運動部に所属せず身体を鍛えなかったことを反省し、予科入学と同時にラグビー部に属した。しかしけがで端艇（ボート）部に転じ、3年の時には部内対抗戦に出場、4番を漕ぎ優勝するまでになった。一方でいざ出征の時には最高の武器で戦おうと、予科時代から『最新飛行機講座』等をこっそり読んでいた、と実弟吉彦は回想する。

飛行服姿の岡
提供：遺族

対抗戦参加バッチ
提供：遺族

予科5組の集合写真（前列右端が岡）
参考文献24

【略歴】

1922・10　生まれ
　兵庫県立神戸一中
　（現・県立神戸高校）卒業
1940・4　東京商科大学予科入学
1942・10　同大 学部進学 山中篤太郎ゼミ
1943・10　三重航空隊入隊
　第13期飛行専修予備学生（偵察）
1944・5　千葉県香取基地配属
1944・10　ルソン島クラーク基地
1944・10・24　戦死 フィリピン東方海上

一足先に第13期飛行専修予備学生に志願

1943（昭和18）年6月に、海軍では『学徒出陣』と題する小冊子を発行し、大学生の海軍飛行専修予備学生への志願を働きかけた。

岡は、両親や大学事務局の反対を押し切って応募。全国から5万人が応募した。採用された4726名の飛行専修予備学生が10月、出陣学徒より一足先に海軍入りした。東京商大からは岡を含む7名。彼を除く6名は皆、9月学部・専門部の卒業生で在校生は岡だけだった。

厳しく、無駄のない速成教育で艦攻偵察員に

教育課程は最初から厳しい訓練の連続であった。端艇部ではエイトの漕ぎ手だった岡は、海軍の基礎訓練の短艇（カッター）では褒められたと笑って話していたという。練習機教程の飛行時間は従来の3分の1以下という速成ぶり。

１９４４（昭和19）年6月には偵察員の実用機教程を終え、岡は士官として千葉県香取基地の天山雷撃隊「攻２５６」に配属となった。

帝国海軍最後の大編隊攻撃に参加し未帰還

飛行機搭乗員は戦場に出れば2週間の命と言われていた。最後に神戸の実家を訪れたとき、「六甲の山々は見納めだ」と語り、「いよいよ出発です。お元気で」と非常に簡単な葉書を残して岡は出撃した。

彼の初陣は10月の台湾沖航空戦。そして10月22日台湾高雄からルソン島クラーク基地に進出し、24日に戦闘機、艦上攻撃機等約２００機による帝国海軍最後の大編隊攻撃に参加したが、未帰還となった。

翌25日に同じクラーク地区のマバラカット飛行場から、最初の特攻隊が出撃した。岡の同期である第13期飛行専修予備学生の戦死者は１６１６名を数えるが、その内４４５名は特攻作戦による戦死である。士官の特攻戦死者７８３名の半数以上を占めている。

戦後24年目に届いた勲章

１９６９（昭和44）年4月、岡に対して「勲六等単光旭日章」が贈られ、「従七位を贈る」ともあった。吉彦は勲章を大事に保管している。

吉彦から送られたその写真には、「今になって何の意味があるのでしょうか」と添えられていた。（一橋いしぶみの会　竹内雄介）

提供：遺族

任官前に海戦に参戦した海軍予備学生

平井有幸　20歳没

級友が語る予科時代の平井

平井有幸の人となりは、予科2組「緑芳会」が発行した追悼文集『市岡・世良・平井君を偲ぶ』（1946・12）から読み取ることができる。複数の回想から、平井は、静岡訛りの変った抑揚、小柄で肥えた体形、色黒で丸顔、人懐っこく朗らかな性格。

予科時代　参考文献25

予科3年間席が相前後し常に行動を共にした級友の一松寿は、平井は地味ではあるが、絶えずほほえみを浮かべて朗らかだったと語るが、中学時代の闘病生活からくる健康への不安が影響していたのか、柔和な目の奥底に「人知れぬ苦しい悩み」があったという。ロシア文学に共鳴し、ドストエフスキーやゴーゴリを読み、彼が常に語ったのは「如何に生きるべきか」。

入団間近に平井と2人で別離の宴を開いた後で一松は、お茶の水駅で彼を見送った。予科のてかてかした丸帽は、真新しい大学の角帽に変わっていたが、彼が着ていたのは、愛用の灰色のスプリングコートだった。

【略歴】

1923・11　生まれ
　静岡県立静岡中
　（現・県立静岡高校）卒業
1941・4　東京商科大学予科入学
1943・10　同大 学部進学
1943・12　舞鶴海兵団入団
1944・2　土浦→鹿児島航空隊入隊
　第14期飛行専修予備学生
　（要務）
1944・9　巡洋艦熊野に乗艦
1944・11・25　戦死 マニラ西方

予科丸帽とスプリングコート姿　提供：河西郁夫

海軍予備学生のまま戦死

海兵団に入団した平井は、飛行専修予備学生に採用された。小柄ながらがっちりした身体で、予科時代の鍛錬で健康は回復していたのだろう。彼は海軍から「元気に此の世を生きて見るのもまた愉快だ」と、友人に心境を書き送っている。地上勤務の要務専修となり、鹿児島航空隊で基礎訓練と要務士教育を受けた。

戦局は教育訓練の終了を急がせた。１９４４（昭和19）年8月末までに訓練を終え、9月には配属先である重巡洋艦「熊野」に乗艦した。「熊野」装備の３機の水上偵察機の部隊である飛行部付となった。彼の初陣は歴史に残る「レイテ沖海戦」。その時の艦内配置表には、「七戦隊司令部付　予備学生　平井有幸」と記されている。

熊野は10月25日のサマール沖海戦で大破し、マニラ周辺に退避したものの、米軍艦載機による執拗な攻撃を受け、11月25日マニラの北方サンタクルーズの沖で沈没。平井は艦と運命を共にした。少尉任官は12月の予定だったから、海軍予備学生のまま戦死し、死後少尉となった。

平井が運命を共にした重巡洋艦「熊野」　Wikipedia

重巡洋艦「熊野」の乗組員たちのその後

「熊野」の生存者６３６名の内４９０名は陸上部隊に編入され、彼らの多くはマニラ防衛隊の一員となった。そしてマニラ市街戦を戦い多くが戦死した。

「河童の丘上がりですから、小銃もなし、船には小銃も積んでいましたけど船もろとも沈んだんですから」「とにかく、何か切れるものをこしらえようと、自動車のスプリングを毎日グラインダーあてて、刀を作った。それが武器だった」「竹槍で訓練している様子を見て、地元のフィリピン人に冷やかされました。戦車が来るのに竹槍しかないんですから」（ＮＨＫ戦争証言アーカイブス）

（一橋いしぶみの会　竹内雄介）

基地指揮官に抜擢された海軍予備学生

石崎一朗　22歳没

文武両道の卒業生総代

石崎一朗の父由三郎は、戦後まもなく、戦死した息子の足跡を訪ね、上官や同僚に取材して回った。そして『南溟に果てしわが子の記録　一朗記』を上梓した。

石崎は虚弱児であった。身体を強くすることが、本を読むよりもっと大事なことだったから運動具はどんな高価なものでも買ってやったという。何をしても人に負けない、そして自分は何でもできるという自信を持たせるようにした。

参考文献14　1943・9

武道は柔道をやるようになり、中学4年頃には、「喧嘩？　誰も仕掛けてこないね。僕ァ喧嘩すると勝つんだもの」と言って、ニヤリと笑うまでになった。健康要注意の虚弱児が、いつの間にか「勝つから喧嘩する必要のない男」になっていた。勉学でも、福岡県立門

【略歴】

1922・1	生まれ
1939・4	福岡県立門司中（現・県立門司学園中学校・高等学校）卒業
1942・4	東京商科大学予科入学 同大 学部進学　山中篤太郎ゼミ
1943・12	相浦海兵団入団
1944・2	土浦→鹿児島→大井航空隊 第14期飛行専修予備学生（要務）
1944・9	マニラ第955海軍航空隊
1944・11	ミンドロ島水上基地指揮官
1944・12・31	戦死　ミンドロ島

参考文献35

司中学校卒業生総代。中学の校長は、彼ならどこでも入れる、太鼓判を押されて東京商科大学予科に進んだ。そして、大学でも柔道部で活躍した。

分隊士の石崎評

「あれは立派な親分になりますよ」鹿児島航空隊の大政といわれた小野分隊士は、父由三郎にこう言った。

はたして、配属されたマニラの第九五五海軍航空隊では、衆目の一致するところとなる。「若い向こう見ずの飛行士官連中が肩で風を切っていく後から、のっしのっしとやってくるんです。腹なんざこう相撲取りのように突き出して、どうしても親分でしたよ。あれで短距離、中距離、遠距離をトップで押し通すんです。まさにオールマイティですよ。無駄口は叩かぬ、腕っぷしは強い、交渉でも非常に押しが効く、ごたごたがもつれて面倒になると一人で片づけてくる。あの押し出し、腕っぷしと頭の冴え、それに人徳。司令も陰で、いつもほめていました」

ミンドロ島に死す

石崎は、マニラに配属の2か月後に予備学生の身分のまま、ミンドロ島サンホセ海軍航空基地指揮官に抜擢される。同僚たちに羨ましがられて赴任した直後の12月中旬、突如現れたアメリカ軍の猛烈な艦砲射撃と爆撃により同基地は壊滅状態になった。全滅は免れたが、それも束の間、ゲリラに急襲されてしまう。この戦闘で身体の自由を失い、部下の全滅を見届けた石崎は自決の道を選んだと推定されている。

ゼミの指導教官であり、柔道部部長だった山中篤太郎教授の餞の言葉は、「絶対に戦死してはいけない」であった。だが、教授には、石崎が早くから、生きて帰らぬ身体と覚悟していたように見えたという。「僕は無駄には死なんよ」と父に言っていた石崎として、「日本の生命の瀬戸際」まで追い込まれた戦況においては、この行為はやむなきことだったのだろう。

（一橋いしぶみの会　森田徹）

反戦の思い空しく戦場に斃れた予科生の指導者

雑賀一雄　22歳没

文学を愛好するラガーマン

雑賀一雄は、同級生の回想によれば、ラグビーに汗を流すさわやかなスポーツマンで、クラスでも寮でも皆から好かれる人気者であった。

一方で文化人的な趣を持つ繊細な一面もあり、寮で同室であった中野保雄（旧姓佐藤）の残した回想によれば、映画、演劇、小説などを好み、「巴里の屋根の下」など当時の流行歌を中野に教えてくれたという。彼は、雑賀が自身と同じ盛岡出身の宮沢賢治に傾倒しており、普段は活発で豪快なスポーツマンである彼が目を潤ませつつ賢治の世界の美しさを語ってくれたことを印象深い思い出として書き記している。

予備士官学校時代
友魂記念館所蔵

【略歴】
- 1922・5　生まれ
　岩手県立盛岡中
　（現・県立盛岡第一高校）卒業
- 1941・4　東京商科大学予科入学
- 1943・10　同大 学部進学 上原専禄ゼミ
- 1943・12　東部第83部隊入営
- 1944・5　前橋予備士官学校入校
- 1944・9　マニラ第14方面軍教育隊転属
- 1944・11　着任
- 1945・1・26　戦死 ルソン島バレテ峠

東京商大生の矜持

1942（昭和17）年頃になると、軍部による商業教育無用論が台頭した。高度国防国家形成のために経済統制が進む中、自由経済下の利益の追求を目的とする商業教育は有害無益だという趣旨のものである。

こうした主張は、翼賛政治家たちの支持のもと、次第に世論を形成するようになり、東京商大はその存立が危ぶまれる状況となった。こうした状況に対し、雑賀も属する一橋寮生は断固反抗の意思を見せ、教練の授業をサボタージュするなどの行動に出た。

　それに対して配属将校が「一橋寮は諸悪の根源であり、自分が直接管理する」旨の発言をした。寮生らはこうした威圧に屈することなく、予科生を予科講堂に集めて一種の模擬裁判を開き、配属将校に反撃した。この中心人物の一人が、時の運動部幹事を務めていた雑賀だった。一連の舌禍事件は配属将校の更迭により幕を閉じた。

　当時の学生たちの伝聞的な回顧録があるのみで詳細はわからないが、雑賀らとしては退学処分も覚悟の上の行動だったであろう。軍国主義的世論の高まりの中、雑賀はその感性をもって反軍の道を選び、その積極性と人徳をもって予科生をまとめ上げた。

厭戦の想い消えず

　１９４３（昭和18）年12月、東部歩兵第2補充部隊（柏）に入営。同隊に所属した大学同期の石井正弘は、雑賀が運動に秀でているのに、訓練に際してはあまり張り切った様子はなく、意外だったと述懐する。雑賀は、訓練の成績がよくなければ、学生下士官として事務職に回されるのではと考えていたようだ。

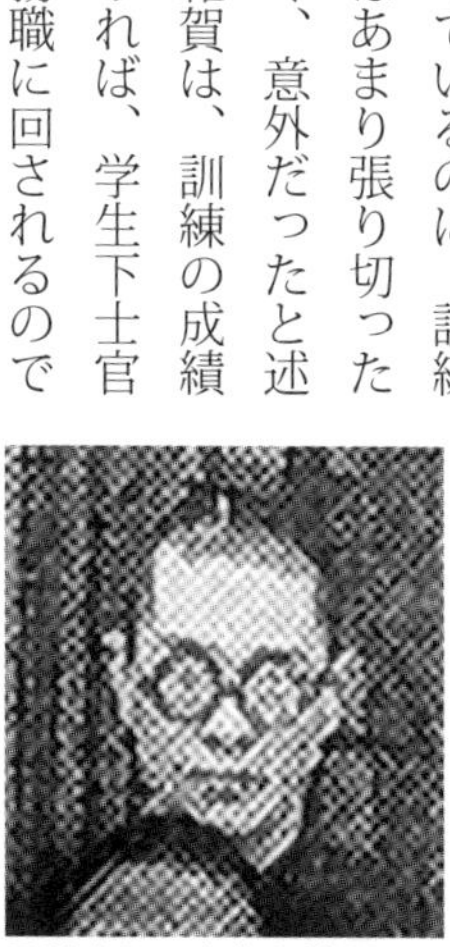

予科時代　参考文献25

　しかし、彼の意図にそぐわず雑賀は教官や古年兵から気に入られてしまった。結局雑賀も石井も将校候補として別々の予備士官学校へ行くことになった。雑賀はその後、前橋予備士官学校を経て、１９４４（昭和19）年９月にルソン島第14方面軍教育隊へ転属。翌年1月に米軍がルソン島に上陸。同月26日、ルソン島バレテ峠にて戦死した。雑賀の部隊は、北に向かって急行軍（最も激しい行軍）で移動途中、空襲、食糧不足、マラリアなどのため多くの死者を出した。雑賀もその一人であった。

（一橋新聞部　亀田英太郎）

都会的センスの持ち主で官僚志望だった勉強家

守屋正治　24歳没

寄り道しながらも目標の東京商大へ

守屋は東京生まれ、東京育ちで、都会的なセンスの持ち主。彼の家族を知る仲間は、教養ある、洗練された家庭の雰囲気だったという。中学卒業後いったんは上海の東亜同文書院に入学したが体を壊し、名古屋高商へ。高商入学時から東京商大を目指し、入試に向け夢中で勉強した。一方、趣味の登山も楽しんでいたようだ。

入学後は、高文試験をひそかに次の目標として勉学に励んでいたようだと友人は記している。

東商大制服制帽姿の守屋
友魂記念館所蔵

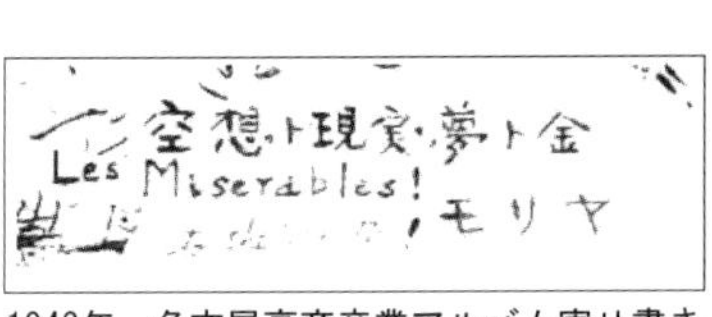

1942年　名古屋高商卒業アルバム寄せ書き

【略歴】

- 1921・1　生まれ
- 　東京高等師範附属中（現・筑波大学附属高校）卒業
- 1942・9　名古屋高等商業学校卒業
- 1942・10　東京商科大学学部入学
- 　米谷隆三ゼミ
- 1943・12　東部第83部隊入営
- 1944・5　前橋予備士官学校入校
- 1944・9　マニラ第14方面軍教育隊転属
- 1944・11　マニラ 着任
- 1945・3・18　戦死 ルソン島アリタオ

予備士官学校からフィリピンの教育隊へ

千葉の部隊で初年兵教育を受けた後、１９４４（昭和19）年、前橋予備士官学校に入校。5か月の幹部基礎教育を受け、守屋は2次教育のためマニラに赴任した。

8月に九十九里浜での卒業演習を行った後、博多から乗船。台湾の高雄に25日間足止めされたが、11月11日に無事マニラ港に到着した。

配属となった第14方面軍教育隊はマニラの東方30㎞のトンコンマンガにあり、そこで翌1月初旬まで訓練をした。

実戦教育の毎日の中での戦死

米軍のルソン島上陸に伴い、急遽北方へ移動命令が出た。米軍に制空権を握られている中、３００㎞を1、2週間という強行軍で移動。実戦教育の中、東京商大で1級下の雑賀一雄は1月の戦闘で戦死した。

2月の卒業演習はゲリラ討伐の実戦。戦場の畑の中で卒業式を行い、各地の実戦部隊に配属となる。守屋の所属は軍教育隊のままで、隊はアリタオに集結、引き続き訓練に邁進中と記録にはある。おそらく彼は実戦的訓練のゲリラ掃討で戦死したものと思われる。

前橋予備士官学校歩兵第三中隊:友魂記念館所蔵

前橋予備士官学校の同期で無事帰還した阿利莫二（元法政大学総長）は『ルソン戦―死の谷』で守屋も体験したであろう熾烈な状況を振り返っている。

遺影は東京商大の制服制帽姿

１９４５（昭和20）年12月、復員した名古屋高商の友人は守屋の実家を訪ねている。小田急線祖師谷大蔵駅周辺は、畑と雑木林の中に住宅が点在する郊外だった。自宅の裏で畑仕事をしていた母親らしい婦人に声をかけたところ、顔も上げず横向いたまま、「正治は、前橋の士官学校から比島に征ったまま、いまだかえっておりません」と、ぽつりと答えた。彼は、かける言葉もなくその場を辞したという。

前橋予備士官学校資料館（友魂記念館）は戦没者の軍服姿の遺影が飾られている。その中で守屋の遺影だけは東京商大の制服制帽姿だった。

（一橋いしぶみの会　竹内雄介）

精神修養に努めた米国生まれの陸軍将校

古市宗次　22歳没

学徒出陣の地元三重の陸軍部隊に入隊

古市宗次の父宗三郎は三重県の出身だが、ロサンゼルスで貿易商を営んでいた。事情は不明ながら次男の宗次は日本で教育を受け1941（昭和16）年4月に三重県立神戸中学から予科に入学した。米国で教育を受けていた2つ上の兄宗吾も、米国の短大を中退、同じ年4月に外人特別入学者（留学生）として予科に合格したため、兄弟は同学年で予科生活を送った。宗次は尺八の東都会、兄宗吾は柔道部に名前がある。学部進学後は、宗次は法学の吉永ゼミ、宗吾は経済の高橋泰蔵ゼミを選択した。

2人の運命が分かれたのは1943（昭和18）年秋のことである。宗次は学徒出陣で三重の地元の陸軍部隊に入営したが、宗吾はアメリカ国籍だったのか、軍隊に入った記録はなく、1946（昭和21）年に卒業している。米国に残留していた父は、日系人収容所暮らしだったと推測される（戦後帰国）。

宗次は幹部教育を修了し、1944（昭和19）年

提供：遺族

【略歴】
1922・5　米国生まれ
三重県立神戸中学（現県立神戸高校）卒業
1941・4　東京商科大学予科入学
1943・10　同大 学部進学　吉永栄助ゼミ
1943・12　東部38部隊入営
1944・5　第一航空軍教育隊
1944・7　第124飛行場大隊配属
1945・4・2　戦死　ネグロス島シライ飛行場

修養日誌
第五區隊
古市宗次

一挺身難ニ赴キ積極敢為任務ヲ完遂セン
一鞏固ナル意志ヲ鍛錬セン

修養日誌の表紙・同裏　提供：遺族

夏にフィリピンに出征した。所属した第124飛行場大隊の部隊略歴によれば、同年11月にネグロス島に進駐している。ネグロス島はフィリピン中部にあるフィリピン群島の中では4番目に大きな島。1944年12月にレイテ島の決戦が、米軍勝利により終結し、主戦場はルソン島へと移っていったが、翌年1月時点では、レイテ、サマール島を除く中・南部フィリピン諸島には10万人の日本軍の兵力があり、終戦までに3・5万人が戦没したと言われている。米軍は順次中・南部の島々に上陸し、掃討作戦を開始した。

シライ飛行場防衛指揮中に戦死

古市が属していたネグロス島の陸軍航空部隊の戦いは、第2飛行師団鈴木参謀が戦後残した「ネグロス島の戦闘記録」に詳しく記されている。それによると、1944（昭和19）年12月に防護陣地の構築等準備が始められた。その時点の糧秣は6か月分、飛行場関連の各部隊は地上戦闘訓練をほとんど受けておらず、武器も小銃を中心に人員の6割分しかなかったという。

ネグロス島バコロドに米軍が上陸を開始したのは3月29日。バコロド周辺には陸軍の飛行場群があり、古市の所属する第124飛行場大隊の一部はシライ飛行場の守備を任された。しかし、小銃主体の貧弱な装備で対戦車兵器はなく、戦車を含む米軍の進入に抗しきれなかった。

戦後、無事帰還した戦友が母しづに伝えたところによれば、古市はシライ飛行場防衛の指揮を執り、米軍がシライ飛行場に進入した4月2日に最前線で戦死したとのことである。

その戦友は、古市が幹部候補生時代に綴った『修養日誌』と遺髪を母の許に届けた。『修養日誌』には、第一航空軍教育隊3か月足らずの訓練について、特に部隊長の訓話や区隊長の注意事項、そして将校候補生としての精神的修養について克明に綴られており、彼の真面目な性格が伝わってくる。（一橋いしぶみの会　竹内雄介）

生き方を見つけるも、ルソン島に眠る山岳部員

大野健司　23歳没

生き方に影響を与えた専門部生活

1939（昭和14）年4月、大野健司は専門部入学、商学、経済、法学などの基礎に加えて、簿記、珠算、タイプといった実務科目について学んだ。水泳部に所属し、経済学者、思想史家である上田辰之助ゼミに参加した。

本来は1942（昭和17）年3月卒業の予定だったが、日中戦争が拡大し、下級将校の補充が急務となり、専門部も卒業が3か月繰り上げられ、1941（昭和16）年12月に卒業した。

専門部卒業アルバム　1941.12

大野は、卒業アルバムにて、専門部生活をこう振りかえっている。「生活の仕方と同時に生活のあり方が漠然ではあるが掴めるようになった。之は尊いことだ。専門部生活のよさも此辺にあるのだろう」。

【略歴】

1921・5　生まれ
　東京府立三商
　（現・都立第三商業高校）卒業
1939・4　東京商科大学附属商学専門部
　入学　上田辰之助ゼミ
1942・4　同大　学部進学　上田辰之助ゼミ
1943・12　武山海兵団入団
1944・2　海軍経理学校入校
1944・9　フィリピン第26航空戦隊司令部配属
1945・4・16　戦死　ルソン島クラーク地区

学部への進学と山岳部での忘れられない夏合宿

専門部卒業後、多くの同級生が就職、そして軍隊に入隊する中、入学試験に合格し、1942（昭和17）年

専門部上田辰之助ゼミ（前列右から２人目）
専門部卒業アルバム1941.12

昭和17年夏　穂高（最後列右）
『針葉樹会報』 2008年１月

４月に学部進学、専門部時代に師事した上田辰之助ゼミに再び所属した。

学部では水泳部ではなく、山岳部に所属し、１年の7月には、穂高縦走の夏合宿にも参加した。夏合宿は7月21日から7月30日に渡り、大野は穂高でトレーニングのリーダーを務め、仲間と食べ物を分け合ったり、怪我の手当てをしたり励ましながら、睡眠不足、雨、疲労感を乗り越え、無事目標を達成することができた。夏合宿最後の登攀日である7月29日には、上がる花火を眺めながら、仲間と歌を歌って騒ぎ、忘れられない思い出ができたようだ。

山岳部出陣学徒唯一の戦没者となる

１９４３（昭和18）年12月、3年生となり間もない頃、学徒出陣。大野は海軍武山海兵団に入団し、翌年２月には、海軍経理学校に入校した。約7か月の教育訓練の後に同年9月に経理学校を修了し、フィリピンの航空隊に配属された。

１９４５（昭和20）年1月、米軍は大野のいたルソン島に上陸した、陸上戦闘用兵器や食料が不足し戦況が厳しくなる中、大野の部隊は陸戦用に再編され、彼はクラーク地区防衛海軍部隊司令部に配属された。米軍の戦車や重火器などの重武装を前に、日本の海軍部隊は小銃・手榴弾などの装備しか持ち合わせていなかったという。

４月16日、大野はクラーク地区において敵機により被爆し戦死したと記録されている。山岳部の出陣学徒としては唯一の戦没者だった。

（一橋いしぶみの会　櫛田真帆　学生）

海軍経理学校時代
参考文献47

地元神社の壮行会で送られた自宅通学生

潮田脩　23歳没

学園生活

潮田脩は長野県の出身だが、中学時代は樺太に移住している。兄道彦も東京商大に進んでいるが、病弱で夭逝した。潮田に関する学友や戦友等の回想は見つからなかった。学生時代同じ国分寺町平兵衛新田に住んでいた東京帝大出陣学徒だった兵頭から偶然彼の戦死が伝えられるまで、同期会名簿には「没」とだけ記されており、「戦没学友名簿」にも記載はなかった。

提供：遺族

村松ゼミ、演劇映画研究会と美術部に所属し、特に演劇映画研究会では幹事と会計幹事を兼ねていることから、活発に参加していたようだ。

【略歴】

1921・12　生まれ
　樺太（現・サハリン）
　真岡中卒業
1940・4　東京商科大学予科入学
1942・10　同大 学部進学 村松恒一郎ゼミ
1943・12　フィリピンセブ島
　暁6142部隊（船舶工兵）
1945・4・19　戦死 セブ島ダナオ

フィリピンの暁6142部隊入隊

1943年（昭和18）年11月29日の夜、東京駅は出陣学徒を見送る家族、学友で大騒ぎだった。その中に、母に見送られた潮田がいた。列車は21時30分840名の学徒兵を乗せて広島に向け出発した。

その時、彼らには広島から先の行先は告げられていなかった。18時間後列車は広島に到着、その晩は宿屋に宿泊した。

翌12月1日宿屋から宇品まで市内を行進、東京から別の列車で追いかけてきた親たちも一緒に歩いた。潮田の母親もそこにいたが、それが母と子の最後の別れとなってしまった。

パラチフスに感染、帰国の機会を逃す

東京商大出陣学徒の内、12名がセブ島の暁6142部隊に配属になったが、潮田と学部1年の寺田裕を除き全員が甲種幹部候補生として、3月末にセブ島を離れ、国内の幹部学校に入学している。

　潮田の乗った西丸では、パラチフスが流行し、彼もパラチフスに罹り、幹部候補生試験が受けられなかったのかもしれない。

戦場の状況

　彼の所属した第5中隊、約400名の内、生存者は100名強、戦没者の内、約200名がセブ島で、残りの100名余りがレイテ、ネグロス島などで犠牲になった。

　彼が戦死したとされる4月19日、部隊は米軍機、艦船による猛烈な砲爆撃の中を北部へ転進中であった。上空には米軍の偵察機があり、それに見つかれば、集中砲火の目標とされ、多くの犠牲者が出たと言われている。

宇品港出港前　第5中隊集合写真　参考文献82

(2) **戦死者消息照会**

元第五中隊潮田修氏（西丸組）
昭和二十年四月十九日ダナオで戦死された由で、当時の状況をご母堂が知りたがっておられます。ご存知の方は事務局へご一報下さい。故角田義雄氏はご存知ですか。

戦後40年息子の消息を尋ねる母

　潮田の戦死の詳しい状況についての記述は見当たらない。今回、偶然1984（昭和59）年発行の戦友会誌『リロアン会報』の掲示板にご母堂の記事を見つけた。

　リロアン会はすでに解散しており、戦友から何らかの情報が伝えられたかどうかはわからないが、戦後40年たっても母の戦後は、終わっていなかったことは確かである。

（一橋いしぶみの会　竹内雄介）

出陣学徒壮行会で旗手を務めた強者

西村豊　24歳没

報国団に積極的に関わった国立時代

西村豊の郷里は福島県会津若松市。彼が府立四中から旧制山形高校に進学したのは会津と山形の地縁によるものかもしれない。

東京商大の4分の3ほどの学生は予科など内部からの進学で、高商・高校の出身者は4分の1である。その中の一人である彼は入学間もない頃に報国団評議員に立候補している。それればかりか、「一橋海洋班の強者」と自称し、積極的に報国団に関わっている。また、東京商大在籍わずか1年8か月の彼は、出陣学徒壮行会の旗手にも抜擢されている。

旧制山形高校の書類
ふすま同窓会蔵

海軍飛行予備学生を志望

海兵団で新兵教育を終えた西村は海軍飛行専修予備学生として、土浦での飛行基礎教程に臨んだ。厳しい訓練や適性検査の結果、身体能力が基準に満たす搭乗員ではなく、当時必要性が高まっていた地上勤務員（要務士）を養成す

海洋班　東京商大卒業アルバム1943

【略歴】

1920・9　生まれ
1942・3　東京府立四中（現・都立戸山高校）卒業
　　　　　山形高校（現・山形大学）卒業
1942・4　東京商科大学学部入学　佐藤弘ゼミ
1943・12　武山海兵団入団
1944・2　土浦→鹿児島→大井空
　　　　　第14期飛行専修予備学生（要務）
1944・11　ルソン島クラーク基地配属
1945・4・24　戦死　ルソン島、クラーク地区

西村の筆跡「郁水会アルバム」

る要務専修課程に回された。視力などの基準は厳しく、そのためか、そこには多くの東京商大出身者の顔があった。

出陣前の佐藤ゼミの仲間
「郁水会アルバム」

戦局の要請で養成課程は短縮され、西村は1944（昭和19）年11月にフィリピンのクラーク飛行場の実戦部隊に配属となった。フィリピンの戦局は比島沖海戦の敗北のあと、ますます劣勢となっており、配属時にはルソン島への米軍上陸は必至の情勢であった。航空戦力温存のため、搭乗員は台湾等へ転進したが、要務や整備、基地設営要員は本格的な訓練を受けていない陸戦に投入されることになった。

訓練なき急ごしらえの陸戦隊

西村の所属した「クラーク防衛海軍部隊」の戦闘状況については、帰還した士官によって「比島『クラーク』地区部隊戦闘状況」として残されている。要務士官の中には、整備兵や撃沈された艦船の乗組員により編成された陸戦隊の小隊長として指揮を執るものもあった。

戦闘記録は残っていないが、彼が戦死した1945（昭和20）年4月24日には、同じ大井空出身の要務士官だけで12名の戦死が記録されている。西村のほか、久保田彰一（1942年10月学部入学）、田村正久（1943年10月学部入学）の同窓出陣学徒の名前がある。

同期の記録には海軍特攻隊とある

同期会である「10月クラブ」が作成したリストによれば、西村は「海軍特攻隊、比島にて戦死」と記されている。同期生の西村についての印象がそのように記述させたのではないか。

（一橋いしぶみの会　竹内雄介）

寡黙で忍耐強いロック

八代忠　22歳没

ラグビーに励んだ商大時代

八代忠は、渋谷区代々木山谷町（現・渋谷区代々木）で育った。大学の同期で海軍経理学校では机を並べた豊田彰夫は「寡黙で我慢強い性格」と彼を評している。

学徒出陣のため中断されることとなった彼の学生生活は、ラグビーに捧げる日々であった。予科ラグビー部では幹事を務め、部の中心的な存在であったことがうかがえる。また、学部ではラグビー部長でもあった金子鷹之助教授のゼミに所属した。

海軍経理学校時代
参考文献47

戦時体制の中、ボールやスパイク、ジャージが配給制となり、満足に手に入らなくなった用具を大事に使いながら、練習に励んだ。

１９４１（昭和16）年９月に東京帝大駒場グラウンドで行われた、宿敵東京帝大との関東大学対抗戦では、５対36で敗戦。八代はフォワードの５番、ロックとして出場した記録が残っている。また、１９４２（昭和17）年５月に商大小平グラウンドで行われた三商大戦にも出場。対大阪商大戦での勝利に貢

【略歴】

１９２２・６	生まれ
	東京府立四中
	（現・都立戸山高校）卒業
１９４０・４	東京商科大学予科入学
１９４２・10	同大 学部進学 金子鷹之助ゼミ
１９４３・12	相浦海兵団入団
１９４４・２	海軍経理学校入校
１９４４秋	ルソン島、海軍１４１航空隊
１９４５・１	ルソン島 クラーク地区第13戦区担当
１９４５・４・24	戦死 ルソン島クラーク地区

金子ゼミ　学徒出陣前　「郁水会アルバム」

献した。

学徒出陣前の壮行試合「出陣学徒闘球錬成会」

１９４３（昭和18）年10月16日に、東京商大を含む関東大学ラグビー対抗戦の七大学が中心になり、同月21日に明治神宮外苑競技場で「出陣学徒闘球錬成会」と称する壮行試合を行った。商大参加枠は2名。八代は出場することはできなかった。

当時の東京商大ラグビー部のコーチで、日本ラグビー界のトップレフリーでもあった大学の先輩品田通世（１９３３年学部卒）がこの試合の笛を吹いた。試合後、12月には軍隊に入隊し戦場に赴くであろう選手らが、風呂場で品田の背中を流し、最後の思い出づくりの時間を過ごしたという。

出陣学徒闘球錬成会　参考文献12

部隊は全滅、グラウンドへの帰還果たせず

八代は、１９４３（昭和18）年12月に相浦海兵団に入団。海軍経理学校を翌年9月に修了し、ルソン島ニコルス基地の海軍１４１航空隊に主計見習尉官として配属された。１９４５（昭和20）年1月、米軍のルソン島上陸が開始され、１４１航空隊の飛行要員は台湾に撤退したが、八代らは「クラーク」地区陸戦部隊第13戦区部隊の一部となった。「クラーク」地区の戦いは、装備優秀な米軍に対し、2人に小銃1丁という、あまりにも無謀な戦いだった。戦闘開始3か月後、4月下旬の米軍の包囲攻撃により、当初約１７００名だった第13戦区部隊は全滅した。戦後、八代もこの時に戦死したと認定された。

八代の後輩、金子英二によれば、終戦後に復員してきたラグビー部員とグラウンドで再会した際には、「やあ！貴様生きていたか！」と喜びを分かち合った。八代は、仲間からの「貴様生きていたか！」との声を聞くことはできなかった。（一橋ラグビー部ＯＧ　星野めいみ）

「ヤシの実」を唄い、故郷を思った戦車撃滅隊員

西直一　21歳没

和歌山新宮の老舗煎餅屋の長男として生まれる

西直一は、1923(大正12)年和歌山県新宮市で明治元年から現在も続く老舗煎餅屋西香梅堂の長男として生まれた。母ます尾の実家は本宮で長く林業を営み、江戸と取引があったため、東京を身近に感じつつ成長したようだ。1941(昭和16)年新宮商業中学から専門部に入学。文武両道の明るい性格で親分肌でもあり友人がたくさんいたようで、5人の妹たちからは没後も「お兄ちゃん」と慕われた。

提供:遺族

官僚目指し学部進学

専門部時代は、剣道部と銃剣道部に在籍し稽古に励んでいた。正義感が強く「学生に米を」と文部省に掛け合ったと妹の和子に話していた。

厳しくて有名な杉本経済ゼミと法律の吉永ゼミに学び、将来は官僚となり計量経済学で社会に貢献したいという希望を持っていたようだ。

1943(昭和18)年9月に専門部を繰り上げ卒業となり、学部進学した。

【略歴】

1923・6	生まれ
	和歌山県新宮商業
	(現・県立新翔高校)卒業
1941・4	東京商科大学附属商学専門部入学
	杉本栄一ゼミ
1943・10	同大 学部進学 吉永栄助ゼミ
1943・12	入営
1944・5	仙台予備士官学校入校
1944・9	南方軍教育隊に転属、
1944・12	マニラ教育隊
1945・5・3	戦死 ルソン島ヤンギラン区

吉永ゼミ(後列右端)「郁水会アルバム」

広瀬隊に配属、ルソン島へ

1943（昭和18）年10月21日神宮の学徒出陣壮行会を経て翌年5月仙台陸軍予備士官学校11期生となる。関西出身者で構成された広瀬隊に配属。その後、ルソン島で88名中76名が戦死という過酷な運命をたどる大阪・和歌山出身の小銃隊（広瀬隊の一部）の一員となった。

跡取り息子の西は経済学と銃剣道の経験も買われ、本来は内地勤務の予定であった。しかし、卒業試験で不正をした者がおり、その者を戦地に送ることはできないとされ、急遽代わりの出征となった。

1944（昭和19）年9月、母親と妹の希世代が列車を乗り継いで仙台まで面会に行った。これが最後の別れとなった。

仙台予備士官学校　参考文献44-1

いつも戦友と椰子の実を笑顔で唄っていた

8割の部隊は予定どおりマレーに向い大半が生還した中、西ら広瀬隊のみが秘密命令（陸亜密900１号）で鴨緑丸でマニラに向かう（西は家族へのハガキに、『はマニ出て椰子の実をたかラかに歌った』と記し、暗号でマニラを示唆）。この命令はマニラ到着後誤りだったと伝えられた。なぜ誤った命令が出たのか未だに謎である。

11期生同期会発行『学徒兵の手記』で広瀬隊の生き残り大岩保夫は、1972（昭和47）年戦友の供養のため渡比。戦友たちとよく歌った『椰子の実』を口遊むと「突然に西直一の顔があらわれた。いつものようにニコニコと笑っている顔であった」と記している（帰国後、戦跡地の石と位牌・過去帳を東大寺持仏堂に納めた）。

1945（昭和20）年5月ルソン島・ヤンギラン（現・カリトリタン）にて戦車撃滅隊となり戦死。過酷な戦時下でも笑顔を絶やさなかった伯父直一に思いを馳せた。

（一橋いしぶみの会　山口修　遺族）

ア式蹴球部精神で出征した謹厳ながら軽妙な毒舌家

金原實 23歳没

『蹴球』9号　1942

謹厳、重厚な男であるが、軽妙な毒舌家

金原實は、商家の出身で、家は浜松の裕福な紙問屋であった。ア式蹴球（サッカー）部に所属し、蹴球漬けの生活だったと思われる。同級生の平出三郎の言葉を借りると、金原は「謹厳、重厚な男」だったという。竹を割ったように真正直で、気性は激しかった。また、万年床などのだらしないこととは縁遠い人物でもあった。

彼の真正直さ、謹厳さは、彼が部誌「蹴球8号」に書き残した文章からもうかがい知ることができる。部に対し不平や束縛を感じる自分は、愛部心が足りないためであり、蹴球にすべてを打ち込み自己を磨いていきたいと記している。一方でサッカー部の後輩は、「金原亭馬風と号し歳時記を合宿に持ち込んだ文化人で、軽妙な毒舌に先輩たちもギャフンと言わせた金原さん」とも評した。

【略歴】

1922・4　生まれ
　静岡県立浜松一中
　（現・県立浜松北高校）卒業
1940・4　東京商科大学予科入学
1942・10　同大 学部進学　井藤半彌ゼミ
1943・12　歩兵第34連隊補充隊入営
1944・5　幹部候補生教育
1944・秋　フィリピンへ
1945・1　ルソン島　クラーク地区
　第151飛行場大隊
1945・6・2　戦死　ルソン島クラーク地区

学部2年、学徒出陣

金原の所属したア式蹴球部は、1942（昭和17）年

『蹴球』9号　1942　予科2年
（前列右から2人目）

1943年のメンバー（前列右から３人目）
『蹴球』９号　1942　発行1981年

春、関東大学サッカーリーグ1部で最下位となり2部に降格。翌春は圧倒的な力を示し、2部優勝を果たした。前年のリーグ戦では、予科3年の金原は試合メンバーに選ばれなかったが、学部1年で迎えた翌年、バックスとして出場、優勝に貢献した。

1943（昭和18）年秋、学部2年に進級してすぐに学徒出陣。12月に地元静岡の部隊に入営し、翌年陸軍見習士官としてフィリピン・ルソン島に出征した。

蹴球部の精神と軍隊の精神とは相通ずる

金原は部誌『蹴球第9号』に、入営にあたっては、毎日の生活、部活動を通して鍛えられた蹴球部精神で戦い抜きたいと決意を書き残した。また、部の壮行会で先輩が語った「サッカーの精神と軍隊の精神とは相通ずるものである」という考えに感銘を受け、猛練習の成果を、精神的にも肉体的にも発揮したいと考えていた。

前述の同級生は、金原は真面目さゆえ、卑怯な行為を極度に嫌い、軍隊の「要領」にも馴染まなかったと回想。

激戦地で命尽きる

金原の配属された第151飛行場大隊は、1945（昭和20）年1月米軍のルソン島上陸によりクラーク地区の最前線、江口地区隊の一部隊となった。圧倒的な米軍の前に、江口地区隊の第1線陣地は1月29日に突破され、第2線、第3線と後退を余儀なくされ、4月には第16戦区の南西の平地にて自活し持久戦となった。

1月に編成されたときは4500人だった兵員も、終戦時の生存者は800人と記録されている。金原は、緒戦の戦闘を生き抜いたものの、6月2日の戦闘にて戦死と記されている。

（一橋新聞部　坂本夏実）

幼稚園の先生が夢だった優しい庭球部員

石井尚次　24歳没

米軍の反攻

米軍は1945（昭和20）年1月ルソン島に上陸し、2月3日にはマニラ市街に突入。無差別砲撃を開始した。1か月余で、市街地中心部は廃墟となり、おびただしい数の市民が巻き添えになった。日本軍は、司令部を北方のバギオに移したが、その手前のサンタフェ、バレテ峠等の決戦に敗れた。生き残った日本兵は、ジャングルに立てこもり戦い続けた。

前橋予備士官学校時代
友魂記念館所蔵

終戦間近の戦死

石井尚次は、米軍のマニラ侵攻前に、マニラからバギオ方面に転進していたが、7月3日、ヌエバビスカヤ州ビノンの戦闘において戦死。

大半がジャングルのルソン島で、食糧の補給は完全に途絶えて餓死者が続出する中、マラリアや赤痢に冒され、食糧もなく、抗日ゲリラの襲撃をかわしながら、傷ついた身体で米軍の襲来を待ち構えていたのであろう。終戦まであと1か月ばかりであった。

【略歴】

1920・7	生まれ
	東京私立高千穂中　卒業
1939・4	東京商科大学予科入学
1942・4	同大　学部進学　山田雄三ゼミ
1943・12	入営
1944・5	前橋予備士官学校入校
1944・9	マニラ第14方面軍教育隊に転属
1944・11	マニラ着任
1945・7・3	戦死　ルソン島ヌエバビスカヤ州ビノン

テニスとミルク・コーヒーの青春

石井は、予科、学部を通じて硬式庭球部に所属していた。同期は回想する。

「いつ徴兵されるかまったくわからぬ毎日を過ごす中

で、学生生活で打込める何かを求めて我々は、部活動に首を突っ込んでいた。専門部校舎の裏にあるテニスコートで、小柄な体に鉢巻をして絶えずキビキビとコート内を縦横無尽に駆け回る。ファイト満々のポーズと太い黒縁メガネの奥に潜ませている優しい眼差しは、今でも忘れ難い。午後の激しい練習が終わって自宅へ帰る前に、駅前のエピキュールで一杯十五銭也のミルク・コーヒーを飲みながら談笑し、一時の解放感に浸るのが娯楽の少ない戦時下の日本ではささやかな楽しみであった」

実は、幼稚園の先生になりたかった

友人は回想する。「学徒出陣の日も近くなった昭和18年晩秋のある日、私は石井君を静岡県にあった私の家に誘い二人だけで思い残すことなく語り合った。彼は、兵役を忌避するどころか『僕が少尉殿になったら…』などと前向きの抱負を語っていた。

しかし、語り合う内に、この先、まったくわからない運命を前にして切迫した気持がそうさせたのであろう。格別、気負うところもなく、ゲーテの叙事詩『ヘルマンとドロテア』のような初々しいラブ・ロマンスにも共感する純情な青年だった彼は、戦争を別として将来なりたいものは、幼稚園の先生だと言った。それは、彼の生活態度、世の中をいつまでも清く、明るく生きたいという純粋な願望に基づくものであることは明らかであった」。

フィリピンの市民に犠牲を強いた戦い

フィリピンでは、日米決戦の地となった結果１００万人超の市民が犠牲となった（フィリピン政府推計）。石井は、フィリピン配属となったことで、異国の子供たちに初めて接したことと思う。友人の回想はこう結ぶ。

「今頃は、どこかの遠い世界で、可愛らしい子供たちを相手にしながら生きているイメージがぬぐい切れないのである」

（一橋いしぶみの会　森田徹）

天皇の降伏宣言を夢で予期した江戸っ子

清松茂雄　24歳没

ガニ股歩きの江戸っ子男子

清松茂雄は府立一中時代から予科を通して、柔道部に所属していた。黒帯ではあるが、「全校屈指の猛者」というわけではなかったそうだ。学部時代には硬式テニス部と射撃部に所属していた。

海軍経理学校時代　参考文献47

射撃の腕前は陸軍戸山学校から射撃適任証を授与されるほどであった。ガニ股歩きであまりスマートとは言えないが、体格に恵まれていたため頼りがいがあり、クリクリ目玉がご愛嬌の江戸っ子らしい率直な男子であった。ただ、案外気の弱いところがあり、東京商大予科入試の時には、弟に合格発表を見に行かせた。

また、大の甘党で甘いものには目がなく、大学付近の農家からスイカ、梨などをよく買っていたそうだ。

陸軍軍人であった父は1938（昭和13）年、清松が中学5年生の時満洲で戦死している。清松は、女手1つで4人の子供を育てる母を

【略歴】

1921・4	生まれ
	東京府立一中（現・都立日比谷高校）卒業
1939・4	東京商科大学予科入学
1942・4	同大　学部進学　井藤半彌ゼミ
1943・12	武山海兵団入団
1944・2	海軍経理学校入校
1944・9	呉経理部
1944・11	ルソン島、マニラ経理部
1945・1	ルソン島バラスカンに移動
1945・8・30	戦死　ルソン島北部

井藤ゼミ　出陣前の集合写真
「郁水会アルバム」

支え、アルバイトにも精を出した。

経理学校の生活

1943（昭和18）年12月、清松は武山海兵団に入団し、二等水兵として新兵教育を受けた。そして1944（昭和19）年2月に、経理学校品川分校に入学する。彼は相撲がめっぽう強く、品川分校のなかで知らぬものはなかった。

軍服姿　参考文献47

夢にまで見た「降伏宣言」

清松は、経理学校卒業後、呉の経理部を経て、1944（昭和19）年11月、ルソン島のマニラ経理部に着任する。当時、マニラでは米軍のルソン島上陸をひかえ、緊迫した空気に包まれていた。

1945（昭和20）年1月、米軍の侵攻に伴い、経理部は北部ルソンのバスカランという部落に本部を移動した。ある朝のこと、彼は「天皇陛下が降伏を宣言」される夢を見たと言って、戦友らを驚かせたという。その後さらに戦況が悪化。3月に入ると、経理部はバスカランのさらに北方にあるイラガン地区へと移動することになる。奥地に進んでいく中で、各々の支隊は別行動で撤収することとなる。そして清松の同行した部隊は8月中旬、道中で抗日ゲリラの攻撃に遭い、全滅。

清松も戦死した。清松は夢にまで見た終戦の詔勅を、現実に聞くことはできなかった。実弟茂之氏は、「毎年8月30日には必ず靖国神社に参拝し、永代神楽を奉納して在りし日の兄を偲び冥福を祈っている」と海軍経理学校同期の回想集に寄稿している。

（一橋いしぶみの会　竹内雄介）

沖縄
特攻で始まった死闘3か月

沖縄防衛を任務とする第32軍は1944（昭和19）年2月に編成され、那覇に司令部を置いた。日本軍はサイパンを始めマリアナ諸島での玉砕が続いた夏以降、本土や中国大陸・満洲から沖縄に兵力を移し、陣地の構築や飛行場の整備を急ぎ、本格的な戦闘に備えた。

その中には、東京商大卒業生の将兵の姿も見られた。彼らは内地の新聞にも大きくとりあげられた、10月10日に那覇の9割を焼失させた大空襲を経験し、家族宛に空襲の激しさと自らの無事を伝えている。この空襲の教訓から、第32軍は首里城の地下に堅固な司令部壕を構築することとなった。

海軍経理学校や海軍飛行専修予備学生（要務）の修了者が9月以降現場の部隊に配属されている。沖縄の南西諸島航空隊には主計長として東京商大出身の辻秀雄（1940年学部卒業）が着任しているが、東京商大の出陣学徒の配属はまだなかった。

彼らが、幹部教育を終え沖縄の部隊に配属になるのは12月以降のことだった。米潜水艦や艦載機は12月後半から沖縄への補給路遮断のため、九州南部と沖縄の間で活動をより活発化させていた。そのような中で出陣学徒たちは、数少ない機会をとらえて輸送船団や航空機に便乗、沖縄に渡った。そして彼らが到着してひと月余りで戦闘が始まった。

米軍の沖縄上陸作戦は1945（昭和20）年3月23日に米軍艦載機による大規模な空襲で始まった。翌日には米軍艦船による艦砲射撃が加わった。そして、26日の慶良間列島上陸で戦闘が開始されたが、本格的な戦闘は米軍が沖縄本島中部西側の嘉手納海岸に上陸した4月1日に始まり、3か月近い激戦が続いた。

一方、沖縄海域の米軍艦船、輸送船団を攻撃目標として3月末から陸海軍の航空隊の特攻隊が九州や台湾の基地から出撃した。海軍の予科練、陸軍の少年飛行兵出身が隊員の中心を占めたが、沖縄周辺海域だけで、陸海軍合わせて2000名を超える戦死者を出した。出陣学徒の戦死者は250名を超え、その中には3名の東京商大出身者がいた。また、4月7日の戦艦「大和」による天一号作戦でも15名の出陣学徒が戦死しており、東京商大の出陣学徒1名が「大和」と運命を共にした。

第32軍は、司令部壕のある首里城の周囲を陣地で固めて、米軍上陸部隊とひと月余りの激戦となった。この50日余りの戦闘で兵力の7割に当たる7万人を超える犠牲を出し、首里が陥落する。第32軍は、本島南部摩文仁に司令部を移したが、米軍の激しい掃討作戦が続いた。このため、出陣学徒を含む将兵だけでなく、南部に避難してきていた20万人を超える島民も戦闘に巻き込まれ、多くの命が失われた。

沖縄及びその周辺における東京商大関係の戦没者は35名(内出陣学徒12名)。


(竹内雄介)

還らざる学友

三谷譲一

松田清

鷲津信夫

祖国同士の戦に翻弄された日系2世

松藤大治　23歳没

サクラメントの剣士

松藤大治は、日系2世としてカリフォルニア州サクラメントに生まれた。大柄で活発な少年で現地校に通いつつ日系人社会でも剣道やボーイスカウトに励んだ。

1930年代、恐慌と人種差別の激化によって、日系人を取り巻く社会環境が悪化する中、松藤は、日本で学ぶことを決意。1936（昭和11）年、15歳で親元を離れ、福岡県糸島にある母の実家で暮らし始める。翌年に糸島中学に編入し、剣道部では恵まれた体格と集中力を生かして大将を務めた。

飛行服姿　参考文献44

日米の架け橋になる

1938（昭和13）年、母と弟も来日し、母子水入らずの生活を再開した。

その頃の松藤は「外交官として日米の架け橋になる」という目標を懐き、猛勉強の末、外交官を多く輩出していた東京商大予科に合格した。

1940（昭和15）年の春、弟は日本での中学受験に失敗し、母と共にアメリカへの帰国を決めた。日中戦争の激化と経済封鎖による日本の窮状を肌で感じた母は、東京商大に合格した松藤に対し

【略歴】

1921・9	生まれ
	福岡県立糸島中（現・県立糸島高校）卒業
1940・4	東京商科大学予科入学
1942・10	同大 学部進学　井藤半彌ゼミ
1943・1	相浦海兵団入団
1944・2	土浦航空隊
	第14期飛行専修予備学生（操縦）
1944・5	出水航空隊
1944・9	元山航空隊
1945・4・6	戦死（特攻隊）沖縄海上

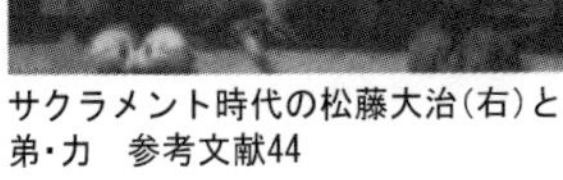

サクラメント時代の松藤大治（右）と弟・力　参考文献44

ても「一緒にアメリカに帰ろう」と促す。しかし松藤の意志は固く、家族は再び離ればなれとなる。

松藤一家に悲劇をもたらす日米開戦

松藤は予科から剣道部に入り、１・2年次から主軸として、三商大戦での勝利に貢献した。寮の英語弁論大会では、流暢なスピーチを披露。

松藤にとって祖国同士が「敵国」になることは深刻な意味を持っていた。日米開戦の半年前、南部仏印進駐を機に、在米日本資産が凍結され仕送りが停止、学費と生活費を自分で稼ぐ必要に迫られ、剣道部を辞めている。「日本は負ける」。松藤は自らの確信を親しい人々に漏らした。戦争終結までの4年間、アメリカで収容所暮らしを強いられていた両親や弟のことも気にかけていた。

成績優秀ゆえの特攻選抜

松藤は１９４３（昭和18）年12月に海兵団に入団。各地での基礎訓練をトップの成績で終え、翌年9月に朝鮮半島東海岸の元山航空隊に移る。ここで、商大の一学年先輩・大之木英雄と共に零戦単独飛行訓練を行った。１９４５（昭和20）年2月、元山の分隊から特攻隊が編成され、成績優秀の松藤はその隊員に選抜された。

4月4日の夜、特攻隊に選ばれていなかった大之木のもとに、珍しくほろ酔いの松藤がやってきた。２人は30分ほど大学の思い出話に花を咲かせた。その後遺品を整理して遺書を書く松藤の鬼気迫る雰囲気、翌日出発するときの晴れ晴れした表情を、大之木は鮮明に記憶している。

松藤は、大之木と語り合った翌々日の4月6日に鹿屋を出撃し戻らなかった。松藤の死の48年後、母親が米国ロサンゼルスの老人ホームで存命であることを知った大之木は、彼女に会いに行った。松藤との最後の会話を伝えた大之木は、松藤の母の気迫に心を打たれた。

（一橋新聞部ＯＢ　羽衣杉雄）

戦艦「大和」と共に沈んだ文学青年

川又満吉　22歳没

書店に生まれ育つ

川又満吉は、茨城県水戸市の書店経営者の家に生まれた。跡取りとしての期待に応え、小学校を1年飛び級して水戸中学に進学、英語弁論大会に出場するなど学業成績は優秀だった。一方、運動は格別得意ではなく、その点は軍人向きではなかったようにも思われる。

最後の記念写真　提供:遺族

妹博子が「『みつよっさん』はロマンチストでした」と語る川又は、詩集等を愛読していた。川又家の子供達は店の商品の本を自由に読むことができたが、満吉は父にねだって、8畳の書斎を設えてもらった。この書斎は1945（昭和20）年8月の空襲で全焼した。

伯父の影響で東京商大へ

1939（昭和14）年4月、川又満吉は、予科に入学。妹博子は、伯母の嫁ぎ相手が東京商大の卒業生だったことに影響されたのではないかという。

川又は、大学予科へも中学4年から飛び級したかったよ

高橋泰蔵ゼミ　「郁水会アルバム」

【略歴】

1923・1　生まれ
1939・4　茨城県立水戸中（現・県立水戸第一高校）卒業
　　　　　東京商科大学予科入学
1942・4　同大 学部進学　高橋泰蔵ゼミ
1943・12　武山海兵団入団
1944・2　海軍経理学校品川分校
1944・9　横須賀経理部土浦支所配属
1945・2　戦艦大和に乗艦
1945・4・7　戦死　九州南西海上

うだが、中学5年を卒業しての進学となり、「この分は親父の期待を裏切った」と同級生に語っている。

在学中は、身元保証人で劇作家の岸田國士の家へ出入りし、フランス語の本を借りて読むなど変わらぬ文学青年という印象の一方、報国団の軍事関係の研究会に所属し、ミッドウェイ海戦での日本大敗の情報を掴んで、同級生に教えるなど軍務への関心も窺わせている。

学徒出陣・海軍主計科士官に

学部在学中の1943（昭和18）年秋に学徒出陣を迎える。川又は海軍に入り、武山海兵団を経て、1944（昭和19）年8月に海軍経理学校品川分校を卒業した。

1944（昭和19）年9月、主計科見習尉官となった川又は、横須賀経理部に配属され、故郷の茨城県にある土浦経理支部に赴任した。同年12月には主計少尉に昇進するが、同級生への手紙で「第一線の配置を希望していたのに後方の事務仕事ばかりだ」と不満をこぼしている。

特攻出撃直前の戦艦「大和」へ転任

翌年2月28日、川又に戦艦「大和」乗組が命じられる。赴任前、川又は故郷へ立ち寄った。妹博子は、至急帰宅の連絡を受けたが、間に合わず、兄に会うことはできなかった。博子が両親から伝え聞くところ、川又は、記念写真（上掲肖像）を撮り、「今度乗るのは大きな艦だから、沈むとしたら日本が駄目になるときだ」と語ったという。また、同級生の高杉には「男子の本懐、最高の配置」との手紙を送っている。ただ、待望の前線の「大和」では士官末席の学生出身者として、兵学校出身の士官との関係で苦労もあったようである。

転任後1月余の4月7日、「大和」は沖縄救援に向かう途中で空襲により撃沈された。主計科庶務主任の川又は、戦闘記録の担当として第一艦橋にいたと思われる。同級生の聞いた話では、川又は総員退艦時に脱出したものの重油漂う波間に消えたといい、生還は叶わなかった。

（一橋いしぶみの会　古田幸大）

全学壮行会で誓詞を読んだボートマン

立野廣光　23歳没

端艇部（ボート部）、学年のまとめ役

立野廣光は、173㎝、62kgのしっかりした体格で、亡くなった父親がボートの選手だったため、予科端艇部（ボート部）に入部した。2番や整調として活躍し、3年の時には予科端艇部幹事長を務めた。端艇部は部をH・S・Cの3つの組に分け、互いに競わせた。彼はS組の第一選手として部内対抗戦に整調を漕いでいる。一方で学級幹事、学級幹事会役員も務め、議論の収拾がつかなくなると纏めて結論付けをするのはいつも立野だった。

端艇部時代の立野
提供：中川秀造

出陣学徒壮行会で誓詞を読む

学部に進学すると、金融論の山口茂ゼミに属すると共に、端艇部ではS組の主将を務めることとなった。

立野は主将就任に当たって『誠実なる者にのみ勝利は微笑む』というS組先輩のモットーに従い、一意専心、水とオールに融け込むつもりである、と決意を述べている。

それから1年、学部2年となったばかりの1943（昭和18）年10月、立野は報国団協議員会議長として出陣学徒壮行会の準備に奔走し、兼松講堂における壮行会では出陣学徒代表として誓詞を読んだ。

【略歴】

1922・1　生まれ
東京府立九中
（現・都立北園高校）卒業
1940・4　東京商科大学予科入学
1942・10　同大　学部進学　山口茂ゼミ
1943・12　武山海兵団入団
1944・2　土浦航空隊→出水航空隊
第14期飛行専修予備学生（操縦）
1944・9　松島航空隊　配属
1945・4・9　戦死　沖縄海上

昭和十八年九月二十二日学徒出陣ノ待命下ル。

想フニ吾等学徒トシテ学業ニ精励スルハ、素ヨリ天壌無窮ノ皇運を扶翼シ奉ルノ道ニ外ナラズ。聖天子　曩ニ国家隆昌ノ気運ヲ永世ニ維持スベキ大任、汝ラ青少年学徒ノ双肩ニアリト宣ラセ給ヒ、愈々大東亜戦争決戦ノ段階ニ入リ、戦闘日ニ苛烈ヲ加ヘ、皇国ノ興廃方ニ決セントスルヤ、吾等学徒ヲ召シテ光栄アル皇軍ノ中堅ニ任シ、破邪顕正ノ霊験ヲ振ハシメ給フ。・・・中略・・・

吾等学業中道ニシテ愛スル母校ヲ去ラントスルヤ、素ヨリ眷恋ノ情無キ能ワズト雖モ入学以来学園ニ於イテ修練セル一切ヲ挙ゲテ聖戦ニ邁往スルハ亦以テ一橋七十年ノ伝統ヲ顕彰シ、併セテ海嶽ノ師恩ニ酬ユルニ庶幾カラン。

昭和十八年十月二十日

立野が読んだ誓詞　1944年一橋会会員名簿

速成された学徒操縦士

立野は海軍飛行専修予備学生として土浦航空隊で基礎教程を修了したのち、鹿児島の出水基地で陸上攻撃機の操縦士としての訓練を受けた。訓練中出水基地には東京から母親と共に入団前に結婚したばかりの妻が面会に来ていたとのことである。

松島航空隊出発前（前列右から二人目）
邊見清二蔵

彼は訓練終了後、松島航空隊に配属となり、1945（昭和20）年2月に特攻隊として編成される。

4月2日その第一次特攻隊員として真新しいマフラーを身につけ、訓練で過ごした出水基地に向け飛び立った。出水基地で命令は通常雷撃に変更となったが、援護の戦闘機なき沖縄周辺の輸送船団攻撃は、帰還の可能性の極めて少ない出撃であった。

彼の出撃を記録した『戦闘詳報』は、「極めて老朽なる九六陸攻に雷装し敵船団攻撃に発進せる二機は何れも……攻撃状況不詳なりと雖も克々其の任務を敢行せるものと認められ功績極めて大なりと認む」とある。

（一橋いしぶみの会　竹内雄介）

出撃直前に翼の上で遺書を書いた実直な寮委員

野元純　22歳没

中和寮での穏やかな日々

野元純は、長崎県壱岐郡（現・壱岐市）の田園地帯で生まれ育ったが、中学はなぜか三重県立富田中に進んだ。学徒出陣のため約1年半で中断された学生生活を国立東キャンパスにあった中和寮で過ごした。

戦争が始まっても変わらずに静かで気ままな時間が流れていた中和寮で野元は「いつも難かしい本ばかり読んでいた」と同級生の門松孝は書き残している。2年生から寮委員を務めたが、同じ第5班の班長である中北治郎が端艇部で忙しく、寮を不在にしていたため、代わりに新入生の面倒を見ていた。

海上自衛隊鹿屋基地資料館所蔵

【略歴】

1922・6　生まれ
三重県立富田中
（現県立四日市高校）卒業
1942・4　東京商科大学附属商学専門部入学
1943・12　相浦海兵団入団
1944・2　三重航空隊入隊
第1期飛行専修予備生徒（操縦）
1944・12　姫路航空隊配属
1945・4・12　戦死（特攻隊）沖縄那覇沖

日誌には、夏に離散会で寮歌を歌いながらズボンを焼いたこと、秋にクラスチャン（クラス対抗ボートレース）に敗れて泣いたことや、警戒警報が発令された夜、夜警につく中北に焼き芋を差し入れたという心温まるエピソードも残されていた。

パイロットとしての覚悟

野元は１９４３（昭和18）年12月に相浦海兵団に入団し新兵教育を受けた後、海軍飛行専修予備生徒の操縦要員となった。三重海軍航空隊における基礎的教育訓練の後、艦上攻撃機の実用訓練を経て姫路海軍航空隊に配属となった。

1945（昭和20）年2月、特攻隊に編成された野元だったが、盲腸炎に罹り別府海軍病院で手術を受けた。しかし、その抜糸が終わる前から軍医に退院をせがんだという。仲間たちが戦地で散っていくのを病床で待つ辛さがあったのかもしれない。

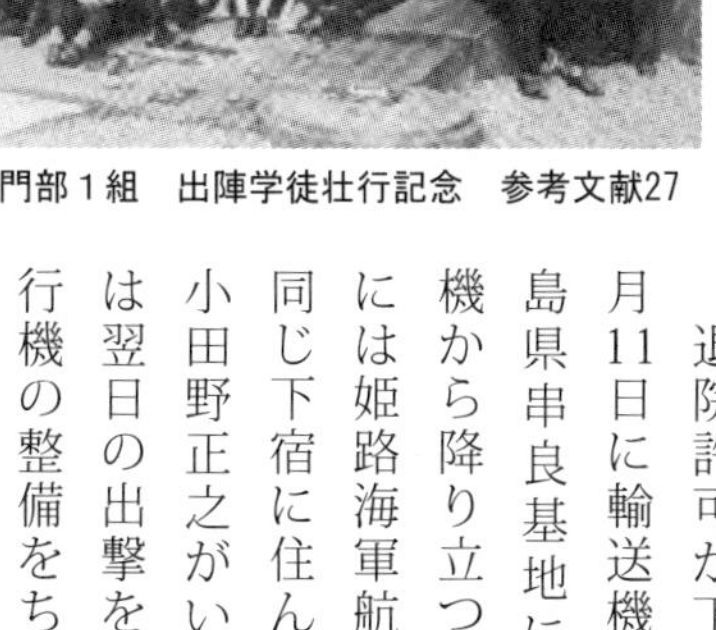
専門部１組　出陣学徒壮行記念　参考文献27

退院許可が下り、4月11日に輸送機で鹿児島県串良基地に到着、機から降り立つとそこには姫路海軍航空隊で同じ下宿に住んでいた小田野正之がいた。彼は翌日の出撃を控え飛行機の整備をちょうど終えたところだった。

突然の特攻命令と家族への最期の手紙

その晩、小田野の代わりに野元が出撃せよという命令が下された。4月12日、野元は「神風特別攻撃隊第二護皇白鷺隊」の指揮官機として、アメリカ海軍艦艇に体当たり攻撃をすることとなった。

出撃直前、試運転を終えた野元は翼の上に座り、鉛筆で手帳に走り書きし、小田野に手渡し実家へ送るよう頼むと、滑走路へと機を進め、沖縄の海に散った。

手帳には、「平常と何も変ることなく、平常の心の侭で落着いて突込む覚悟です」「平常と何等変わらぬこの気持　国を思うと同じかるらん」という野元の穏やかな心持と、「姉様は何も心配事ありませんね。本当に安心してゆけます。凡ては父様、母様のおかげです」など、両親や兄弟への深い愛情が記されていた。

（一橋新聞部ＯＧ　堀満祐子）

優秀ゆえに沖縄へ。真面目でひたむきな剣道部員

鶴岡文吾　23歳没

剣士だった予科時代

鶴岡文吾の生家は剣道一家であり、特に父親は千葉県下の学生剣道大会で優勝を収めるほどであった。

そんな家庭環境もあってか、弁論大会で入賞するなど予科入学までは、剣道に縁のない理論家であった鶴岡も、予科では剣道部に所属した。が、控え選手であったのだろうか、他校との対抗試合の出場記録に「鶴岡」の文字はない。一方、一橋寮では、上級生になると部屋長として後輩の指導に当たったとある。

友魂記念館所蔵

優秀な一兵卒

陸軍入隊後の鶴岡は通じて真面目、成績抜群で他の者の模範だったという。佐倉の歩兵連隊に入隊した鶴岡は、第一機関銃手として班のリーダー役を担った。佐倉時代の鶴岡の真面目さを示すこんなエピソードがある。

ある日、鶴岡は銃の手入れ中に「シコピン」と呼ばれる部品を紛失してしまった。この部品は長さ2・5センチ、直径わずか3ミリしかない。普通なら投げ出してしまいそうであるが、鶴岡は3日間かけて一人で部品を見つけたという。

前橋予備士官学校時代にも、鶴岡は、その優秀さを買われ諜報活動などを行う特務機関要員に選抜された。そ

【略歴】

1922・1	生まれ
	千葉県立匝瑳中 （現・県立匝瑳高校）卒業
1941・4	東京商科大学予科入学
1943・10	同大 学部進学 山中篤太郎ゼミ
1943・12	東部第64部隊入営
1944・5	前橋予備士官学校入校
1944・12	福知山教育隊終了
1945・2	沖縄歩兵第89連隊
1945・5・4	戦死 沖縄 桃源

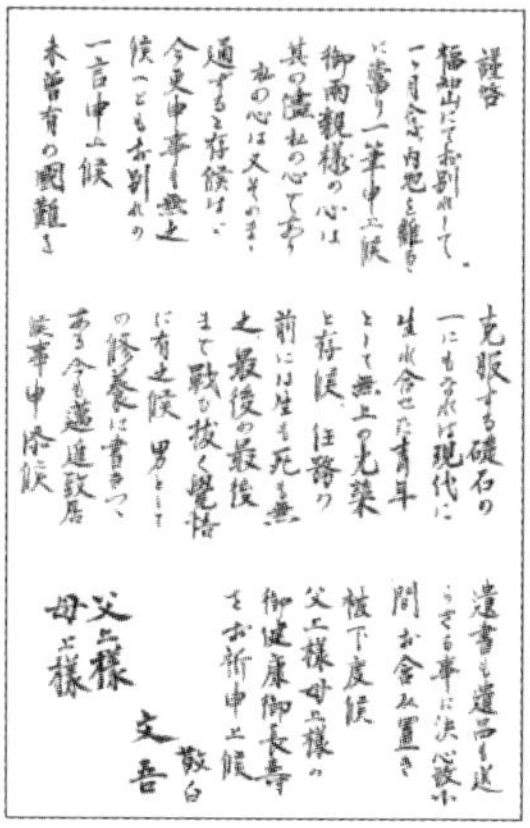
謹啓
福知山にてお別れして
一ヶ月余り内地を離るゝ
に当り一筆申上げ候
御両親様の心は
其の儘私の心であり
私の心は又そのまゝ
通ずると存候はゞ
今更申事も無之
候へども御別れの
一言申上候
未曽有の国難を
克服する礎石の
一にもなれば現代に
生れ合せた青年
として無上の光栄
と存候。任務の
前には生も死も無
之最後の最後
まで戦ひ抜く覚悟
に有之候 男として
の修養に[illegible]
ある今も邁進致居
候事申添候
遺書も遺品も送
らざる事に決心致し
間お含み置き
被下度候
父上様母上様の
御健康御長寿
をお祈申上候
敬白
文吾
父上様
母上様

両親宛書簡　参考文献10

して、特務機関要員としての教育のため福知山教育隊に向かったが、戦況の悪化のため、特務機関要員の養成はなくなり、鶴岡は一般歩兵の小隊長要員としての教育を受けた。

そして、福知山から沖縄行きを命ぜられた。

先任将校として同行する見習士官たちの行動に気を遣って引率している鶴岡の姿が鹿児島にあった。ここでも彼の真面目さが窺える。

見習士官、沖縄に散る

同僚の見習士官の手記によると鶴岡は１９４５（昭和20）年2月16日、他の部隊と共に、那覇に上陸した。鹿児島を出発する際に、鶴岡は両親へ書簡を残している。そこには、国のために戦い、殉じることへの覚悟や両親の長寿を願う言葉が、力強い筆致で書き記されている。

他の見習士官がさらに離島に派遣された一方で、鶴岡は成績優秀者として沖縄本島に残留し、歩兵第八九連隊第一中隊第三小隊長として、本島防衛の任務に就いた。

所属部隊の動きからして、鶴岡は、首里攻防戦における総反撃の一環として5月4日に実行された小波津西側高地の米軍への奇襲作戦に参加したと考えられる。『戦史叢書』によれば、この奇襲は日本軍が「敵を圧倒して溜飲を下げる思いをした」沖縄戦唯一の戦闘といわれた。が、やがて米軍は、砲兵及び航空の支援を得るため、両軍の戦線を識別する標示幕の展開に成功した。これを目標として米軍は一斉に砲爆撃を加え、態勢は逆転し、日本軍の部隊は全滅した。

鶴岡もこのときに戦死したものと思われる。

（一橋新聞部ＯＢ　中尾柊也）

「ワンさん」と呼ばれた水泳部員

矢野弘一　23歳没

わずか1年8か月の国立生活で学徒出陣

矢野弘一は、香川県観音寺市の出身で、実家は電気屋を経営。1942（昭和17）年4月に山口高商から東京商大に入学し、1943（昭和18）年12月学徒出陣となったので、国立での学生生活は1年8か月。翌年9月軍務で不在のまま卒業となり、妹の幸は母親に連れられ兄のいない卒業式に参列したのを覚えている。

伊勢丹で撮った写真
提供：遺族

正式な卒業アルバムはなく、30年後の1974（昭和49）年に同期生が集まり、卒業アルバムを自主制作した。その中に矢野の属した山口ゼミの集合写真もある。矢野が自分のアルバムの同じ写真に残した言葉は、「学徒出陣の大命下る我等万死君恩に報いん。決戦の秋我等起こり　最後のゼミナールの後　ゼミナリステン、プロゼミナリステン　一同勇躍征途に就く」。また、矢野は新宿伊勢丹で記念写真を撮りアルバムに残している。「学窓に別れのとき　22歳の秋　勇躍征途に赴く　さらば一橋学園!!」

【略歴】
1922・2　生まれ　香川県立観音寺商業（現・県立観音寺総合高校）卒業
1942・3　山口高等商業（現・山口大学）卒業
1942・4　東京商科大学学部入学　山口茂ゼミ
1943・12　相浦海兵団入団
1944・2　土浦航空隊　第14期飛行専修予備学生（偵察）
1944・5　徳島航空隊
1944・9　詫間航空隊配属
1945・5・4　戦死（特攻隊）沖縄

山口ゼミ学徒出陣記念
前列左端　提供：遺族

水泳部の「ワンさん」

矢野の所属した水泳部では部員にあだ名がつけられていた。矢野のあだ名は「ワンさん」。中国語がうまく、その風貌からもそのように呼ばれていた。自由形長距離では対校戦や三商大戦で中々に活躍した。水球もうまくこなした。

海上自衛隊鹿屋基地資料館所蔵

水泳部の友人は、「途中高商から来た人などとは思えぬ、十年来の知己と皆から慕われ、…「男一人で妹も小さいから死にたくない」、といっていたのに皮肉にも神風特攻隊水心隊として南溟の華と散って了った。惜しみても余りある人をなくした」と回想する

旧式の94式水上偵察機による特攻

矢野は相浦海兵団に入団。外出日には、同じ海兵団の大学の同期生に彼の知り合いの菓子店に連れて行ってもらい、食べるだけではなく、帰りに弁当箱に菓子を詰めてもらいニコニコ顔で団に戻ったそうだ。飛行専修予備学生となり、偵察要員として鈴鹿航空隊で訓練を受けた。そして4月に特攻隊要員として地元の詫間航空隊に帰ってきた。休暇が取れたので友達と帰省するとの電話連絡があった。しかし、両親と妹が彼の帰宅を待っていたその日に出撃基地である指宿基地に向かったのだった。

翌朝、94式水上偵察機の偵察員として僚機11機と共に沖縄方面に出撃した。旧式の機種で通常積む爆弾の2倍の500キロ爆弾を積んでの出撃だった。

矢野弘一の最期について『戦闘詳報』には「○九二七頃…地点…二五○度五○浬…その後長符（ちょうふ）らしきものを聞くも混信の為不明」とある。長符とは「突入」の信号である。幸への遺書「幸も小さな大和撫子です。伸々と純真溌溂（はつらつ）に大きくなって下さい。兄さんの代わりに父上母上にしっかり孝行を盡してください。唯一つの兄さんの御願いです」。（一橋いしぶみの会　竹内雄介）

身朽ちても思いは消えず

大庭弘行　22歳没

予科徒歩班での平穏な日々

大庭弘行は府立四中出身で、1940（昭和15）年4月、予科に入学した。色白で、中学生のような童顔。7人兄弟の5番目で、兄弟の中で一番頭がよかったという。予科では大庭は、国防訓練部 徒歩班に所属した。

徒歩班とは、英語の中村為治教授を中心にした班で、40人ほどの学生が所属し、徒歩旅行と農作業などを行った。

海軍経理学校時代
参考文献47

大庭の同期で同じく徒歩班に所属していた波多野浩一は、入学50年記念文集の中で、当時の思い出を語っている。教員らの自宅に足繁く通ったこと。国立から江の島まで、足にまめができるほど歩いたこと。小平でジャガイモを栽培し、皆でふかして食べたこと。徒歩班には、戦時中とは思えないのどかな雰囲気が流れていたようだ。

【略歴】

1923・3	生まれ
	東京府立四中
	（現・都立戸山高校）卒業
1940・4	東京商科大学予科入学
1942・10	同大 学部進学 古川栄一ゼミ
1943・12	武山海兵団入団
1944・2	海軍経理学校入校
1944・9	鹿屋基地732空配属
1945・1	南西諸島航空隊に転属
1945・5・22	戦死 沖縄首里・松川

沖縄で散るも遺骨は還らず

しかし、大庭の平穏な生活は長くは続かなかった。1942（昭和17）年10月に学部進学、ゼミでは経営学を学んでいたが、1年後、学徒出陣となり、12月に武山海兵団に入団した。1944（昭和19年）2月、海軍経理学校入校。同年9月には修了して鹿児島県鹿屋基地

士官姿の大庭　参考文献47

（732空）に配属された。同年12月21日、南西諸島航空隊に転属。翌年1月下旬に沖縄へ着任している。

　4月1日、米軍が沖縄に上陸した。5月中旬、戦況の悪化に伴い大庭を含む海軍部隊が陸軍部隊へ派遣された。5月22日、主計部隊小隊長として首里・松川間の戦闘に参加し、消息不明となった。戦況から見て死亡したものとみなされた。約3か月後、戦争は終結し、日本は敗北した。家族の許に届いた遺骨箱は空だった。

手紙に込めた家族への思い

　大庭は、家族思いの心優しい青年だった。学生時代、親の教育のおかげだからと、家庭教師として初めてもらったお金で両親に眼鏡を贈った。大分へ疎開していた姉にも頻繁に手紙を書いており、いつも甥のことを気にかけていたという。

　1945（昭和20）年1月21日付けの手紙が、大庭から両親宛てに届いた。手紙の中で大庭は、家族を心配させまいとする心遣いか、「やっと戦場らしいところへ行ける」と南西諸島への転属に前向きな態度を見せている。ほかにも、病床の父親を案じ、母親と甥の健康を気遣うなど、言葉の端々から彼の優しさが垣間見える。これが、大庭からの最後の便りとなった。母親は、1987（昭和62）年、93歳で亡くなるまで、その手紙を大切に保管していた。

　遺骨が還ってこなかったことから、最期まで息子はどこかで元気に生きていると信じていた。ほかの兄弟6人は顔を合わせるたびに大庭の思い出話に花を咲かせたという。大庭が家族へそそいだ愛情は、彼の死後も、愛する家族の胸の中で、ずっと生き続けていたのだろう。

（一橋新聞部　亀田英太郎）

水上特攻を志願。最前線で指揮を執った小隊長

川島荘太郎　22歳没

バスケットで鍛えた強靭な身体

川島荘太郎は１９４２（昭和17）年10月、横浜高商から東京商大に進んだ。学徒出陣のために、川島をはじめ予科・専門部・教員養成所以外から入学した約70名の学友の国立での学園生活は1年余りで中断した。横浜高商出身者10名の内、川島を含め3名が戦死し再びキャンパスに戻ることはなかった。

東京商大制服姿
提供：遺族

生還した学友は彼を評して「頑健そのもので高商時代はバスケット部で活躍。身体頑健、生気溌溂たる好青年」と記している。

「○が○○になれば○○も○○○になるだろう」。高商の卒業アルバムに彼が残した意味不明のメッセージである。伏字を使って彼は何を伝えたかったのだろう。

【略歴】

- １９２２・７　生まれ
- 栃木県立栃木商業（現・県立栃木商業高校）卒業
- １９４２・９　横浜高等商業卒業
- １９４２・10　東京商科大学学部入学
- 田中誠二ゼミ
- １９４３・12　宇都宮東部第37連隊入営
- １９４４・12　豊橋第一予備士官学校入校
- １９４５・２　海上挺進第28戦隊に配属
- １９４５・６・15　戦死　沖縄南部仲座

親元に届いた最後の便り

１９４３（昭和18）年12月1日、川島は足利の実家で家族と町内会の人たちに見送られ、両毛線で宇都宮の歩兵連隊に入営した。

横浜高商バスケ部時代
提供：富丘会

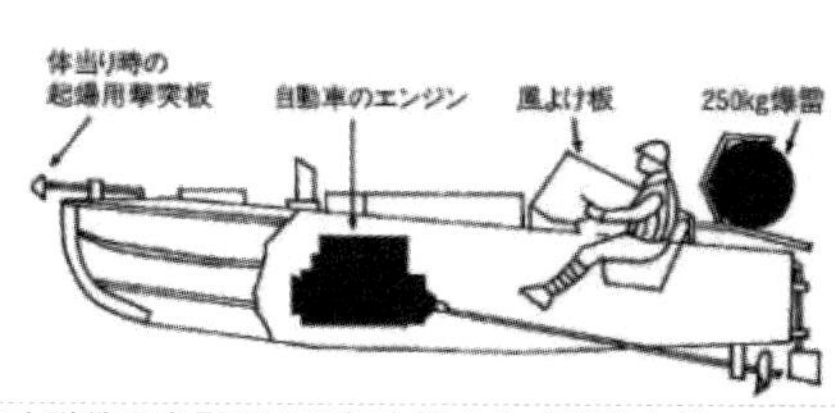

㈶特攻隊戦没者慰霊平和祈念協会作成資料より

提供:遺族

そこで彼に待っていたのは「海上挺進部隊」（ベニヤ板製のモーターボートに爆雷を積んでの特攻隊　通称マルレ）への志願の勧奨だった。「男子として断るのは不名誉この上ないので志願を決断した」と弟の國男は兄から聞かされた。豊橋第一予備士官学校を経て、広島県江田島の幸ノ浦で4か月間訓練を受けた。

両親が広島に面会に来たときは本人には行先は告げられていなかった。船の出港間際に行先を知らされた川島は、両親に宛てた走り書きの手紙を下船してきた見ず知らずの人に託した。両親はこの手紙で息子の沖縄行きを知ったが、これが最後の便りとなった。

小隊長として指揮を執り、最前線にて戦死

川島の部隊は１９４５（昭和20）年2月沖縄に上陸した。同年1月の米軍のルソン島上陸では一定の戦果を挙げた「海上挺進部隊」だったが、沖縄では米軍の堅固な防御に遭い、出撃のたびに戦力を消耗していった。

戦後に作成された『第28戦隊史実資料』によれば、「5月中旬、川島見習士官指揮の下、6艇嘉手納沖に出撃、戦果不明なり。同戦闘において戦死３名なり」とある。

6月に入り、川島ら生存者は残った舟艇を焼却し、歩兵部隊に編入され、沖縄本島南部仲座に陣地を構えた。「川島小隊長は双眼鏡で敵情を偵察中、敵の弾丸が命中して戦死した。6月15日のことだった」と無事帰還した部下の１人が足利の実家を訪れ、両親に伝えた。

（一橋いしぶみの会　竹内雄介）

装備不足で米軍と対峙 落語の得意な籠球部員

田中誠　21歳没

府立九中卒業アルバム
提供：九曜会

平凡で幸福な国立での日々

田中誠が府立九中を卒業し、専門部の門をたたいたのは1942（昭和17）年4月、日米開戦の翌年である。

籠球部に所属した彼は、物資の少なくなる中で寒い冬を乗り越えるなどの苦難を味わいつつも、よき友人に恵まれた。練習後には、国立駅前の喫茶店「エピキュール」でホットミルクを飲んで寒さを紛らわしたり、中学の先輩でもあった高木孜の家で歓待され、夜遅くまで居座って催眠術の真似事をして遊んだり。

そこにあったのは、スポーツに打ち込み、友人とふざけあって日々を楽しむ学生の平凡で幸福な日常であった。

戦禍、忍び寄る

戦禍はすぐそこに迫っていた。1943（昭和18）年9月に卒業した高木がまず11月に入営した。電車に乗り込んだ高木の目は涙をたたえていた。そして、最上級生に

【略歴】

1923・11　生まれ
東京府立九中（現・都立北園高校）卒業
1942・4　東京商科大学附属商学専門部　入学　佐々木高政ゼミ
1943・12　入営
1944・5　東部軍教育隊入隊
1944・9　第19航空地区司令部に配属
1945・6・20　戦死　沖縄

国立駅前喫茶エピキュール
東京商大卒業アルバム　1943

専門部壮行会記念写真　参考文献27

なったばかりの田中の番が回ってきた。

12月学徒出陣。初年兵教育を受けた後、千葉県習志野の東部方面教育隊で幹部教育を受けた。そして教育課程を修了した彼は、運命の第19航空地区司令部に配属となり、沖縄に出征した。

装備の支給ないまま戦闘へ

第19航空地区司令部は、北飛行場の建設関係部隊の指揮を任務とした非戦闘部隊。しかし、米軍の沖縄本島上陸直前に特設第一連隊として再編成され、部隊に課された至上命令は、「米軍による北、中飛行場の使用を少しでも長く妨害すること」であった。

だが、そのために必要な戦闘装備がほとんど支給されることがないまま、米軍の予想を上回る迅速な進出があり、その日はやってくる。

『朝日新聞』　1945.4.4

部隊は壊滅、そして戦死

1945（昭和20）年4月1日、部隊は北飛行場東の洞窟に入り妨害を試みたが、備えが十分整わぬうちに衝突が開始。ほぼ全滅に近い損害を出し、チリヂリになって国頭（くにがみ）に後退した。連隊本部要員だった田中はこれを生き延びたが、2か月後の6月20日に戦死した。部隊は連隊長の指揮のもと遊撃戦（ゲリラ戦）で抵抗したと記録されている。

落語が得意で読書家。多くの人に影響を与えたと級友に評された田中。一方で、その死の詳細を書き記したものはない。専門部のバスケット仲間で戦死したのは、田中と高木の2人だけであった。（一橋新聞部　友定隆）

マリアナ諸島・硫黄島
絶望的な孤島の戦場

迮田博次（1942年学部卒）は、将来の学長と期待された逸材で、卒業後母校の助手となったが、海軍主計科士官を志願した。迮田が突然恩師高島善哉教授の研究室を主計士官の制服姿で訪れたのは、学徒出陣で多くの学生がキャンパスを去った1943（昭和18）年の暮れのことだった。そして「私が死んだなんて報告が入るようならば、戦争が終わるのは、後半年でしょう」と恩師に告げて帰っていった。

彼が庶務主任を務める輸送船「靖國丸」を含む船団は、中部太平洋の日本海軍の一大拠点だったトラック島に人員や武器や資材を輸送する任務に就いていたが、「靖國丸」がトラック島近海で米潜水艦の雷撃で撃沈され、迮田が戦死したのは1944（昭和19）年1月末だった。

その半月後のトラック島大空襲でトラック基地は大打撃を受け、海軍の中部太平洋の拠点としての機能を失った。その勢いで米機動部隊は、同年6月から9月の間に日本本土空襲の拠点とするため、サイパン、テニアン、グアムなどのマリアナ諸島を一気に攻略した。

1943（昭和18）年12月に入隊した出陣学徒たちは、まだ各種軍学校での教育・訓練期間中だった。ただ、東京商大の出陣学徒の同期生のうち、日系カナダ人2世で陸軍軍属に志願した齋藤實（1943年10月学部入学）がサイパンで、学部入学と同時に現役入隊となった榎本芳太郎（1942年10月学部入学）がグアムの戦闘で戦死している。

中部太平洋における米軍の攻勢が強まり、トラック島が大空襲を受けた頃には硫黄島防衛の増強が本格的に始まっていた。出陣学徒の硫黄島部隊配属は、1944(昭和19)年9月に海軍経理学校を修了した主計科見習尉官たち、続いて飛行専修予備学生(要務)の海軍南方諸島航空隊配属で始まった。その頃には、サイパン、テニアン、グアムの玉砕も報じられており、硫黄島に配属されたものは皆死を覚悟した。陸海軍とも、年末から年初にかけて軍学校を修了し、硫黄島の部隊に配属されたものもいた。12月に海軍通信学校を修了した村越祐三郎(1943年10月学部入学)も、国内の部隊に配属となった仲間に「貴様らはいいところに決まってよかったな。お元気で」という言葉を残して出征した。東京商大の出陣学徒では、海軍の戦死者が硫黄島では目立つ。

米軍は、硫黄島上陸に先立ち周辺海域の掃討作戦を実行。沿岸地域で米機動部隊の動きに関する情報収集の任務に当たっていた監視艇隊の艇長板尾興市(1943年10月学部入学)は、米空母艦載機の攻撃を受けて米軍の硫黄島上陸直前に戦死している。

『戦没学友名簿』によれば東京商大の関係者のこの地域・海域の戦没者は、出陣学徒7名も加え、サイパンで8名、グアムで4名、硫黄島で13名である。戦死者の多くはサイパンでは1944(昭和19)年7月8日・18日、グアムでは同年9月30日、硫黄島では1945(昭和20)年3月17日に戦死したと認定されている。(竹内雄介)

還らざる学友

村越祐三郎

長浜栄智

陸軍軍属としてサイパンで斃れた日系2世留学生

齋藤實　23歳没

外国人留学生として東京商大予科に入学

齋藤實の父親は静岡県の農家の出身。齋藤はカナダ生まれで、マクレイン高校を卒業後来日。1941（昭和16）年4月に外人特別入学者（留学生）として予科に入学した。同期の留学生は他に満洲から2名、中国から3名、アメリカから日系人1名の6名だった。

予科時代　参考文献25

留学生は、入学すると一橋寮で日本人学生と寝食を共にした。齋藤は北寮の6人部屋で暮らし、同室の仲間と楽しそうに写っている彼の写真が残っている。

『一橋新聞』予科版に、入学早々の5月に太平洋クラブとシナ文化研究班が開いた留学生歓迎会に参加したという記事が掲載されている。それ以外には齋藤の学園生活の記録は見当たらない。

【略歴】

1921・3　生まれ
　カナダ・マクレイン高校卒業
1941・4　東京商科大学予科入学
1943・10　同大学部進学　増地庸治郎ゼミ
1943　陸軍軍属（通訳官）を志願
1944・5　第31軍司令部情報班特種情報部配属
1944・7・18　戦死　サイパン

陸軍軍属を志願

予科1年の12月に日米開戦。齋藤は1943（昭和18）年9月に予科を卒業し、学部に進学している。20歳以上の同級生の大半は、学部進学直後の12月に出陣学徒として、陸海軍に入隊し

一橋寮の同室の仲間（後列右端）
提供：松本勝之

二世出陣學徒壯行會

「二世出陣學徒壯行會」は、十四日東京原宿の海軍館で開かれた

在京男女二世學徒三百余名が参列、袴姿も凛々しい學徒たちの中には東大法科一年から海軍に入營する藤田大佐長男信一君の姿も見える

荒木大將の激勵に應へて中大豫科明君（ハワイ）が誓ひをのべ、「海ゆかば」を合唱、感激裡に閉

『朝日新聞』　1943.11.14

た。日系人学生の多くも日本人学生同様に学徒出陣し、11月14日には原宿にあった海軍館で「二世出陣学徒壮行会」が開かれ、300名余りが参加したと当時の新聞が報じている。何か思うところがあったのか、齋藤は陸軍軍属の通訳官を志願した。

特種情報部門に所属し、サイパン島へ

1943（昭和18）年7月、参謀本部は諜報活動の情報を扱う中央特種情報部を新設。同時に清瀬にあった北多摩通信所は同部所管となったが、その前後に同通信所に15名の日系二世が採用されたとの記録がある。斎藤がそのうちの一人であったかは確認できなかった。

アジア歴史資料センターに『第31軍情報班陣中日誌』1944（昭和19）年1月～5月分が残っている。それによると、特種情報部からサイパン島の第31軍に15名が派遣された。5月2日の欄に特種情報部の15名は情報班に配属とある。その人員名簿に、見習士官、技手に続き下士官待遇である3名の嘱託の中に齋藤實の名前がある。

特種情報部は、前線部隊の軍や師団司令部内にも置かれ、敵の通信の傍受や暗号解読を任務とした。

配属後3か月足らずで戦死

齋藤のサイパン島の戦場での行動記録は残されていない。齋藤が配属されて1か月余りたった1944（昭和19）年6月15日に米軍がサイパン島に上陸、激しい戦闘の末7月9日には日本軍は玉砕した。齋藤の戦没年月日は7月18日と記録されている。

彼の墓は、一家の出身地である静岡市駿河区大谷の大正寺にあったが、今は神戸に移されている。

（一橋いしぶみの会　竹内雄介）

入学直後に入隊、玉砕の島で逝った妹思いの兄

榎本芳太郎　22歳没

芳太郎の足跡を辿る

榎本芳太郎は、筆者の母方の伯父にあたる。先日、母がどこからか取り出してきた芳太郎の葬儀の弔辞を初めて目にし、戦争を身近に感じるだけでなく、老いた母にとってはいまだに昨日同様の出来事であり、戦争の傷跡の深さを再認識させられた。その後入手した芳太郎の「軍歴証明書」などから、その足跡を辿ることができ、あいまいだった芳太郎の存在がより身近なものとなった。

専門部卒業アルバム　1941.12

母の8歳年上の兄榎本芳太郎は、1939（昭和14）年に府立二商から、専門部に入学。大の読書好きの芳太郎は妹思いで、家に帰ると勉強の面倒もよく見てくれたそうだ。

今回、新たに目にした芳太郎の学生時代の写真には、妹たちも知り得なかった芳太郎の姿があった。弓道部、クラスチャン、旅行等、アクティブな学園生活のなかで、青春を謳歌していただろう姿と表情に安堵した。

また、カトリック研究会に所属し、洗礼を受ける一方、如意団での円覚寺の座禅にも参加していた。多くの学友と共に積極的に精進し、充実した生活を過ごしたこ

ジャンク船の模型　提供：遺族

【略歴】

1922・1	生まれ
	東京府立二商
1939・4	東京商科大学附属商学専門部入学
	板垣興一ゼミ　カトリック研究会
1941・12	専門部卒業
1942・1	大連汽船　入社
1942・10	学部入学　上田辰之助ゼミ
1942・12	入隊歩兵第38連隊
1944・2	グアム島へ出征
1944・9・30	戦死　グアム島

弓道部の仲間（前列右端）　提供：遺族

とを、カトリック研究会の後輩、白柳秀夫は弔辞で語っている。そんな芳太郎にとって、専門部生活は人生に於いて最も有意義で輝いた時間だったはずだ。

だが、3か月の修業年限短縮により1941（昭和16）年12月に卒業。得意の中国語を生かし、大連汽船に就職し、大連へ。この間、徴兵検査を受ける。

ジャンク船の模型は芳太郎の形見

母の小学校の国語読本に「大連だより」と題した章があり、街や港の様子やジャンク船がスケッチ付きで記載されていた。そのジャンク船をおねだりしたところ、珍しい木製の「ジャンク船模型」が届き母は大喜び。80年以上も大事に手元に飾り続けてきた。筆者もこの「船の模型」の存在は知っていたが、最近になって改めて、芳太郎の優しい妹思いの一面を聞かされた。

学部入学を果たすも、入隊、そして出征

学問への熱意を再燃させた芳太郎は、1942（昭和17）年10月に学部入学を果たすものの、無情にも12月に現役兵として満洲の歩兵第38連隊に入営を命ぜられた。そして、1944（昭和19）年2月グアム島へ出征。同年7月に米軍がグアム島に上陸。芳太郎は最前線で戦い、2か月余りの悲惨な状況下で戦死。芳太郎から届いた最後のはがきが2葉、母も両親から覚悟するようにと読まされたことを今でも覚えている。はがきはどちらも「人間万事塞翁が馬」とだけ綴られていたとのこと。

天国の伯父芳太郎に筆者の追悼の思いも少しは届いてくれただろう。

（一橋いしぶみの会　高津泰之　遺族）

予科のリーダー格として率先垂範の寮の部屋長

板尾興市　21歳没

寮・部活で後輩に慕われるよき先輩

板尾興市が予科に入学したのは、日米開戦も噂されていた1941（昭和16）年4月だった。バレー部に所属、控え選手ではあったが部活も真面目に取り組んだ。学業の面では優秀で、2年生になり部屋長として寮に残り、後輩の指導に当たった。

学徒出陣記念　提供：遺族

同室の後輩の回想では、板尾は率先して読書会を開き、毎晩寝る前にニーチェの『ツアラツウストラ斯く語りき』を彼が一節ずつドイツ語で暗唱し、後輩たちがそれを繰り返した。また、板尾は黙々と読書ノートを作成し、学問をする姿勢を後輩に示していた。

板尾は1943（昭和18）年9月に予科を卒業し、学部に進学した。9月22日卒業式の日の夜のラジオ放送のことを次のように日記に記している。「今日は9月に入って初めての秋晴れの上天気。われらの予科を去り

【略歴】

1923・10　生まれ
東京府立一中（現・都立日比谷高校）卒業
1941・4　東京商科大学予科入学
1943・10　同大 学部進学 高島善哉ゼミ
1943・12　武山海兵団入団
1944・2　第4期海軍兵科予備学生
1944・7　海軍通信学校電測班入校
1944・12　第22監視艇戦隊配属
1945・2・18　戦死 西太平洋上

寮の友人たちと（上段中央）　提供：遺族

左:1944.12　母常子と　右:予科卒業記念(右端が板尾)　提供:遺族

本科に進むのを祝うがごとくであった。……7時半よりの東條首相の講演に間に合った。これぞまさに来るべきもの。吾々の運命の見通しに影響を与えるものである。学徒の徴兵猶予停止、法経文の諸学校の教育停止、その整理統合。かくして何時の日か近き将来吾々の運命は大転換を遂げる。今や悲観も楽観もない。……」（『新版きけ わだつみのこえ』）。

学徒出陣・レーダー技術を学んで実戦へ

彼は2月余りの短い国立生活の後、12月10日海軍武山海兵団に入団した。板尾と海軍の訓練を共にした大学同期の河西郁夫は、「武山からは藤沢の電測学校で一緒に電探（レーダー）関係の教育を受けたのだが、彼は我々文科系の者には難解だった電波、電気関係の理論もよく修得し、万事率先垂範、やがて立派な兵科将校になるものとして皆から大いに敬愛されていた」と記している。

１９４４（昭和19）年12月に士官任官した板尾が配属されたのは、横浜の第22監視艇隊司令部（通称黒潮戦隊）。任務は太平洋上に監視艇を浮かべ、海空からの敵の侵攻を監視するもの。漁船を改修した監視艇には板尾が操作を学んだ新型レーダーも装備されていたようだ。

不運が重なり、敵の大攻勢に遭遇

１９４５（昭和20）年2月11日、彼の監視艇は任務に就くため出港。2月16～18日の3日間に板尾艇を含む15隻が米軍の艦上戦闘機・攻撃機により撃沈された。黒潮部隊としては最悪の戦闘であり、５００名以上の乗員が犠牲となった。

（一橋いしぶみの会・竹内雄介）

日本一のフォアの舵手だった陸軍主計見習士官

牛島英彦　22歳没

予科から端艇（ボート）部で活躍

牛島英彦は府立四中の出身だが、予科入学時の学生名簿では、父親の仕事の関係か実家は朝鮮江原道中川鉱山と登録されている。牛島は予科から端艇部の主力選手となり、各種対校戦で舵手として活躍している。

１９４２（昭和17）年11月、学部1年の時には、舵手として専門部1年中心の若手フォアを全日本選手権制覇に導き、その後はコーチとして専門部の後輩たちを指導した。

参考文献１

１９４１（昭和16）年12月には、S組の仲間と端艇部の伝統である「遠漕」に参加。定宿海老屋の宿帳には「牛島英彦」の名が残されている。

主計見習士官として硫黄島へ

牛島は、１９４３（昭和18）年12月に千葉県佐倉の東部第64部隊に入営し、初年兵教育を受けた。翌年7月からは、経理部幹部候補生として予科校舎の近くの陸軍経理学校で学んだ。同年11月には修了し、見習士官として硫黄島の独立歩兵第３１１大隊に配属となった。

陸軍経理学校の第13期同期生１４８７名のうち戦死

【略歴】

1923・2	生まれ
	東京府立四中
	（現・都立戸山高校）卒業
1940・4	東京商科大学予科入学
1942・10	同大 学部進学 佐藤弘ゼミ
1943・12	佐倉東部64部隊入営
1944・7	陸軍経理学校入校
1944・12	独立歩兵第３１１大隊配属
1945・3・17	戦死 硫黄島

入校	陸軍経理学校(小平)第13期(1945年7月)			
卒業場所・期	東京第13期	昭南第4期	昭南第5期	合計
卒業生数	1114	274	99	1487
戦没者数	19	32	0	51
内地	3			3
朝鮮半島	2			2
硫黄島	2			2
沖縄	5			5
ビルマ		17		17
フィリピン		2		2
その他南方		9		9
不明	7	4		11
消息不明	57	5	1	63

陸軍経理学校第13期(小平)戦没者

者は牛島を含む51名である。戦死者の多くは1944(昭和19)年9月に南方軍経理学校に転属になったもので、内地に残留したものでは、沖縄、硫黄島に配属されたものの戦死が目立つ。

数次の斬り込み、全員突撃、玉砕

牛島が硫黄島行きを命ぜられた時点では既に硫黄島は米軍の次の攻撃目標と見られており、硫黄島派遣部隊に配属となった者は、死を覚悟したという。予科時代の友人は、彼にいつもと変わらぬ口調と態度で淡々と硫黄島配属を告げられ、衝撃を受けたと回想している。

牛島が配属になった独立歩兵第311大隊は、島の西側の防衛を担当する部隊の1つであった。

着任からひと月余りの1945(昭和20)年2月18日、米軍は島の東側から上陸を開始した。独立歩兵第311大隊の部隊略歴によれば、「3月12日に至る間、数次に亘り斬り込み等を持って奮戦するも大部分戦死す。…3月17日　全員突撃を敢行玉砕す」とある。硫黄島における牛島の行動記録は何も残っておらず、多くの硫黄島における犠牲者と同様に3月17日に戦死と記録されている。

牛島英彦(左から3人目)ボートクルー
提供:中川秀造

(一橋いしぶみの会　竹内雄介)

配属地発表に茫然とした語学の達人

塩澤武吉　22歳没

平凡で幸福な学園での日々

塩澤にとって、東京商科大学で過ごした日々は彼の人生で最も充実したひとときとなった。

塩澤武吉は１９３９（昭和14）年予科に入学、寮生活を始める。優秀な寮生に大いに刺激を受け、勉学や将来について日々語り合い過ごした。学部に進んでは、英語、ドイツ語に磨きをかけた。塩澤が中野の実家の自室で原語の書物を読み、その楽しさのあまり笑う声がよく聞こえたと彼の兄は後に回想している。

海軍経理学校時代
参考文献47

しかし、彼の学生生活は突如として断ち切られることになる。学部進学の翌年、学徒出陣が決行されたのだ。これから究めようとしていた学問、ひいては彼がかつて学友に語った自身の未来は、戦争によって奪われたのである。

戦禍、忍び寄る

塩澤は海軍舞鶴海兵団へ入団。翌年には海軍経理学校へ入る。彼

【略歴】

1923・3	生まれ
	長野県長野中
	（現・県立長野高校）卒業
1939・4	東京商科大学予科入学
1942・4	同大　学部進学　高島善哉ゼミ
1943・12	舞鶴海兵団入団
1944・2	海軍経理学校入校
1944・9	南方諸島海軍航空隊配属
1945・3・17	戦死　硫黄島

高島善哉ゼミ集合写真　郁水会アルバム

は毎週日曜には中野の実家へ帰り、門限直前まで家族と団らんを楽しんだ。教官にビンタされた話などを面白おかしく語り、家族を大笑いさせていたという。だが、家族には気丈に振舞っていた彼も、現代の我々には想像もつかないほどの不安を胸の内に抱えていたのだろう。

経理学校卒業の前日、彼は兄に「日本は戦争に勝っても負けても地獄のような状況が続くだろう」と打ち明けた。そして、卒業に伴う任地発表で彼は硫黄島への赴任を命じられる。彼は絶句し、周囲は彼に慰めの言葉もかけられないほどだった。

いよいよ館山航空基地に発つ日、彼は両国駅まで見送りに来た兄に時計を交換してほしいと頼む。兄の腕時計を受け取り「いってきます」と敬礼して駅の階段を上る姿は、家族が彼を見た最後だった。

死を悟り、戦後を友人に託す

彼は戦地へ赴く前日、偶然に新宿駅のホームで大学の友人に再会する。普段は口の重い塩澤が「残っているお前たちはせめて元気で」と言い、万感の思いで握手を求めたことは忘れられないと友人は後に語る。また、当時彼が自らの戦死を悟り、戦後を自分たちに託しているように感じられたという。

塩澤が1944（昭和19）年9月4日に南方諸島海軍航空隊に着任したことが、アジア歴史資料センターにある同隊9月の『戦時日誌』に記録されていた。同日誌からは、この頃すでに毎日のように米軍爆撃機による空襲があったことがわかる。それから5か月、極度の緊張の中での対空戦闘、陣地構築、陸戦訓練の日々が続いた。

そして翌年2月、米軍が硫黄島に上陸。約1か月後の3月17日、塩澤武吉は戦死したと記録されている。戦後まもなく家族のもとへ戦死の知らせが届くも、両親は決して彼が死んだことを信じようとはしなかったという。

（一橋新聞部　中尾文香）

ビルマ
インパール後の敗走の中へ

陸軍では南方戦線における下級幹部増強のため、当初8か月を予定していた内地における教育を短縮して、後半を現地の教育隊にて実施することとした。

1944（昭和19）年秋に全国の予備士官学校から出陣学徒の幹部候補生たちがマレー半島にある南方軍ポートディクソン教育隊と第14方面軍教育隊（マニラ）に向け出発した。

ポートディクソン組は、途中寄港地での待機、敵の攻撃回避等により現地到着が同年10月から翌年2月までと区々になるも無事入校した。そして、約1500名の大半は1945（昭和20）年3月に修了し、南方各地に散った。そのうち約350名がビルマ方面軍に配属となった。

一方、陸軍小平経理学校及び陸軍新京経理学校からも1944（昭和19）年9月に昭南（現・シンガポール）の南方軍経理教育部に向け送り出された。小平からの転属組は全員無事昭南に到着したが、新京からの転属組は途中乗艦が敵の襲撃を受けて多数の戦死者を出した。

南方軍経理部教育隊は、1944（昭和19）年12月に教育課程を修了し、ビルマ方面軍配属の120名は1月に昭南を出発したが、ラングーン（現・ヤンゴン）の方面軍司令部到着までに1か月余りを要した。申告を終えそれぞれの配属部隊に着任した時には3月になっていた。

ビルマの戦況は、1944（昭和19）年7月のインパール作戦の中止、撤退開始以降、特に1945（昭和20）年に入ると、英印軍（英国領インド軍）など連合軍が機甲部隊を先頭に、ラングーンを目指して南下、各地で日本軍の防衛線が破られていた。

甲種幹部候補生は教育・訓練終了後1945（昭和20）年3月以降にビルマに投入されたが、乙種幹部候補生や兵として原隊に留まった出陣学徒のうち、原隊がビルマに助っ人部隊として派遣されたものがいた。園田惣人の所属した歩兵第168連隊や朝鮮の歩兵第106連隊がそれにあたる。彼らは1944（昭和19）年秋にビルマに到着し、翌年の英印軍の機甲部隊の南下の中で大きな犠牲を出した。

更に、3月27日にはビルマ国民軍が日本軍に対し反乱を起こした。配属されたばかりの経理部員もコメの買い付けに出ていて、戦闘に巻き込まれて戦死している。

3月下旬には要衝、メイクテーラをめぐる戦いに敗れ、ラングーンは5月2日に陥落した。ポートディクソン教育隊を修了してビルマ方面軍の各師団に配属となった出陣学徒たちはこのようなビルマ戦線の最終局面に投入されたことになる。ビルマ各地から敗走してくる兵隊たちの逃避行を援護した川嶋敏雄（1943年10月学部入学）は「栄養失調で象のように足のむくんだ敗残兵が三々五々裸足に竹の杖で幽鬼のように逃げてくる」のを目撃した。

ちなみに東京商大の関係者は、インパール作戦を始めビルマ各地の戦開で、出陣学徒6名を含む34名が戦（病）死している。その中には商社の現地駐在員で、1945（昭和20）3月に現地召集された秋山半之助（1930年学部卒）も含まれている。

（竹内雄介）

注：本書ではミャンマーについては「ビルマ」という呼称を使用する。

還らざる学友

田村篤也

同級生に送られ、半年早く入営した予科最年長者

園田惣人（ふさと）　26歳没

予科生活5年、宝生会で熱心に活動

園田惣人は福岡県山門郡三橋町（現・柳川市）の地主の家に育ち、地元の中学伝習館から予科に入学した。5年間かかって学部に進学しているが、休学等の記録はなく、どのような事情により2年留年したかは判らない。園田が予科クラス誌『暁翔』に寄稿した短編「スチームの傍から」の主人公「F」は、浪人時代は鹿児島で暮らしていたが、予科に入り神経衰弱で療養している。本人をモデルにしたものだろう。

「郁水会アルバム」

園田は予科宝生会に所属し、熱心な会員の一人で、毎週日曜日に連れ立って能を見て歩いたそうだ。ほかにも国防研究部徒歩班に所属していた記録が残っている。また、『暁翔』には、実家の近所の出征した幼馴染の家族について書いた「思い出風の随筆」も掲載されている。予科5年目には徴集延期年齢上限に達しており、自分の出征が近いことを感じ取っていたのかもしれない。

【略歴】

1918・7	生まれ
	福岡県立伝習館中（現・県立伝習館高校）卒業
1937・4	東京商科大学予科入学
1942・4	同大 学部進学　赤松要ゼミ
1943・2	応召　乙種幹部候補生
1944・1	第49師団歩兵第168連隊配属
1944・6	ビルマに向け出征
1945・3・24	戦死　ビルマ

壮行会　1943.2　「郁水会アルバム」

同級生より一足先に入営

１９４２（昭和17）年４月に学部に進学し、経済政策学の第一人者だった赤松要教授のゼミに参加した。経済学を学び始めて1年足らずの翌年２月、徴兵猶予年限を越えた園田に召集令状が届いた。同級生の三十尾茂は当時の日記に次のように記している。

「園田がとうとう入営することになった。学業を途中で放てきして征くということはつらいことだろう。その身になってみなければ他人には到底理解できることではない」（１９４３（昭和18）年２月25日）

「助っ人部隊」としてビルマに出征

園田の歩兵第１６８連隊が属した第49師団は、インパール作戦敗北後のビルマ方面軍の補強のためビルマに派遣され「助っ人部隊」とよばれた。同部隊は、３０００人余りで６月20日に釜山港を出港、８月にビルマに到着。９月には北部ビルマの援蒋ルート（英領インドから中国雲南省間）の遮断を目的とする「断作戦」に投入された。

部隊は当初中国領内まで攻め込んだが、米軍の支援を受けた中国雲南遠征軍に対抗しきれず、多くの犠牲を出しながらビルマ領内に後退した。

園田が戦死した１９４５（昭和20）年３月下旬には部隊は要衝メイクテーラの攻防戦に敗れ、英印軍機甲部隊との激戦で壊滅状態となった。３月31日の残存兵力は５００人余りと朝鮮出発時の５分の１以下になっていた。

（一橋いしぶみの会　竹内雄介）

クラス会誌『暁翔』 1942.2

学生時代洋画で英会話を練習した主計見習士官

金子利朗　24歳没

文科系サークルで活動した学生時代

金子利朗は東京出身。1939（昭和14）年4月予科に入学し、予科宝生会に所属した。それまで数名だった宝生会に彼の学年では9名が加わり有力なグループになったという。毎週日曜日にはさまざまな流派の能を鑑賞するほどで、熱心な部員の1人だった。

宝生会仲間では、園田惣人は学徒出陣前に応召され同じビルマの地で戦死。松田清は学徒出陣して沖縄で戦死している。

洋画で英会話の練習

金子は学部では会計学の岩田ゼミに所属し、部活は演劇映画研究班に名前がある。予科のクラス誌『暁翔』に「映画について」と題する小論を寄稿している。それによれば彼は中学時代から洋画専門の新宿「武蔵野館」の常連だったことがわかる。中学からの友人の回想にも「ちょっとぼっとしたところがあったがなかなかの秀才。彼は英語で俺は国漢で点を稼いで商大に入るんだと一緒に受けた組。補導協会などおっかない連中の目を盗んでよく映

【略歴】

1920・9	生まれ
	第一東京市立中学（現・千代田区立九段中等教育学校）卒業
1939・4	東京商科大学予科入学
1942・4	同大 学部進学 岩田巌ゼミ
1943・12	東部第74部隊入営
1944・7	陸軍経理学校（小平）入校
1944・9	昭南南方軍経理教育部転属
1945・3	ビルマ着任
1945・3・27	戦死 ビルマ

1942年3月予科修了　予科1組　「郁水会アルバム」

画に行ってたが、それも英会話練習のためだった」とある。

米の調達に奔走し還らず

金子は東部第74部隊（国府台野戦重砲兵第18連隊）に入営した。そこから陸軍小平経理学校に入り、南方軍昭南経理教育部（現・シンガポール）に転籍したことまでは記録にあるが、戦没場所、戦没年月日に関する記録はない。大学の2年後輩で、昭南経理学校からビルマ方面軍ラングーン貨物本廠に配属となり、無事帰還した金井紀年の手記には次のような記述がある。

ビルマ国軍が反乱を起こした1945（昭和20）年3月下旬、「各地にコメの買い付けに出掛けていた同期の戦友たちが、引率していた多数の兵隊たちと共に犠牲になった。その中に東京商大出身の金子、野村両見習士官も含まれていた」。陸軍小平経理学校第13期生の名簿には、野村は「昭和20年3月27日カワ方面にて戦死」と明記されているが、金子の欄にはただ「戦死」のみの記載である。予科同級生で演劇映画研究班でも一緒だった白井洋三は、次のように詠んだ。

岩田ゼミ　「郁水会アルバム」

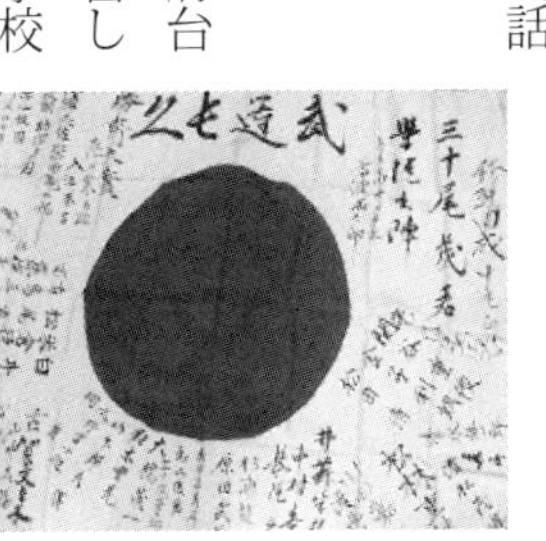

金子利朗の署名のある日章旗

金子利朗
顔写真に代わる自筆署名
三十尾茂氏提供日章旗より
一橋大学　学園史資料室

マレー半島に戦死と名簿に記さるる君は
　比島沖に没するとも伝ふ

集合写真は残されているが、金子を特定できる写真は見つからない。その姿に代わって唯一特定できたのは、彼が級友の日章旗に署名した「金子利朗」の肉筆のみである。

（一橋いしぶみの会　竹内雄介）

思索する寡黙な剣士

秋山敏夫　22歳没

朋友思いの好漢

秋山敏夫は、1940（昭和15）年に予科に入学。学徒出陣では、東部2122部隊、陸軍小平経理学校を経て、昭南南方軍経理教育部（現・シンガポール）に転籍。卒業後はビルマ方面軍貨物本廠に配属され、モールメンまで転進するも、同地で戦死した。秋山と戦地において深い親交のあった金井紀年は「剣友会員の戦中の記」の中で、秋山の人柄について、「世話好きで、常識的余裕がありかつ正義派」であった、と述懐している。

参考文献10

訓練に疲れ果て、道具の手入れを怠ってねむってしまったときには、金井が上官に叱責されないように、秋山が彼の分も手入れをしてくれたという。周囲に対する思いやりを持った秋山の人柄がうかがわれる。

【略歴】

1922・10　生まれ
　東京府立一商（現・都立第一商業高校）卒業
1940・4　東京商科大学予科入学
1942・10　同大 学部進学 吾妻光俊ゼミ
1942・12　東部2122部隊
　（東京湾要塞砲兵連隊）入隊
1944・7　陸軍経理学校（小平）入校
1944・9　昭南南方軍経理教育部転属
1945・1　ビルマ方面軍貨物本廠配属
1945・5・8　戦死 於ビルマ モールメン

伝統と革新のはざまの中で

剣道部40周年の記念冊子に寄稿した「疑問文」という文章から、秋山の考えを垣間見ることができる。彼は試合のための技法の習得よりも、「法定」とい

予科入学記念　1940.4　参考文献24

左：学徒出陣前、剣道部同期の仲間と（左から３人目）　参考文献10　右：法定の形　参考文献

う形の修行に重きを置いていた。彼にとって形の修行とは、与えられた見本の模倣に終始するものでなく、その真価を探求し続けることにより、伝統をさらに発展させようとする営みであった。

「苦しむことはよいことか、団結するとどうしてよいのか、人の和がどうして大事か」伝統や慣習の重さを受け止めつつも、それを盲目的に信仰することを否定した彼にとって、固陋な儒教的思想や皇国史観を信じ込み、忍耐と団結を強いる風潮に押し流されていく日本人の姿はどう映ったのだろうか。

秋山は、右上の写真を見ると、穏やかな笑みを浮かべている。彼の笑顔の下にいかなる煩悶が渦巻いていたか、今となっては知るすべはない。

友のために死す

秋山の死は唐突だった。高熱に侵された金井を秋山が看病していたとき、空襲を告げる警報が鳴り響いた。自分を置いて逃げよとすすめる金井を制し、秋山は2人で空襲から逃れようとした。金井は、途中秋山とはぐれてしまったものの、「こん畜生、死んでたまるか」と懸命に逃げた。生きて、自分を救おうとしてくれた友の恩に報いなければという強い思いが、彼の背中を押したのであろう。しかし、それは叶わなかった。彼が目にしたのは、すでに冷たくなった秋山の姿であった。

彼の誇り高き最期は、金井によって遺族へ伝えられた。遺骨は後に親族の元へ戻り、今は神奈川県伊勢原の自宅近くで静かに眠っている。（一橋新聞部　亀田英太郎）

「地獄」へ配属されたハモニカ吹き

榎本八郎　22歳没

異例の存在であった学生時代

榎本八郎は、東京府王子区中十条（現・北区）で生まれ育った。上野中学から専門部に入学し、1943（昭和18）年12月に入営した。東京出身であるにもかかわらず都会育ちとは言い難い一張羅と風呂敷に下駄履き姿は、同級生たちの中でも独特の存在感があったようだ。

専門部クラス集合写真
参考文献27

エノハチの性格

榎本を語るに欠かせないキーワードは「真面目」。

同級生から「エノハチ」という愛称で親しまれた彼は、真面目で一本筋の通った男だった。

彼を知る同期の新井良は、クラスチャン（クラス対抗ボートレース）の練習時に仲間たちが手を抜く中、榎本がいつでも全力で練習に取り組んでいたと語った。そのせいか練習後は人一倍疲労していたそうだ。

クラスチャンで敗れ、解散記念に遠漕した際、土手の草の上で仲間たちが寝転び談笑していると、榎本は一人離れてパ

【略歴】

1922・12　生まれ
　　　　　東京府立上野中学
　　　　　（現・都立上野高校）卒業
1942・4　東京商科大学附属商学専門部　入学
1943・12　入営
1944・7　陸軍経理学校（小平）入校
1944・9　南方軍経理教育部転属
1944・12　ビルマ派遣軍野戦貨物廠配属
1945・7・12　戦死（病死）於ビルマ・ペグー

1943年11月　仮卒業式・壮行会　参考文献27

ンツに挟んできたハモニカを吹き始めた、という出来事もあった。新井は、彼の演奏と、懸命にハモニカを吹く彼の赤い頬のエラの張った顔を鮮明に覚えていた。

榎本は学習意欲も旺盛で、入営前の学内懸賞論文に専門部から一人応募し入賞。１９４４（昭和19）年６月には特例で行われた入営中の入学選考により、10月に学部に合格している。

ビルマへの配属

そんな榎本は、初年兵教育終了後、１９４４（昭和19）年７月には陸軍小平経理学校に入校、９月に南方軍昭南（現・シンガポール）経理学校へと転属した。経理学校の卒業を控える12月、希望任地を書いて提出せよという命令が下った。専門部同級の田中春夫は、希望通りの任地へ行かせられるはずもなく、試されていると考え、敢えて当時「地獄の戦場」と言われたビルマを志願した。

一方、真面目で実直な榎本は「ビルマ地獄、ジャワ極楽」という言葉を前に自分の心を偽ることができず、ジャワを希望した。はたして、配属先は逆の結果となった。田中はジャワへ、そして榎本はビルマ派遣軍野戦貨物廠へと配属されたのである。田中は任地へと出発する榎本とお互いの武運を祈り、彼を見送った。そして、この時見送った後姿が榎本の最後の姿となった。

榎本の最期

運命のいたずらか、実直さ故に、おびただしい数の人命が失われ「地獄」ともささやかれたビルマ戦線へと送られた榎本。彼は１９４５（昭和20）年７月、ラングーン（現・ヤンゴン）近郊のペグー県の追い詰められた戦場で病に冒され還らぬ人となった。まだ青春の盛りであった学生時代の彼の写真は少なく、家族や友人と共に写る機会も永遠に失われた。生き残った同窓生たちの脳裏には、思い出と共に榎本の姿が映るばかりであった。

（一橋新聞部　中村彩乃）

台湾・南シナ海
制海権と制空権なき航路

出陣学徒の幹部候補生を南方に配属する動きは1944（昭和19）年9月頃に一気に動き出した。南方地域との航行が遮断されることが想定されたため、経理学校や予備士官学校の課程の途中にも拘らず、予め南方への補充要員を現地の教育隊に送り込もうとの意図だった。目的地は南方軍経理教育部（昭南（現・シンガポール））、南方軍下士官候補者隊（マレー、ポートディクソン）そして第14軍教育隊（ルソン島）。途中米潜水艦等の攻撃を避け、台湾等の寄港地で航路の安全の確認に時間を掛けたりしながら南下した。輸送船の内数隻が雷撃により沈没したが、輸送は概ね順調に推移した。

この中にいた田原慎一（1943年10月学部入学）は、通常10日間の日程の所を「台湾沖で2隻が撃沈されたが33日掛かって昭南に入港できた」と同期会の回想文集に書いている。第14軍教育隊の悲劇や教育期間終了後の配属部隊により、運命を分けたことはフィリピン・ビルマで触れたとおりである。

また、出陣学徒の中には、教育を終えて下士官や兵として配属された部隊が南方派遣の部隊だった者もいた。彼らも同じ時期に南方に向けて出征した。マリアナ諸島やその周辺海域における戦闘で日本軍が敗北した時期である。また、米軍は南方資源の内地還送と兵員の南方への移送を阻止するため、台湾周辺や南シナ海での活動を活発化していた時期でもあった。更に、台湾沖航空戦やレイテ沖海戦の敗北で輸送路の安全確保はますます難しくなっていった。米軍は潜水艦に加え、機動部隊所属の艦載機も投入。1944（昭和19）年の秋以降日本軍の船舶、人員の損耗は激しくなっていった。

吉田裕『日本軍兵士』（２０１７）は米軍の攻撃による艦船の沈没とそれによる海没死が増えたのは、戦況の悪化のほか、米軍魚雷の改良が進んだこと、日本商船の暗号が解読され待ち伏せ攻撃が可能になったことを挙げている。

一方日本軍側の要因としては、徴用船を改造した輸送船の船倉の狭い空間に、定員以上の兵士がすし詰め状態となっていたことである。このため米軍の攻撃により沈没しても、全員の脱出が不可能だった。また、敵の攻撃以前に、船倉の衛生状態の悪さによる心身の変調から命を落とす者もあったという。

船団は、速度の遅い船に合わせるため、船団を構成する船舶の劣化により低速船団となり、護衛が困難だったという。また、沈没船から船外に出ても、救命具の奪い合いや味方の対潜爆雷攻撃の衝撃による内臓損傷等により、海面に浮かんでいた兵士たちが犠牲となった。

１９４４年（昭和19）年12月に航海学校など術科学校を修了した出陣学徒の中には、輸送船団の護衛を任務とする、駆逐艦や海防艦などの艦艇勤務となり、制海権・制空権のない戦場での任務を強いられたものもいた。特に、台湾とフィリピンの間のバシー海峡は、多くの輸送船を飲み込み「輸送船の墓場」と呼ばれた。また、南方の占領地間の航行も危険を伴うものとなっていた。

（竹内雄介）

還らざる学友

渡辺孝

渡辺利男

大野清一

今橋二郎

中西正蔵

脇坂善夫

級友を愛し、学問を愛した歌人

増澤敏夫　22歳没

「悲壮なる此の戦に臨みては　いかで安きを求むべきかは　敏夫」（入団後、敏夫が家族に送ってきた写真の裏にあった歌）

海軍軍服　提供：遺族

国立で過ごした青春時代

増澤敏夫は、筆者の父方の伯父に当たる。敏夫の国立生活は中和寮から始まった。敏夫が割り当てられた第5班の新入生は7人。東京出身は敏夫だけだった。敏夫は歴史学の上原専禄ゼミに所属し、外国語は中国語を選択している。

敏夫の4つ年下の弟喜千郎（筆者の父）は、敏夫と同じ府立三商から商大へ進学したが、受験の時は敏夫の部屋に泊り、大学では同じく上原ゼミへ進んでいる。敏夫の影響も大きかったのだろう。

同期会文集に、商大時代の敏夫の様子を友人が書き残している。

夜遅く迄ヘボ将棋を指していたこと。野辺山高原で行われた錬成

【略歴】

1922・1　生まれ
東京府立三商
（現・都立第三商業学校）卒業
1942・4　東京商科大学附属商学専門部
入学　上原専禄ゼミ
1943・12　舞鶴海兵団入団
1944・4　大竹海兵団入団
1944・5　海軍経理学校入校
1944・9　第二南遣艦隊司令部配属
1944・10・7　戦死　南シナ海

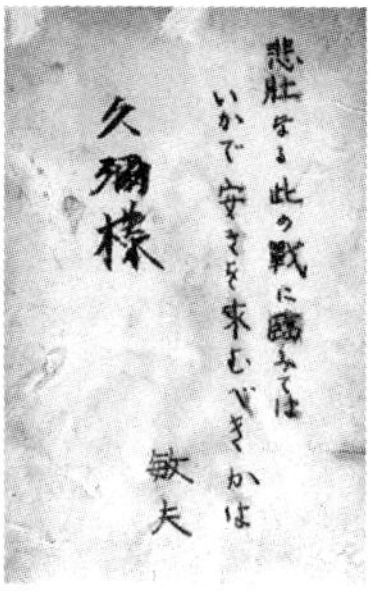

入団直後の敏夫と裏面に書かれた短歌
提供：遺族

柔道部の仲間と　提供：遺族

開墾作業に誘い合って参加したが、事務の手違いで到着した日が、開墾作業の終了前日だったこと。苦笑している2人の姿が目に浮かぶ。柔道部に所属していた敏夫の写真が『中和寮皇紀２６００年』のアルバムにある。

写真の裏に残された短歌

増澤敏夫は、3年生が卒業して最上級生になったばかりの１９４３（昭和18）年12月に舞鶴海兵団に入団した。翌年10月1日、経理学校を修了し、配属部隊へ赴任する敏夫を乗せた徴用船「衣笠丸」は、シンガポールへ向け門司を出港したが、同7日、米海軍潜水艦の雷撃を受け沈没した。約１０００名の乗船者のうち、敏夫のような便乗者の犠牲はわずかに10名だった。敏夫は行方不明となり、戦死と認定された。

戦死の報を受けた敏夫の母は一夜にして髪が真っ白になったという。母は敏夫の戦没状況について問い合わせ、舞鶴地方復員局人事部扶助課から１９４６（昭和21）年10月18日に回答を得ている。家族はなかなか敏夫の死を受け入れることができなかったのだろう。

変わらぬ若者の姿

戦時中専門部教授を勤めた久武雅夫名誉教授は「丸便所の壁に〈ひとつ残らず無駄にせず、玉も、鉄砲も、兵隊も〉と学生の落書があった」と回想していた。

敏夫が学生生活を送ってから半世紀近くを経て、筆者は偶然にも一橋大学に研究室助手の職を得、学生の姿を眺めつつ30年余りを一橋で過ごした。伯父敏夫の足跡をたどると、80年近い昔の戦時中という一見異質な状況のなかにあった伯父たちの姿が、現代の若者となんら変わらぬものに感じられてくる。

（一橋いしぶみの会　増澤眞理子　遺族）

ホッケー部の躍進に貢献した友思いのフォワード

永田英郎　23歳没

参考文献18

戦前最後の黄金時代に入部

永田英郎は府立四中を卒業後、１９３９（昭和14）年に予科に入学した。１９４２（昭和17）年に学部に進学、ホッケー部では、予科・学部を通してレギュラーとして活躍した。ポジションはＲＩ（フォワード）。四中でも同級だった大久保孝によれば、真っ黒で「カラス天狗のよう」だったという。

永田と同期の渡辺真一郎によれば、入学当時のホッケー部は上級生に名選手が揃い、「戦前最後の強かった時代」だった。この強さは１９４１（昭和16）年末まで続いたが、日米開戦後、食糧や物資が不足する中でこの華やかさは薄れていった。当時予科チームは一年生が多く、大事な名古屋高商との定期戦も入学年の敗退以来負け通しで、永田が予科にいた間はついに勝つことは叶わなかった。

ホッケー部は杖球班に

永田らが学部に進学した１９４２（昭和17）年のリーグ戦は善戦するも５位に

【略歴】

1921・8	生まれ
	東京府立四中（現・都立戸山高校）卒業
1939・4	東京商科大学予科入学
1942・4	同大 学部進学 上原専禄ゼミ
1943・12	東部第1991部隊入隊
1944・5	幹部候補生教育
1944・9	南方出征
1944・10・12	戦死 台湾海峡

永田２列目（右から２人目）
提供：中川秀造

1942年７月　三商大戦（左端）
参考文献18

終わったが、7月の三商大戦（大阪商大、神戸商大との対校戦）優勝、9月の東京帝大との定期戦にも勝利した。戦争の影は濃くなり、最上級生は卒業と同時に軍隊へ。１９４３（昭和18）年にはホッケー部は杖球班と名称を変えられ、リーグ戦等の公式戦は中止となった。永田を含むこの年のチームは強力で、「もしリーグ戦が行われていたらきっと優勝したであろう」と渡辺は述懐する。

南方への出征途上に海没死

学徒出陣で永田も１９４３（昭和18）年12月、東部１９９１部隊（高射砲第１１６連隊）に入営。多くの出陣学徒と同様に、幹部候補生教育を受け、翌年秋、南方へ出征したものと思われる。前述の渡辺は永田から9月13日消印（所属東部１９９１部隊）の書簡を受け取っており、南方へ出征のため待命中との内容だった。所属部隊は首都防空を任務とする部隊であり、部隊として南方に送られてはいない。したがって、永田の新たな配属地、配属部隊はわからないが、友人の間ではフィリピンに向け出征途上に戦死したといわれていた。

永田の戦没年月日ははっきりしない。記録には１９４４（昭和19）年1月12日と、明らかに間違った日付が記されている。恐らく10月を誤って1月と書いたのではないか。「戦没した船と海員の資料館」によれば、10月12日「台湾海峡周辺で15隻が戦没。比島向けの部隊輸送で将兵４７００名が亡くなっている。全15隻の将兵乗船者名簿は公開されていない」とのことであった。なお、吉田裕『日本軍兵士』によれば、太平洋戦争における海没死者の概数は、海軍軍人・軍属１８２千人、陸軍軍人・軍属１７６千人、合計３５８千人に達する。

（一橋新聞部ＯＧ　松井晴香）

一橋と体育会に縁の深い原瀬家の野球青年

原瀬宗太郎　23歳没

両親及び原瀬家ルーツ

福島県二本松市に原瀬小学校、原瀬川があり、原瀬家のルーツはこの辺りと思われる。

原瀬宗太郎の父宗介も東京商科大学の前身である東京高等商業学校を１９１６（大正５）年に卒業し、三井物産に就職した。高商の友人の妹山田とみと結婚。赴任したカルカッタ支店では同窓の世界的テニスプレイヤー清水善造とテニスをする仲だった。

宗太郎はカルカッタで生まれた。

野球部学徒出陣壮行会にて
参考文献9

小・中学校時代

宗太郎が小学校５年の時、父はフィリピンのダバオ勤務となり、彼と次妹尚子（私の母）は東京に住む叔父に預けられた。兄妹にとって両親と別れ寂しい時代であったが、宗太郎は麻布中学に進学し、品行方正学術優等の賞状を何度も受けるほど頑張った。

１９３６（昭和11）年からは父が東京勤務となり、家族が揃って中野に暮らすことができた。学徒出陣までのこの7年ほどの時期が、宗太郎と家族にとって一番幸せな時代であったのではな

【略歴】

1921・11	生まれ
	東京私立麻布中学卒業
1940・4	東京商科大学予科入学
1942・10	同大 学部進学 井藤半彌ゼミ
1943・12	武山海兵団入団
1944・2	第4期海軍兵科予備学生
1944・7	海軍航海学校入校
1944・12	駆逐艦栂乗艦
1945・1・15	戦死 澎湖島馬公

中野で家族が揃う　提供:遺族

海軍予備学生姿
提供：遺族

いかと思われる。この頃の宗太郎は藤山一郎のヒット曲「丘を越えて」を好んで歌う明るい少年だった。

東京商科大学時代

宗太郎は予科1年から硬式野球部のレギュラーとして一塁を守っていた。「長身の美少年。リーチの利いた球さばきを思い起こす。」と硬式野球部75年史にある。因みに彼は、六尺（約180㎝）はあったという。当時秋の運動会は学生、教授だけでなく卒業生やその家族も参加する一大イベントであった。母とみは、「お兄ちゃんの活躍する一橋運動会は楽しかった」と語っていた。

海軍従軍、戦死、その後の家族

1943（昭和18）年12月、宗太郎は学徒出陣で海軍武山海兵団に入団、航海学校で幹部教育を受け、士官として駆逐艦「栂」に配属となった。輸送船団の護衛などの任務に就いた矢先の1945（昭和20）年1月15日澎湖島馬公にて米艦載機の攻撃を受け戦死した。

予科クラス、ゼミにおける友人であり、家も近く妹たちも同窓で親しくしていた大久保明は台湾に勤務していたとき「基隆へ行く度に、この沖の何処かで、原瀬君は戦死したのだろうと、その冥福を祈らずには、いられなかった」と同期会の文集に記している（学友の間では宗太郎の戦没地は基隆沖とされていた）。

終戦時、樺太に在住していた宗太郎の両親は末娘と、戦後無事帰還。靖国神社にて命日に執り行われる永代神楽祭には晩年まで必ず揃って参列していた。また、母とみは毎日ごはんが炊き上がると、先ず仏前にお供えし、長くお祈りをしていた。

妹ふたりも他界した今、甥の私が遺族として永代神楽祭に毎年参列している。

（一橋いしぶみの会　岩村宗通　遺族）

中山伊知郎教授に惜しまれた論客

山本晋平　22歳没

在学中に中山伊知郎と論戦

山本晋平は、京王商業学校を卒業後、私立からは珍しい推薦で横浜高商に入学して特待生に選ばれた秀才であった。横浜高商では、東京商大出身の越村信三郎ゼミで学び、卒業アルバムには「回顧よりも流動的発展　新人格主義」の一言を寄せている。

海軍経理学校時代
参考文献47

1942（昭和17）年10月に東京商大に進学。小柄な体に似合わぬ堂々たる論客で、杉本栄一ゼミに所属しながら、他ゼミ教官の中山伊知郎教授に「他流試合」の論戦を挑み、中山教授に再考を約束させたこともあったという。

【略歴】

1922・12　生まれ
　東京私立京王商業
　（現・専修大学附属高校）卒業
1942・9　横浜高等商業学校卒業
1942・10　東京商科大学学部入学
　杉本栄一ゼミ
1943・12　舞鶴海兵団入団
1944・2　海軍経理学校品川分校入校
1944・9　重巡洋艦「足柄」乗艦
1945・6・8　戦死　スマトラ島東バンカ島付近

海軍経理学校で日本の敗戦を主張

1943（昭和18）年12月に学徒出陣で舞鶴海兵団に入ると、海軍経理学校補修科に合格する。

山本は海軍に入っても負けず嫌いぶりを発揮し、学課訓練はまったく休まなかった。経理学校同期だった土居良三によれば、山本は大学で学んだ統計学に基づき日米の戦力を比較し、日本が敗戦することを論理的に説いていた。寝室での内輪の学生同士の議論とはいえど勇気のいる行為だったという。他方で、水泳は苦手で、1週間の水泳訓練も全く泳げない「赤帽組」のままであった。

１９４４（昭和19）年8月末に海経補修科を修了すると、陸上勤務の配属が多い中、山本は同期1名と共に重巡洋艦「足柄」への配属を命じられた。

広島県呉に停泊中の「足柄」へは夜行列車で赴任することとなり、東京駅に家族が見送りに訪れた。これが家族との最後の別れになったと思われる。同じ列車に乗り合わせた土居は、山本が分けてくれた家族からの差し入れのおはぎの美味が忘れられない旨を述べている。

横浜高商越村ゼミ（教授の左横）
横浜高商卒業アルバム1942より　提供：富丘会

最後の重巡「足柄」の奮闘

山本は重巡「足柄」の庶務主任として、日常の経理と戦闘時の記録係を担当した。

１９４４（昭和19）年10月に「足柄」は、台湾沖航空戦での日本軍大勝利の誤報を受けて「残敵掃討」のため緊急出撃した後、そのままフィリピンでのレイテ沖海戦に参加した。同海戦後も「足柄」は、活発な行動を続けた。

１９４５（昭和20）年6月8日、事実上最後の稼働大型艦となっていた「足柄」は、輸送船代わりとしてジャカルタからシンガポールへ陸軍部隊を輸送中、スマトラ島東方のバンカ島北岸付近でイギリス潜水艦「トレンチャント」の雷撃を受けてついに撃沈された。「足柄」乗員の３／４と陸軍兵半数弱が救助されたが、その中に山本の姿はなかった。総員退艦時に一人の主計科士官が泳ぎに自信がなく入水を逡巡するうち、渦となった海水に流されて昇降口ハッチから艦内へ吸い込まれた姿が目撃されており（鎌田七郎「足柄の最期」『丸別冊太平洋戦争証言シリーズ第3号』）、山本の最期と思われる。

学部同期の津久間豊の回想によれば、山本の死を知った中山伊知郎教授は、戦後に「一橋20年後の大損失なり」と嘆いたという。

（一橋いしぶみの会　古田幸大）

中国・満洲・シベリア
南方派遣の空白を埋める出陣学徒

1943（昭和18）年11月25日に中国大陸の飛行場から飛び立った米・中国連合軍のB25爆撃機などが台湾の新竹飛行場と市街地を初めて空襲した。この空襲は中国本土から日本本土に対する空襲の可能性を連想させ、翌年4月からの「大陸打通作戦」につながった。

その2日後の11月27日の夜、朝鮮半島や満洲の部隊に入営する東京出身の出陣学徒たち約200名が大勢の学友、家族の見送りを受けて品川駅を出発し、途中関西の出陣学徒を加え、門司港から輸送船でそれぞれの部隊に入営した。彼らが初年兵教育を受けている頃、中国戦線最大の作戦「大陸打通作戦」が開始された。初年兵教育を終え5月には内地組も含め数千名の出陣学徒が中国・満洲で幹部教育機関に入った。その頃から満洲や朝鮮の原隊は、ビルマやフィリピンの支援、増強のため南方に派遣されていった。出陣学徒で兵卒として原隊に留まった者たちの中には、この時期に南方に向かったか、あるいは「大陸打通作戦」に参加した者もあった。

「大陸打通作戦」は、日本本土空襲の脅威を取り除くために内陸部の中国軍の飛行場を覆滅することを作戦の目的とした。確かに飛行場の覆滅には成果を上げたが、補給を無視した作戦の弱点を露呈し、栄養失調による戦病死者数が戦死者の倍以上になった。戦後、一橋大学で教鞭をとった藤原彰は、陸軍士官学校出身で弱冠22歳の歩兵中隊長として「大陸打通作戦」に従軍した。そして、多くの部下を戦病死させたことを振り返り、これらの戦病死者は広義の「餓死者」であると記している。作戦期間中に戦局は大きく変化しており、米軍は本土空襲の足場として、マリアナ諸島に飛行場を確保してしまっていた。結果的に作戦は所期の目的を達成できなかったといえる。

大陸各地の幹部教育は12月に修了したが、教育期間中に劣悪な環境の中での厳しい訓練により、病気にかかり命を落とすものもいた。

出陣学徒は教育修了後、ソ連の侵攻に備えて満洲や朝鮮の部隊へ、本土決戦に備えて内地の部隊へ、そして米軍の大陸上陸に備えて上海周辺の部隊へと配属されて行った。満洲や朝鮮の部隊に配属された者の多くは、1944（昭和19）年、1945（昭和20）年にそれらの部隊に入隊した後輩の出陣学徒と共に、ソ連軍との戦闘に臨み、命を落とした者もいる。そして終戦後は多くがシベリアに送られ、東京商大出陣学徒のうち5名が病没した。

出陣学徒の同期会の軍歴記録によると、少なくとも30名のシベリア抑留体験者が確認できる。彼らの多くは、1947（昭和22）年から1949（昭和24）年に復員しており、他の外地からの復員に比べ、終戦後の学園への復帰が2、3年遅れた。

満洲では多くの在留邦人も現地召集されており、そこにも多くの東京商大卒業生が含まれていた。そして満洲の戦場で、あるいは抑留されたシベリアで斃れたものが少なくなかった。満洲・シベリアにおける東京商大出身者の戦死・戦病死者数は50名を超える。

（竹内雄介）

還らざる学友

中込良太郎

中村興

森田栄雄

流石康正

あだ名は荒正、生まれは深川木場育ち

荒川正三郎　22歳没

サッカーに明け暮れた予科時代

荒川正三郎は東京下町、深川木場の出身である。彼は「一風土記」という、地元愛溢れる一文を部誌『蹴球』に寄稿している。「町内材木屋、広い街路に青々と街路樹、新鮮な木の香、昼間の活気」父親は木場の材木商に勤めた後、同地の郵便局を任されていた。府立三商時代はバレーボールの選手で、バレー部の試合会場の横でやっていたのを見て興味を持ったのがサッカーとの出会いだった。

部誌『蹴球９号』　1942・3

荒川は、胸部疾患のため体格検査不合格で1年浪人している。体力的に不安がありながら、そして家族や友人の忠告を無視してまでア式蹴球（サッカー）部に入部するほどサッカーに魅せられたのだという。

あだ名は荒正（あらまさ）。後輩の荒正評は、「飄々と奴凧が切れたようなスタイルで、真面目なやさしいお兄さん」。入部したときは、サッカーは何人でやるのかも知らず、ボールも

【略歴】

1922・1　生まれ
東京府立三商
（現・都立第三商業高校）卒業
1940・4　東京商科大学予科入学
1942・10　同大 学部進学 金子鷹之助ゼミ
1943・12　朝鮮22部隊（歩兵第78連隊）入営
1944・5　石門幹部候補生隊入校
1944・7・10　戦死（病死）河北省

ア式蹴球部の武運長久祈願（鎌倉）
（前列右から2人目）
部誌『蹴球９号』

満足に蹴られなかったそうだ。しかし、予科2年で予科リーグの試合にデビューを果たした。

予科3年は病気やケガで満足できる状態ではなかったが、その年度の部誌『蹴球』には「試合の想い出」と題し、自分の出場した予科リーグ戦だけでなく、応援した試合も回想し、「試合は練習とは別の意味において感慨深いものがある」と記している。

多くの仲間とともに、学徒出陣

国立に進学して1年後、1943(昭和18)年秋には、学徒出陣のため荒川を含め多くの部員が学園を去った。荒川は朝鮮第22部隊に配属となった。同じ部隊の出陣学徒が、出発の日の品川駅の模様を記している。

「11月27日の品川駅、何万ともいえぬ人々の雑踏、一様に日の丸を背にした学生服の若人、家族に自分の居場所を教えようとする学徒、ホームの端から端まで我が子、兄弟の名を呼びながら走っている群れ」

荒川も、家族に見送られ、門司経由、部隊のある京城(現・ソウル)に向ったのだ。

病魔に襲われ戦病死、故郷は焼け野原

荒川は、幹部候補生試験に合格した。彼の所属した朝鮮第22部隊の幹部候補生は河北省の石門幹部候補生隊に入隊。石門幹部候補生隊の回想記によれば、夏は猛暑の中での訓練となり、耐え切れずに生水を飲んだ候補生が腹を壊し、死に至ることもあったとのこと。

荒川は、商業学校時代に患った胸部疾患が再発したのか、それとも生水にやられたのか、入隊から5か月余りの10月19日に戦病死した。この知らせは、木場の両親の元にも届いただろう。実家である木場の郵便局付近は1945(昭和20)年3月10日の東京大空襲で銀行の支店ビルの骨格が残ったほかは一面が焼け野原になったという。荒川の家族の消息は追えなかった。

(一橋いしぶみの会　竹内雄介)

文学論を語り、対抗戦出場を果たしたラガーマン

原誠四郎　23歳没

学業優秀だった誠四郎

　原誠四郎は、原家の四男（長男、次男が夭逝したので実質次男）として、中目黒で育った。実家は高砂ゴムを経営し、家は豪邸だったという。自転車のタイヤを中心にベルトをつくっている会社で、創業には渋沢栄一も関わっている工業用ゴムの大手メーカーであった。

提供:遺族

　学業優秀だった誠四郎は、市立一中に入学し、その後予科に進学した。文学を好み予科2年次には、当時の予科誌『一橋』に『バルザック序論』という文学論を寄稿した。そんな秀才の彼に対して、7つ違いの弟孝雄は「受験勉強が忙しくて、遊んでくれなかった。いつもうるさいと言われていた」と当時を振り返る。

　彼の兄・鉄三郎も、1940（昭和15）年に東京商大を卒業しており、学生時代は写真部、山岳部で活躍していた。

　誠四郎は背は高いほうだったが、がっちりした体格ではなかった。しかし1941（昭和16）年9月28日に、駒場・一高グラウンドで行われた関東七大学戦の帝大戦

【略歴】

1921・5　生まれ
第一東京市立中学（現・千代田区立九段中等教育学校）卒業
1939・4　東京商科大学予科入学
1942・4　同大 学部進学 米谷隆三ゼミ
1943・12　船舶砲兵第一連隊入営
1945・1　陸軍新京経理学校入校
1945・3・11　戦死（病死）満州

原誠四郎　勲7等青色桐葉章
提供:遺族

では、FWとして出場を果たした記録が残っている。

しかし、1943（昭和18）年10月16日に神宮外苑競技場で開かれた「出陣学徒闘球錬成会」と称する壮行試合には、原は出場することはできなかった。

商大からこの試合に出場した学部3年の杉山俊蔵（1942年4月学部入学）は復員後に、戦死した原らの名前を挙げて彼らを偲び、「（彼らには）すまない気持ちだった」と述べている。

満洲で戦病死

1943（昭和18）年12月、誠四郎は家族に見送られながら、広島の陸軍船舶砲兵第一連隊に入営。1945（昭和20）年1月に、甲種幹部候補生として満洲国の首都新京（現・長春）にあった陸軍新京経理学校に入校した。だが、入校して間もなく病に倒れ、3月11日に満洲新京第二陸軍病院で戦病死した。「小休止のときに、彼の文学論に耳を傾けるのは、一服の清涼剤だった」と経理学校の仲間は回想している。

兄　鉄三郎
提供：遺族

また陸軍主計曹長を務めていた鉄三郎も、1944（昭和19）年10月に南シナ海にて戦死し、終戦の年の秋に突然公報が届いたという。

孝雄は、「誠四郎の戦死の知らせに次いで、鉄三郎の戦死公報も受けて狼狽していた父親を覚えている」と孝雄は語る。

1945（昭和20）年3月15日、空襲により自宅に250kg爆弾が直撃、その際に遺品はほとんど焼失してしまったが、2人の兄の遺影と戦後授与された勲章は、孝雄の手元に大切に保管されている。

そして、遺骨として唯一帰ってきた誠四郎の歯は、白金台の戒法寺にある墓に今も眠っている。


（一橋ラグビー部OG　星野めいみ）

丙種合格で出征した専門部首席の一兵卒

小林蕃(しげる)　21歳没

提供：遺族

身体の弱い神経質な子ども時代

小林蕃は長岡市で生まれ、同郷の先輩山本五十六連合艦隊司令長官と同じ、阪之上小学校から長岡中学に進学した。父安治は、中学校の国語教師だった。幼少期に母を亡くし祖母の手で育てられた。偏食のためか身体が弱く神経質な子供だった。絵を描くことが好きで水彩画を好んだ。長岡中学を卒業し、旧制新潟高校を受験したが、やせていた蕃は体格検査で落ちたと弟・宏は聞いている。翌年4月に東京商大専門部に進んだ。

1年半の専門部生活

小林は専門部の学生寮、中和寮に入寮、1年間をそこで過ごした。戦況は次第に悪化していたが、この1年は小林の短い人生の中で最も充実した期間であった。寮生と共に高尾山に登り、記念のしおりを弟に送ってきた。帰省すると彼はよく家族の前で校歌や寮歌を披露した。

専門部時代の遺品は1945（昭和20）年の長岡空襲により焼失してしまったが、焼け残った大類伸著『西

【略歴】

1924・4　生まれ
1943・4　新潟県立長岡中学（現・県立長岡高校）卒業
　東京商科大学附属商学専門部入学
1944・9　仙台野砲兵第二連隊入営
1944・9　中国へ出征
1944・11　長安教育隊入隊
1945・6　広西省歩兵連隊砲兵隊配属
1945・7・11　戦死（病死）広西省

蕃が1年間暮らした中和寮
専門部卒業アルバム　1942

洋史新講』に、小林の筆跡で「増田教授出題　西欧近代国家興亡の思想的経済的基礎について」と書かれた紙片が挟まっていた。宏は今でも大事にその紙片を保管している。

紙片
提供：遺族

小林は身体を鍛えようと端艇部（ボート部）に入ったが、厳しい練習でヘルニアを患い、長岡の病院で手術を受けている。

丙種の兵士の出征

１９４３（昭和18）年の学徒出陣時、徴兵年齢の20歳に達しておらず、翌年に徴兵検査を受けた。結果は丙種であったが、小林にも召集令状が来た。

小林は、出征の前夜養育してくれた継母の恩に感謝し、「自分は体力がないから生還することはできないと思うが、万一帰ることができたら専門部卒業後は学部に進学して学問を続けたい」と語っていた。

中国大陸の前線で赤痢に斃れる

小林蕃は１９４４（昭和19）年9月1日仙台の山砲兵連隊に入隊後、中国大陸に出征。翌年7月に細菌性赤痢に感染、派遣先の陸軍療養所で死亡。家族のもとに戦病死の公報が届いたのは1年後の7月だった。母は号泣し、父は数日後に頭髪を切った。父が大学に小林の戦病死を連絡すると、大学から１９４５（昭和20）年9月に首席として卒業した旨の書状が卒業証書と共に届いた。

小林の33回忌の年に、家族は偶然にも彼の最期の状況を知る。良寛の研究者であった父安治を偶々訪ねてきた松沢佐五重が小林と同じ部隊だったのだ。

国立にある大学の戦没学友の碑付属記名碑に小林蕃の名がないことに気づいたのは、一橋大学の非常勤講師として佐野書院に逗留した宏の長男の道生だった。２０１０（平成22）年5月小林蕃の名前が記名碑に刻印され、小林は国立に帰還できた。出征から66年が経っていた。

（一橋いしぶみの会　竹内雄介）

状況を冷静に見た新聞部員、士官斥候から還らず

奈良幸男　22歳没

奈良の自主性観

奈良幸男は、府立三中出身。中学の学友会誌に彼の一風変わった随想『ホンダワラの育児』が掲載されている。中学を4年修了で予科に進学、端艇部（ボート部）に所属し、部内対抗には漕手として参加した記録が残っている。同級生は「童顔ではあるがなかなかの張り切りボーイ。3組随一の政治家であった」と回想している。

府立三中卒業アルバム
提供：淡交会

奈良は、予科3年のときには予科の新聞班で記事評論を担当していた。1941（昭和16）年6月に発行された号では、奈良は、予科学生会が当局の意向に即応して新たに予科報国団を組織したことを報じている。その上で、予科報国団における自主性について評論していた。

自由を謳歌する予科に身を置く我々は報国団の一員として、その活動促進のために、自身の自主性を持って、組織を批判し検討しなければならないと評したのだ。そして、そのような自主性を自らの内に確立することは、我々の学問の方向と一致しており、生活と学問の一致がここに見られると考察した。

【略歴】

1922・10	生まれ
1939・4	東京府立三中（現・都立両国高校）卒業 東京商科大学予科入学
1942・4	同大 学部進学　佐藤弘ゼミ
1943・12	朝鮮第23軍（歩兵第79連隊）入営
1944・5	石門幹部候補生隊入校
1944・12	歩兵第284連隊配属
1945・8・12	戦死　満洲

興亜学生勤労報国隊の一員として

奈良は予科3年の夏、興亜学生勤労報国隊（※）に参加した。中国諸都市を回り、そこでの体験記を紙面に記録している。海軍の保護・指導の下に行動し、中国における海軍の業務がいかに苦労の絶えない大変なものであり価値あるものなのかをしみじみと感じ取り感想を残した。

またその最中、彼は日中の民族性の違いに悲観したという。4000年という極めて長い歴史を持ち、広大な国土に広がる大自然の中で育まれた中国人は自然主義的であり、国家も政治も必要としないことに対し、日本人は整然とした統一国家による政治に慣れてしまったと評した。そして我々日本人が根本的に生活を異にする中国人をリードして東亜新秩序を構築することは極めて難しいのではないかと悲観したのである。

『一橋新聞予科版』1941.9.25

※興亜学生勤労報国隊とは、1939（昭和14）年より文部省が夏休みに全国の大学・高校等の学徒数千名を中国大陸に派遣し、東亜新秩序建設に資するための勤労奉仕を通じ、実践的教育を図ったもの。

奈良の最期

奈良の最期は、日本から遠く離れた満洲の地であった。端艇部同期の後藤隆之が、シベリアの収容所で中国北部の予備士官学校、その後の配属先が一緒だった島田という男から偶然に聞かされた。後藤の持っていた端艇部の手拭を見て「同じ手拭を持っていた戦友がいた」と島田が声をかけてきた。ソ連軍による侵攻を受けたとき、士官斥候に出たまま奈良は帰らぬ人となった、といった。

後藤は、奈良が後藤の日の丸に「笑而生」と揮毫し、戦後の国家建設こそが俺たちの檜舞台だ、大東亜戦争で死んではいけない。だから笑って生きる、「どうだい！」と言っていたことを回想している。（一橋新聞部　齊藤丈一郎）

勇躍出征し、極寒の収容所で没した文学青年

伊藤宏平　21歳没

出陣学徒を送り出し、召集令状を待つ日々

伊藤宏平は山形に生まれた。実家は建築金物の卸業。家族ぐるみで相撲や将棋を楽しむ和やかな家庭に育った。彼が入学した1943（昭和18）年に予科の修業年限が2年に短縮された。そして、その年の秋には学徒出陣。だが、予科1年生の中で兵役年齢に達していた者は少なく、伊藤のクラスで入隊したのは3名。残された伊藤たちは静岡の農家に勤労動員された。

入隊前に実家の庭にて
提供：遺族

翌年から兵役年齢が19歳に引き下げられ、級友たちも、一人、二人と学園を去っていった。1945（昭和20）年正月、友人あての年賀状には伊藤の当時の心境が綴られている。

「新年おめでとう。（中略）召集は残念ながら未だ来ぬ。再び憎さも憎し懐かしの久里浜へ行かねばならぬ。俺も21にもなっていよいよ入営気分も身近に感じている。そのつもりで凡てをわが身の鍛錬に資する覚悟だ。（中略）功名の字巷間による否定を以てするなかれ、人生は戦闘である。若人が負けじ魂—功名心を失って何の面目があろう。ニーチェは、悪とは弱気より出づる凡てのものとか言っている。人生を楽しく生きるためには、人生に忠勤せねばならぬ。それには環境を生かさねばならぬ。今の俺の

【略歴】

1925・1	生まれ
	山形県立山形中学（現・山形東高校）卒業
1943・4	東京商科大学予科入学
1945・4	同大　学部進学
1945・5	仙台部隊入隊後、朝鮮山砲兵79連隊に配属
1945・9・10	終戦後コムソモリスク収容所入所
1946・3・20	病没　シベリア・コムソモリスク

入隊前日　山形市の自宅にて家族全員で
提供：遺族

思いは大体こうである。敢えて君に要求してはばからない。好漢自重あれ。(原文のまま)」

補充兵として朝鮮半島へ

伊藤は、学部に進学した１９４５（昭和20）年4月に召集令状を受け取った。仙台の部隊に入隊後、1週間ほどして朝鮮半島に派遣されたと、級友は記している。所属部隊の山砲兵第79連隊の部隊史によると、連隊は5月17日仙台東部第27部隊から約４００名の応召兵を補充兵として受け入れている。

伊藤はこの中の一人だったと思われる。連隊は6月に朝鮮軍から関東軍の隷下になり、対ソ戦に備えて満洲との国境線の陣地構築に従事する。8月9日、対ソ戦開戦。戦闘することなく8月15日を迎える。8月18、19日満洲の間島省図們に集結して武装解除。そして9月中旬から10月に琿春からソ連に入り、シベリア鉄道でコムソモリスクの収容所に移送された。

厳寒のシベリアで病に倒れ

終戦後、伊藤の実家に消息を尋ねた級友は、１９４６（昭和21）年4月、母せのからはがきを受け取った。「8月終戦後は何の音信もなく、一同案じておる次第です。1日も早く学生生活に返したく念願してます」。母の願いもむなしく、１９４８（昭和23）年6月に帰還した収容所仲間からら伊藤の死亡を知らせるハガキが届いた。やっと両親は葬儀を挙げる気持ちになった。遺影は入隊前日に撮った東京商大学部の角帽姿だった。（一橋いしぶみの会　竹内雄介）

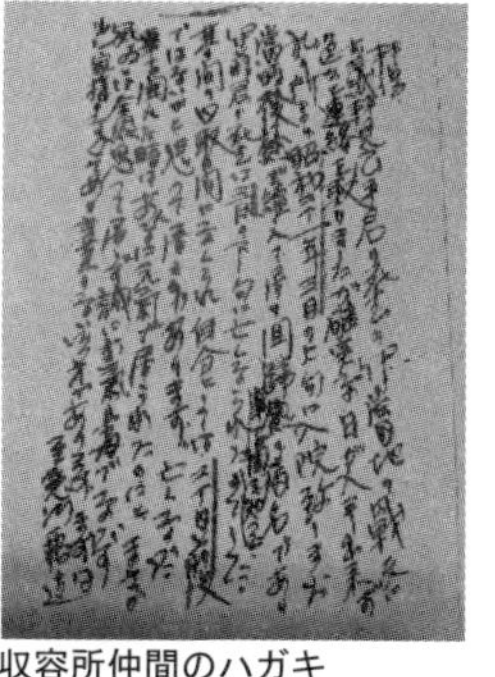

収容所仲間のハガキ
提供：遺族

抑留後、満洲で最期を迎えた寡黙な柔道部主将

吉田敦信　25歳没

寡黙実行な柔道部主将

吉田敦信は１９３９（昭和14）年に予科に入学。柔道部では「無類の稽古熱心」「寡言実行」な主将として知られ、予科３年の大会では大将として勇戦した。写真には、部の精神的支柱だったという吉田が仲間と一橋寮で火鉢を囲む姿がある。

予科時代　参考文献14

ゼミは社会政策の山中篤太郎ゼミに所属。卒業30年後に同期会で作成した卒業アルバムには、学徒出陣前にゼミで撮った写真も残っている。

学友と偶然の再会

１９４３（昭和18）年11月の仮卒業後は、西部第81部隊の通信兵として入営。翌年７月からは５カ月間、北京の経理部幹部候補生教育隊で教育・訓練を受けた。同期には商大出身者も十数名おり、同区隊同内務班には偶然、予科６組で吉田の２つ後ろの席にいた同じ福岡県出身の米倉徳兵衛がいた。入校前、博多港で船待ちのときに吉田と出会った米倉は「思わず取り合った

【略歴】

1922・11	生まれ
	釜山公立中学（現・釜山高校）卒業
1939・4	東京商科大学予科入学
1942・4	同大 学部進学 山中篤太郎ゼミ
1943・12	西部第81部隊入営
1944・7	北京経理部幹部候補生教育隊
1945夏	第63師団転属
1945・9	ソ連連行 シベリア抑留
1948・5・20	死亡 松江省鶴岡炭鉱

一橋寮にて（右端）　参考文献14

山中篤太郎ゼミ　学徒出陣前　「郁水会アルバム」

手に、私は（予科を過ごした）〃小平〃のぬくもりを覚えた」と述懐。

吉田と米倉の偶然は続く。1945（昭和20）年夏、満洲・通遼で、米倉が所用で司令部を訪れたところ、同じ第63師団に転属になった吉田と再会。米倉がそのときのことを書き残している。「ジリジリ照りつける7月の太陽の下、私と吉田は生い茂った夏草を踏みながらつかの間の再会を喜び、無事を祝し、明日の健在を祈って別れた」。司令部の庭での再会が、2人の最後の会話となった。

最期の地、鶴岡炭鉱

終戦後、第63師団は黒河経由でシベリアで抑留となった。しかし、吉田の最期の地は満洲松江省鶴岡炭鉱であるという記録が残っている。

『痛恨の義勇隊開拓団――夕やけの地平線』には当時の鶴岡炭鉱の様子が描かれており、ソ連に捕虜として連行された後、収容所で体を悪くして中国に帰された人が何名かいたとある。そのうちの一人に吉田と思しき人物がいる。「九州出身」「この方は日ソ開戦の時、北満の戦線で終戦となり、日本軍の捕虜としてシベリアに抑留され、体を悪くし、中国に帰されて、黒竜江岸の黒竜江街から、歩いて北安街を通って通興に着いて、私たちと一緒に鶴岡に来た」「年は25か26で、物静かなおとなしい方」。

同期会の50周年記念文集に、米倉はこう綴っている。「4年のシベリア抑留ののち、私は幸いに無事復員。……頑健な彼のこと、私より先に帰還したものと思い願ったものの、当時彼の実家が釜山にあったこともあってか、彼の消息は誰も知らない」。（一橋新聞部OG　川平朋花）

国内
戦火は全国へ

出陣学徒は、早期戦力化の要請から、厳しい教育・訓練の毎日だった。教育期間中に病に罹ったり、事故に遭って殉職する者も出た。中には、初年兵教育の上官による過度の「教育」により死に至ったケースや、自死を選んだ出陣学徒もいたという。

教育課程の途中や修了後には、海を渡って南方、中国大陸等に出征した者もいたが、多くは国内各地の基地や駐屯地の部隊で任務に就いた。

配属となって間もなく、すなわち1945（昭和20）年に入り、B29や機動部隊の空母艦載機による本土空襲は激しさを増した。空襲は、航空隊基地や軍港、軍需工場や都市部といった幅広い地域を目標にしていた。海外に出征したものに比べれば、犠牲者は少ないものの、航空隊や軍艦など攻撃目標となるような部隊に配属された出陣学徒には多くの戦死者が出た。

松本勝之（1943年10月学部入学）は、福知山の中部軍教育隊を修了し、見習士官として名古屋の陸軍部隊に配属となった。松本によると、空襲警報が発令されると、当番の見習士官は駐屯地の監視塔に上り、敵機の状況を報告しなければならない。すべての艦載機が自分に向かって飛んでくるように見えたそうだ。内地の部隊に配属された出陣学徒にとってもそこは戦場だった。特攻隊の出撃基地も攻撃を受け、出撃前の特攻隊員にも犠牲者が出た。

8月6日、6月に中国軍管区の各部隊に配属されたばかりの特別甲種幹部候補生1期生の見習士官たちが、本土決戦に備えた集合教育のため前日から広島に集められていた。彼らは8時15分には爆心地近くの幼年学校校庭を訓練場所に向かって行進中だった。そして、原爆により少なくとも40数名が戦死した。

満洲の陸軍新京経理学校を6月に修了し、広島にある中国軍管区司令部に配属となった出陣学徒の中にも10名の犠牲者が出ている。東京商大関係では3名の出陣学徒の広島での原爆による戦死が確認されている。

他に、広島で軍務についていたり、一般市民として暮らしていた東京商大卒業生、夏休みのため帰省していた在校生が原爆の犠牲になっているが、軍人・軍属以外の東京商大関係の犠牲者は把握できていない。

空襲では軍需工場や軍関係施設に勤労動員された一般市民や学徒だけでなく、都市への無差別爆撃等で非戦闘員に多くの犠牲者が出た。広島・長崎の原爆犠牲者を含め全国の空襲による犠牲者は50万人を越えている。

戦後復刊第1号の『如水会々報』（1946年1月号）の「訃音」には多くの戦死、戦病死者と共に「戦災死」と明記されたものが4件あった。全国の空襲の犠牲者数から見て、この数字は氷山の一角と思われる。

『戦没学友名簿』では「戦没者」として「陸海軍在籍の戦死、戦病死の方々に加え非戦闘員で軍属・軍嘱託又はそれに準ずる職務遂行中に殉職された方々を含めてある」と定義されており、それ以外の戦没者は把握できていない。

（竹内雄介）

還らざる学友

安達泰三

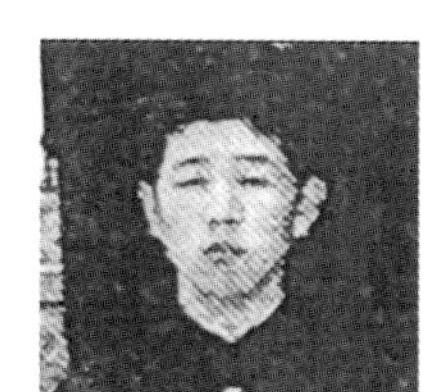

横堀元吉

嶋尾正彦

思索に基づいた行動を重んじ、常に自らを省みる柔道部員

都竹史郎　20歳没

柔道に学業に、生来の素質を磨き上げる

都竹史郎は、入学以来柔道部に所属し、1942（昭和17）年夏、予科最後の公式戦となった高専大会では強豪の同志社高商に完敗したが、都竹は副将を務めた。一方で読書家でもあった。彼は、「乾いた砂のように知識を吸収し、思索を深め、生来の素質をさらに磨き上げて行った」という。

参考文献26

学部進学後は「大学の自由を守るため、権力には抵抗の姿勢を貫いた」（『柔道部80年史』）とされ、大学幹部と厳しい交渉を続けた。

親友の卒論を清書

都竹は、1943（昭和18）年の学徒出陣時は徴兵年齢に達しておらず、多くの同級生を送り出し、自らは報国団の幹部として山梨への学徒勤労動員部隊を指揮するなど、指導的立場で活躍した。

クラス、ゼミそして一橋寮で親交の深かった岡田眞は入営日に間に合わすため必死に仕上げた卒業論文の清書を都竹に託した。彼はそれを仕上げ、最初の面会日に届けた。途中から都竹の

【略歴】

1924・3	生まれ
	北海道　岩見沢中
	（現・道立岩見沢東高校）卒業
1940・4	東京商科大学予科入学
1942・10	同大　学部進学
	上田辰之助ゼミ
1944・10	前橋予備士官学校入校
	陸軍特別甲種幹部候補生
1945・2・26	戦死（病死）於前橋陸軍病院

都竹史郎　前橋予備士官学校　参考文献51

筆跡となるその卒論を岡田は生涯手元に置いていた。

猛訓練の中で斃れる

都竹は、１９４４（昭和19）年10月に新設された陸軍特別甲種幹部候補生試験に合格し、前橋予備士官学校に入校。その1か月前、「軍隊生活の精神的準備過程」として日中戦争以降の状況を分析した長文を日記に残している。最後に「私は、兵隊から帰ったら学校に残るかもしれぬ。新たなる時代の青年を教育することも大事であると思われる」と記している。

教育期間中に猛訓練と栄養失調のため体調を崩し、細菌性の感染症を患った。そして、太腿腫瘍の切開手術により敗血症に罹り、１９４５（昭和20）年2月に前橋陸軍病院で戦病死した。

山梨への勤労奉仕（左から２人目）
参考文献26

現実に立ち向かおうとする気迫を感じる

都竹は、大変な筆まめで、膨大な日記と、区隊長に毎日提出する日誌『修養録』が残った。父竹次郎は、史郎の25年忌に上梓した自らの句集の付録に日記と『修養録』の一部を収録した。それが予備士官学校の仲間の目に留まり、区隊の文集に『修養録』全文が付録として掲載された。そこからは現実を直視し、深く自省し、それに立ち向かおうとする気迫が感じられる。

「我々の誇る精神力は果たして米英の物力に打克つことができるだろうか。……我々は敵米の精神力を軽視しているが、併し、敵は敵として大きな精神力が存在するのではなかろうか」（1月28日）「一人前の将校。全てがこの目標に集中されねばならぬ」（2月18日）の文章で修養録は終わっている。（一橋いしぶみの会　竹内雄介）

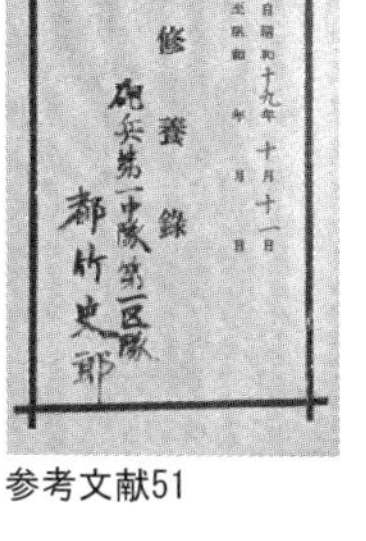

自昭和十九年十月十一日
至昭和　年　月　日

修養録

砲兵第一中隊第二区隊
都竹史郎

参考文献51

進むべき道は自分で決めるホッケー部員

折井清文　22歳没

多彩な予科生活を楽しむ

折井清文は、３人兄弟の長男で、弟妹に気を配り、時には口うるさい存在だった。予科ではホッケー部に所属し、2年時の夏の名古屋高商との定期戦では、ゴールキーパーの防具をつけた折井が記念写真に納まっている。

遺族の許に残る日記によると、彼の予科生活は、必ずしもホッケー一筋ではなかった。土曜日に友人を誘ったり、独りでふらっと行先も決めずに旅行に出たことが日記に度々記されている。映画を見るとその映画の新聞広告の切抜きが挟んである。また、自作の詩、短歌、俳句も書き留められている。だが、夏の名古屋への遠征の旅程は克明に日記に記されている。ホッケーというよりは旅を楽しんでいるようにも見える。

提供：遺族

多忙の2か月もマイペース

１９４３（昭和18）年、予科の卒業式にも参列せず、北海道の一人旅に出ている。札幌駅で購入した新聞で、学徒出陣等に関する

【略歴】

１９２２・６	生まれ 東京府立二中 （現・都立立川高校）卒業
１９４１・４	東京商科大学予科入学
１９４３・10	同大 学部進学 中山伊知郎ゼミ
１９４３・12	舞鶴海兵団入団
１９４４・２	土浦航空隊 第14期飛行専修予備学生（偵察）
１９４４・５	徳島航空隊
１９４５・４	宇佐航空隊
１９４５・４・21	戦死（空襲）於宇佐

予科ホッケー部の仲間と（前列右端）
参考文献18

閣議決定を知る。一瞬冷静さを失うも、予定どおりの旅程を楽しんで東京に戻る。学部ゼミは板垣與一ゼミを希望していたが、募集がなく中山伊知郎ゼミを選んだ。10月2日、朝のラジオで12月入隊を知る。「我々の学生生活余すところ二か月となる。一時も無駄にすべきに非ず。放課後誰もいない図書館でただ一人『(経済学)方法史』(杉村広蔵著)を読む」

徴兵検査では胸囲がわずかに足らず、「第一乙種」と告げられ、「我ながら情けなし、…家への電報も止める」と落胆している。講義の聴講、友人・家族・隣組の壮行会、そして小旅行に映画。多忙の中で12月を迎えた。

飛行専修予備学生の道を歩む

12月8日東京発京都経由で舞鶴海兵団に赴く。2月に希望どおり飛行専修予備学生となり土浦航空隊で2か月余り座学を学んだが、操縦員ではなく偵察員として、徳島航空隊に転属となる。「操縦員洩れる。遺憾千万…愚痴は止そう」と自分は偵察に適性ありと結論付けている。

死の直前まで綴られた日記

12月から途切れていた日記が2月23日、突然書かれる。「この日記も2月ごろからは書き続けるのを断念して書かなかったのだ。フィリッピン戦線の不利は我々の緊張を更に強くした。我々は総員特攻隊の志願をした。三分隊に一部十九練空行等を志望したものがあり、為に我々学生は軍人精神を疑われ田中隊長にお叱りを受けた。之が自分の胸には強く応えた。口惜しかった。必ず立派に死んで見せるぞと決心した」

空襲・陣地構築等で遅れ、4月1日に卒業となる。

折井が徳島航空隊で書き残した最後の日記は4月13日。「転勤用意」の電話あり、とある。直後に折井は特攻隊員として、宇佐航空隊に着任した。B29による宇佐基地空襲で折井が戦死するのは着任から1週間後のことだった。

(一橋いしぶみの会　竹内雄介)

天涯孤独ではなかった特攻隊操縦員

島田健一　22歳没

まじめな性格で学業に励む

島田健一は大阪大倉商業を首席で卒業した。卒業に際し品行端正金牌、商工協会賞などの表彰を受けている。横浜高等商業に進学し、1942（昭和17）年10月から東京商大学部に入学した。この年より専門学校からの大学進学者数に生徒数の1割という上限が設けられ、横浜高商からは17名が東京商大を受験し10名が合格した。

提供:豊の国宇佐市塾

だが、1943（昭和18）年12月には学徒出陣となり、憧れの国立における学園生活は1年余りで中断されてしまった。横浜高商出身者は6名が陸軍4名が海軍に入隊し、島田ら3名が戦死し、国立での再会を果たせなかった。

高商時代からの友人の津久間豊は島田について、次のような回想を残している。「既にご両親兄弟なく叔父様の下で育ち、孤独な性格で地味な真面目な人。個人プレーのテニスに取り組んでおり、常に何か一抹の寂しさがあった。たまに碁を打っても守勢の温和しい棋風で堅い碁であった。……（航空隊で）

【略歴】

- 1922・6　生まれ
- 1940・4　私立大阪大倉商業学校卒業（現関西大倉中学・高校）
- 1942・10　横浜高等商業学校入学
- 1943・12　東京商科大学学部入学　木村元一ゼミ
- 1944・2　大竹海兵団入団
- 　　　　　土浦航空隊　第14期飛行専修予備学生（操縦）
- 1944・5　出水練習航空隊
- 1944・9　宇佐航空隊に
- 1945・4・21　戦死（空襲）於宇佐

航空隊の仲間と（中央）
提供:豊の国宇佐市塾

常々同僚に『俺のように身寄りのない者が特攻で出撃するんだ』と言っていたと聞いた」。また卒業アルバムには真剣にボールを見つめ

横浜高商テニス部時代
提供:富丘会

る島田の姿がある。

特攻隊「八幡護皇隊」の隊員に

島田は飛行専修予備学生に合格し、1944（昭和19）年土浦航空隊で基本教程を終え、鹿児島の出水航空隊で練習機による訓練を受けた後、艦上攻撃機の操縦要員として宇佐航空隊に配属された。基地の近くの民家でそこの家族との集合写真が残っている。夏服なので宇佐に配属間もない頃だろう。皆緊張した顔で笑顔はない。

燃料不足で十分な飛行訓練が行われなかったが、1945（昭和20）年2月には海軍の各航空隊で特攻隊が編成された。宇佐航空隊でも約40名が特攻要員に選ばれて、特別訓練を受けた。島田もその一人だった。そして、4月6日から宇佐航空隊の特攻隊「八幡護皇隊」が沖縄周辺に向けて出撃していった。島田らは仲間を送り出し、出撃の日を待っていた。

B29の空襲にて落命

そのような中、4月21日朝宇佐航空隊はB29の大編隊による空襲を受けた。B29が出撃したとの情報はあったが、一旦警戒が緩められ朝食を始めた矢先の猛爆撃だった。島田ら特攻隊員を含む航空隊関係者だけで320名が戦死したと言われ、宇佐航空隊は壊滅的な打撃を受けた。難を逃れた隊員たちは各地の航空隊に転属となり、宇佐航空隊は5月5日に解隊となった。

島田は決して一人ぼっちではなかった。戦後はお世話になった叔父一家が戦友会とつながりを持ち、島田の供養をしていた。

（一橋いしぶみの会　竹内雄介）

海軍気象士官の思わぬ悲劇

市岡巌　22歳没

学生時代の市岡

市岡巌は、1941（昭和16）年に予科へ入学。都会出身の彼は、様々な芸術に造詣が深い文化人であった。音楽ではベートーベン、ドイツ語クラスだったが文学分野ではフランスのものを好み、絵画では感覚的なものを好んだそうだ。学友と共に、上野や銀座で開催される絵画の展覧会やギャラリーへ足を運ぶこともあった。演劇も好み、築地小劇場にも友人を誘っている。予科祭の演劇『にんじん』では、主人公を好演した。

参考文献25

市岡は絵画に感激するなど繊細な性格であり、ニヒルな一面もあった。学友に自身の寂しい死生観を語っていたそうだ。一方で、陽気な性格も持ち合わせていた。タバコを手にした小柄な体格の彼は、度々おどけた表情や行動をして学友を楽しませる、クラスの人気者でもあった。

【略歴】

1922・9	生まれ
	東京府立六中
	（現・都立新宿高校）卒業
1941・4	東京商科大学予科入学
1943・10	同大学部進学　村松恒一郎ゼミ
1943・12	舞鶴海兵団入団
1944・2	海軍第4期兵科予備学生
1944・7	土浦気象学校
1944・12	松山航空隊
1945・5・4	戦死（空襲）松山

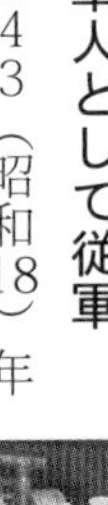

海軍軍人として従軍

1943（昭和18）年

市岡は北寮12号室、この中にいるはずだ　参考文献25

10月には学部へ進学するも、12月には舞鶴海兵団へ入団する。1944（昭和19）年7月に希望どおり土浦の気象学校に進んだ市岡は、持ち前の明るさで周囲の人気者となり、同校での演劇会でも活躍したそうだ。

市岡を含め、気象学校4期生は文科系出身の学徒出陣組が多く、理系出身者が多い同校の中では異色の代となった。同年12月、気象学校の卒業と同時に、市岡は少尉に任官、松山航空隊に配属され、気象観測に従事した。毎朝2時に起床し、その日の気象情報を収集して朝一番に本部へ報告することから始まる、非常に多忙な毎日を送っていた。

空襲での戦死

戦況が悪化する中、米軍の日本本土への空襲も激化していった。市岡が所属していた松山航空隊もその例外ではなかった。1945（昭和20）年5月4日、米軍による松山への空襲があった。B29から放たれた爆弾は航空隊基地を直撃し、基地の兵舎にいた者は即死。砂地に掘られた防空壕に避難した者の多くも、爆風で壕が崩れて窒息死した。この空襲で市岡を含め軍関係者69名が死亡した。その日の彼に関する記録は残っておらず、側風観測監督中あるいは当番明けの休憩中に、空襲に遭遇してしまったといわれている。

坂本理一　予科の頃
参考文献25

気象関連の仕事は海軍内で戦死率も極めて低いといわれており、市岡はそれを知って気象を希望した。実際に、彼と同期の気象予備士官は79人いたが、戦死したのは4人、ただその中には学部でも同期の坂本理一も含まれていた。坂本の最期は、東京大空襲による火災消火敢闘中と記録されている。周囲の人気者で、様々な芸術・文化にも精通していた市岡。戦死は、あまりにも早すぎるものであった。

（一橋新聞部　田村英慈）

友を愛し、友に愛された有徳の人

益子健治　21歳没

おおらかで親切な「田舎者」

益子健治は栃木県立大田原中学出身。１９４２（昭和17）年4月に専門部に入学し、在学中は端艇部（ボート部）に所属した。益子の性格について、同じく端艇部で親交の深かった印牧政男は卒業40周年文集にて、「田舎臭さと彼の内にある情熱」に強く惹かれたと述懐する。

参考文献27

ここで印牧のいう「田舎臭さ」とは、田舎特有のおおらかさや親切心のことを指すのではないかと思う。

同じく端艇部で益子の家族とも交流のあった柿沼利重、益子の生家を訪ねた際、塩原温泉に数日逗留し、「風呂に入っては飲み、寝、起きては、又風呂に入り、又飲み、又寝る」のんびりした休日を過ごしたという。また、軍隊にいる友人と面会したり、出征中の友人の母親のために毛布や米を調達するなど、律儀で親切な性格でもあった。

【略歴】

１９２４・３　生まれ
１９４２・４　栃木県立大田原中学（現・県立大田原高校）卒業
　　　　　　　東京商科大学付属商学専門部 入学
１９４４・９　同校卒業 就職
１９４４・10　海軍第5期兵科予備学生
１９４５・３　航海学校入校
１９４５・６　軽巡洋艦「大淀」配属
１９４５・７・24　戦死（空襲）呉港

端艇部での青春

一方、益子は内に情熱を秘めた人でもあった。それがうかがい知れるのが、益子と共

専門部の端艇部の仲間と（右から３人目）
参考文献27

に端艇部に所属した鈴木俊男の書き残した記述だ。彼らは半ば強制的に端艇部へ入部させられたという。

益子らは、部内恒例の新入生クラス対抗レースに出場することになり、練習のため隅田川の艇庫と国立を往復する日々を送るようになった。鈴木は、厳しい練習の中で益子らメンバーと親交を深めたこと、厳しい練習の末クラス対抗レースで優勝し、皆が歓喜のあまり泣き出したことなどを生き生きとした筆致で書き残している。

端艇部での益子は、いつも元気よく、小太りの体をこまめに動かしていたという。荒々しく情熱的な端艇部の気風の中で、益子は水上を駆り、汗を流しながら青春の日々を過ごしていた。

「学友に愛された、人徳の人」

益子は１９４４（昭和19）年９月に専門部を卒業し船会社に就職したものの、同月30日海軍兵科予備学生第５期生となり、翌年３月航海学校に入学している。わずかひと月足らずの会社員時代、益子らは学生服で出勤。入隊を控える彼らにとって、背広を買うことは無意味だった。そんな時期にあっても、益子は明るかった。同じ会社に入った印牧とともに書庫整理を命じられたとき、益子は書庫に貯蔵してある甕入りの日本酒を少しずつ盗み飲んでは、飲んだ分だけ水を入れていたという。どんなときでも、益子のおおらかさは周囲に笑顔を振りまいていたに違いない。

１９４５（昭和20）年７月24日、軽巡洋艦「大淀」に配属されていた益子は、呉沖で米軍艦載機による空襲にて戦死。その様子は、たまたま江田島で海軍兵学校の生徒だった益子の実弟が目撃し、学友たちに伝えられた。

残念ながら、益子本人による手記や書簡などはない。それでも彼の人となりを想像できるほどに多くの友人が彼のことを詳細に書き残しているのは、ひとえに彼の人格的魅力の賜物であろう。


（一橋新聞部　亀田英太郎）

原爆犠牲者、日系2世の中距離ランナー

世良誠　21歳没

米国で生まれ育った、クラス対抗戦のホープ

世良誠は、サンフランシスコ生まれの日系2世である。両親の出身地である広島県の福山に帰国し、誠之館中学から、1941（昭和16）年4月、予科に入学した。もちろん英語は抜群、学業優秀、人望も厚く、スポーツ万能で、文武両道の学生であった。とても明るい性格の好青年で、予科では、クラスの人気者だった。

陸上競技部に所属しており、1943（昭和18）年度の部誌には、100m走13秒0、手榴弾投げ44mの記録が残っている。また、1500m走では、終始トップを走っていたという。

提供:松本勝之

広島で原爆死

1943（昭和18年）秋の学徒出陣は送る側だった世良は、翌年10月陸軍特別甲種幹部候補生として、豊橋第一予備士官学校に入校。1945（昭和20）年6月見習士官に任官されて、広島第二部隊に配属された。そして、8月6日、

予科２組（最上段左から２人目）
参考文献25

【略歴】

1924・3　生まれ
広島県立福山誠之館中（現・県立福山誠之館高校）卒業
1941・4　東京商科大学予科入学
1943・10　同大 学部進学 山中篤太郎ゼミ
1944・10　豊橋第一予備士官学校入校
陸軍特別甲種幹部候補生
1945・6　広島歩兵第一補充隊（第二部隊）配属
1945・8・6　戦死（広島原爆） 広島

広島への原爆投下の犠牲となった。部隊の拠点は爆心から１km の所にあり、当日の世良の行動は確定できないが、即死だったと推測される。

1943（昭和18）年秋　陸上部（２列目左端）

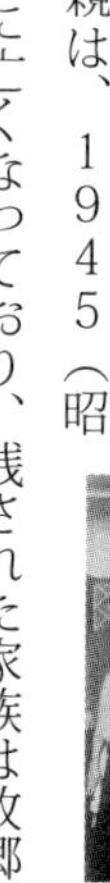

被爆直後に弟を探す兄姉

世良の父親は、１９４５（昭和20）年３月に亡くなっており、残された家族は故郷の福山にいた。広島への原爆投下後、世良の行方を追って、姉と兄が広島市を訪れているが、そのときの出来事が詳細に綴られた姉の手紙が残されている。

広島の街は、辺り一面灰で、廃墟と化していた。辛うじて生き延びた人々も皮膚は焼けただれ、中には鼻や耳がない人もおり、皆ただ当てもなくさ迷い歩いていたという。

真夏の太陽を浴びながら歩き続け、二人はようやく、世良が所属していた第二部隊の避難場所で将校を見つけ「世良誠は居ますか?」と尋ねた。「世良は死んだよ」一瞬にして世界が真っ暗になったと、姉は綴っている。

We passed several military trucks and each time Brother Minoru called out, "Sera Makoto was imasu-ka????" There was no response.

We pushed forward on the road of ashes and up the hill where we heard the Nibutai had evacuated after the bombing. We saw a house on top of the hill. We kept climbing with hope of finding our beloved Brother Makoto. We saw an Army officer standing in the house, looking down at us.

Minoru called out , "SERA MAKOTO WA IMASUKA?" The officer replied, "SERA? SERA WAS SHINDA-YO!" "SHOKO NI-NARI-TAI KARA, SHOKO NI NATTA YO!!! Meaning he was promoted after death.

Our world suddenly became black!

We shall never forget the cruel words of that Army Officer.

The world without Makoto was never the same.

Shizuko Sera Sakaguchi

米国在住の姉から同級生への手紙
参考文献60-1

軍務をさぼって俘虜と遊ぶ

戦後のクラス会誌に、同級生は「世良は軍務をさぼって、俘虜（空襲の時に撃墜された米軍機搭乗員たちと思われる）と遊んでいた、と聞いた」と書いている。

彼らも世良も、遊びながら共に遠い故郷のアメリカを思い出していたのかもしれない。その彼らも原爆で命と、そして未来を奪われた。

（一橋新聞部　坂本夏実）

外交による戦争終結を説いたバレー部員

伊藤友治　21歳没

【略歴】

１９２４・７　生まれ
１９４２・４　愛知県立愛知一中（現・県立旭丘高校）卒業
　東京商科大学予科入学
１９４４・10　同大 学部進学、同時に豊橋第一予備士官学校入校
１９４５・６　陸軍特別甲種幹部候補生
１９４５・８・５　鳥取中国第47部隊配属
　広島にて見習士官集合教育
１９４５・８・21　戦死（広島原爆）

多彩に光った希望の星

予科時代の伊藤友治は、勉学とスポーツに励む前途有望な青年であった。伊藤は１９４２（昭和17）年に予科に合格、前年に父親を亡くす不運に遭った伊藤家の希望の星となる。入学後は中学時代からのバレーボールに打ち込み、同級生から「いつも目標にしながら及ばない」と評されるほどの腕前。

伊藤友治を特定する画像なし。昭和17年予科バレー部『一橋バレー部五十年史』より
伊藤は1年生部員として写っていると思われる。

勉学では特に歴史に関心を持ち、西洋経済史に関するウェーバーの書籍を愛読。また、彼は芸術についても造詣が深かった。第二外国語として学んでいたドイツ語を生かしてヘッセやシューベルトの詞を楽し気に歌っては、弟に聞かせていた。

そんな多才な彼の夢は、将来商社マンとして活躍することだった。商大時代の同級生が戦後の経済界で活躍している姿を見るにつけ、優秀な伊藤が道半ばで亡くなったことがかわいそうでたまらないと、実弟の道夫は述べている。

戦争完遂への時流

戦争が激しさを増し、次第に日本の戦況が悪くなると、

伊藤は学問やバレーボールに取り組む機会を奪われる。1943（昭和18）年からの学徒出陣を受け、バレーボールの大学リーグ戦は続行が厳しくなった。更に、部員の多くが出征するために、一橋バレー部は部員の離散会・壮行会を行った後休眠状態に入ってしまう。

そして1944（昭和19）年、20歳を迎えた伊藤自身も戦争に参加させられていく。特別甲種幹部候補生試験に合格し、同年10月に陸軍豊橋第一予備士官学校へ入ることが決定したのだ。しかし、伊藤は軍国主義に染まらず、冷静に国際情勢を眺める視点を失わなかった。

戦争への賛辞が反映された戦時下での一般的な教育とは異なり、客観的・科学的に国家をとらえる学問を予科で学んでいた伊藤は、外交によって戦争を解決する展望をよく家族に語っていたという。ところが、伊藤の思いも空しく、日本は戦争完遂へと突き進むこととなる。

翌年には、ソ連の仲介による、アメリカ・イギリスに対する和平交渉に望みをかけていたが、和平交渉は成功せず、7月26日に日本に対してポツダム宣言が出される。ポツダム宣言を無視した日本は、本土決戦に向けた部隊の編成を加速し、伊藤ら見習士官の訓練を急いだ。

被爆、そして戦傷死

8月5日、伊藤ら約200名の見習士官が集合教育のために広島に集合。翌6日、米軍による原爆投下により集合教育中に被爆。その後、伊藤は宇品仮設陸軍病院へ運ばれる。当時の陸軍病院は負傷者に対する看護の人手や物資が足りず、凄惨な状況であったという。そして21日、転院先の岡山陸軍病院にて伊藤は亡くなった。

終戦後に彼の帰りを待ちわびていた家族は、伊藤の訃報に愕然としたという。復員した元バレーボール部の友人らも伊藤の戦傷死を悼んだ。弔いのために名古屋の実家を訪ねた彼らは、伊藤の最期を語る母親の顔が忘れられなかった。37年後、再び伊藤の実家を訪ねたが、伊藤の実家を見つけられなかった。（一橋新聞部　中尾文香）

商大剣道部の雄　生と死のはざまの中で

前葉平一　24歳没

東京商大剣道部の佐々木小次郎

前葉平一は三重県津市の老舗呉服屋の息子として生を受けた。1939（昭和14）年4月に予科へ入学し、1942（昭和17）年4月には学部へ進学している。学友達の回想によれば、目元の涼しい美青年であったという。

小学生のころから剣道を習っており、在学中は剣の道に打ち込む一方で、下宿の部屋には妹の写真を飾っており、訪ねてきた友人に妹のことを話すという心優しい一面もあった。

予科時代　提供:中川秀造

剣道部での彼は、剣友曰く「恰も佐々木小次郎を思わせる飛燕の如き身のこなし」で、実力は同期の中でも頭一つ抜けていたらしく、対校戦では大将を務めている。また、剣道部主将も務めており、単に試合に勝つことを目的とするのでなく、部員たちが剣道とどう向き合うかについて考察する思索的な一面もあった。彼が部の会報誌『士魂』に寄せた文章からは、差し迫る時勢の中で、剣道部はどうあるべきか、自分たちは剣道とどう向き合うべきかについて彼が常日頃から思索にふけっていたことが読み取れる。

【略歴】

- 1921・6　生まれ
- 三重県立津中学（現・県立津高校）卒業
- 1939・4　東京商科大学予科入学
- 1942・4　同大 学部進学 村松恒一郎ゼミ
- 1943・12　舞鶴海兵団入団
- 1944・2　土浦航空隊 第14期飛行専修予備学生（偵察）
- 1944・5　徳島航空隊
- 1945・3　鈴鹿航空隊（特攻訓練）
- 1945・7　徳島航空隊へ帰隊
- 1945・8・21　復員途上事故死（墜落死）三重

特攻隊編入、生と死のはざまで

時代の荒波は、そんな前葉にも容赦なく襲い掛かった。前葉は、地元の津で徴兵検査を終えて1943（昭和18年）12月に海軍舞鶴海兵団に入団。飛行専修予備学生、徳島航空隊偵察専修予備学生を経て、1945（昭和20）年3月には特攻隊に編入された。同年5月から7月にかけては鈴鹿航空隊にて特攻訓練を受けており、時たま津にある生家を訪ねていたが、7月に徳島航空隊へ帰隊して以降は実家へ戻ることもままならなくなった。

前葉の実妹の廣田和子さんは、徳島航空隊時代の前葉を「戦局日に日に厳しくなり、特攻隊の訓練の厳しさが送ってきた写真の表情からうかがわれました」と振り返っている。いつ出撃命令が出るかわからぬ日々の中、前葉はどのような気持ちで毎日を過ごしていたのだろうか。

復員途中　悔やまれる最期

そして、終戦。ついに前葉に出撃命令が下ることはなかった。終戦後、前葉ら徳島航空隊の面々は、米軍上陸に備えて身の回りのものを焼却し、8月21日、白菊機（特攻に使用する予定だった機上作業練習機）で故郷の最寄りの基地に着陸し、復員することになった。この日、復員できる喜びに気が急いたのか、前葉は間違えて同隊の大沢俊夫（旧姓柳）氏の行李をもって飛行機に乗り込んだ。しかし、復員途中、三重県上空で飛行機が墜落し、前葉はそのまま帰らぬ人となった。徳島から鈴鹿へ向かう途中、操縦下士官の故郷である熊野を旋回飛行中に、気のゆるみから操縦ミスがあったとのことだ。

無事復員できると思われた矢先のことだけに、遺族や友人の受けた衝撃は大きかった。遺体は熊野川にて発見され、丁寧に弔われたうえで、後日白布に包まれた遺骨が遺族のもとに届いた。呉服屋を営んでいた前葉の父は、戦火で店を失い、さらに不慮の事故で息子をも失ったことから意気消沈して田舎へ移住し、30年ほど経ってからこの世を去ったという。

（一橋新聞部　亀田英太郎）

戦没出陣学徒名簿

【フィリピン】

氏名	生年月	学部・専門部入学	戦没年月日	没年齢	略歴　学歴　軍歴（地名戦没場所） エピソードなど
太田栄一	1920・7	1942・10学部	1944・9・24	24	浜松一中→専門部学芸部・水泳部→学部　田中誠二ゼミ 陸軍　ルソン島マシガタリムにて戦病死
岡　泰彦	1922・10	1942・10学部	1944・10・24	22	94頁参照
長沼　勝	1923・4	1942・10学部	1944・10・25	21	帯広中学→予科→学部　増地庸治郎ゼミ 海軍　飛行要務士官　空母「千歳」　シブヤン海にて
平井有幸	1923・11	1943・10学部	1944・11・25	20	96頁参照
石崎一朗	1922・1	1942・4学部	1944・12・31	22	98頁参照

雑賀一雄	1922・5	1943・10学部	1945・1・26	22	100頁参照
花本安夫	1921・5	1943・10学部	1945・2・3	23	広島尾道商業→予科→学部　太田哲三ゼミ 陸軍　マニラ防衛司令部　見習士官　ルソン島イボ東側高地にて
守屋正治	1921・1	1942・10学部	1945・3・18	24	102頁参照
上野陽一郎	1922・12	1943・10学部	1945・3・31	22	宇都宮中→予科→学部 陸軍　野砲兵第17連隊　見習士官　ルソン島にて 剣術や体操が嫌いでよく友人と一緒にさぼった。
古市宗次	1922・5	1943・10学部	1945・4・2	22	104頁参照
大野健司	1921・5	1942・4学部	1945・4・16	23	106頁参照
潮田脩	1921・12	1942・10学部	1945・4・19	23	108頁参照
久保田彰一	1922・10	1943・10学部	1945・4・24	22	沼津商業→予科→学部　吾妻光俊ゼミ　柔道部 海軍　飛行要務士官　ルソン島クラーク飛行場周辺にて

氏名	生年月	入学	没年月日	享年	備考
田村正久	1923・5	1942・10学部	1945・4・24	21	府立一中↓予科↓学部　村松恒一郎ゼミ　弓道部 海軍　飛行要務士官　クラーク飛行場周辺にて 府立一中４修の秀才で、弓道部の幹事長
西村豊	1920・9	1942・4学部	1945・4・24	24	110頁参照
八代忠	1922・6	1942・10学部	1945・4・24	22	112頁参照
西直一	1923・6	1943・10学部	1945・5・3	21	114頁参照
内海久雄	1923・9	1943・10学部	1945・5・15	21	府立四中↓予科↓学部　山中篤太郎ゼミ　水泳部 陸軍　鉄５４１０部隊　見習士官　バレテ峠にて
仁科重	1923・2	1943・10学部	1945・5・27	22	麻布中↓予科↓学部　山田雄三ゼミ　如意団 陸軍　第９航空情報連隊　見習士官　ネグロス島にて 大君の召しのまにまに筆を捨て銃執る日々は嬉しくもあるか
重宗博	1922・6	1943・10学部	1945・5・29	22	麻布中↓予科↓学部　上原専禄ゼミ 陸軍　高射砲第１１４連隊　下士官　ルソン島ヤンピランにて
金原實	1922・4	1942・10学部	1945・6・2	23	116頁参照

氏名	生年月	入学	没年月日	享年	備考
中村富幸	1923・11	1943・10学部	1945・6・4	21	横浜高商→学部 陸軍　見習士官　北部ルソン島山中にて
金子皎一	1922・2	1943・10学部	1945・6・7	23	東京中→予科→学部　金子鷹之助ゼミ　弓道部 陸軍　飛行２００戦隊　下士官　ルソン島アリタオにて　親の願いで陸軍へ、弓道部同級唯一の戦死者
上田良一	1921・8	1942・10学部	1945・6・8	23	明石中→専門部→学部　増地庸治郎ゼミ　弓道部 陸軍　フィリピンにて
熊田柳之助	1922・1	1942・10学部	1945・6・15	23	明治中→予科→学科　鬼頭仁三郎ゼミ　剣道部 陸軍　見習士官　フィリピンにて
牧野博	1923・9	1943・10学部	1945・6・16	21	富士商業→横浜高商→学部　中山伊知郎ゼミ 陸軍　第22野戦飛行場設定隊　見習士官　ルソン島にて
倉林満	1923・3	1942・10学部	1945・6・25	22	暁星中→予科→学部　山口茂ゼミ　報国団総務部 陸軍　飛行第45戦隊　見習士官　ネグロス島にて
寺田裕	1922・7	1943・10学部	1945・7・1	22	府立六中→予科→学部　井藤半彌ゼミ　互助会 陸軍　船舶工兵野戦補充隊　下士官　レイテ島カンギポット山にて
石井尚次	1920・7	1942・4学部	1945・7・3	24	118頁参照

江守道守	1922・9	1943・10学部	1945・7・14	22	埼玉松山中→予科→学部　吾妻光俊ゼミ　宗教班 陸軍　東部6部隊　兵　ルソン島にて 小柄で誰もが軍隊に行かないと思っていた
神　浩	1921・3	1942・4学部	1945・7・15	24	府立九中→予科→学部　吉永栄助ゼミ 陸軍　見習士官　ルソン島ボヨンボン山中にて 筆を執らせれば達筆で、学業も優秀だが目立たない人
中村　豊	1922・9	1942・4専門部	1945・7・20	22	正則中→専門部　上原専禄ゼミ 陸軍　見習士官　ルソン島キャンガン付近にて 代々木に住み、兄2人妹1人。旅行好き。
沢田義治	1923・5	1943・10学部	1945・8・10	22	府立二中→予科→学部　村松祐次ゼミ　ホッケー部 海軍　955空　飛行要務士官　ミンダナオ島サンボアンガにて　ホッケー部の主力
元木　実	1922・1	1942・4専門部	1945・8・10	23	舞鶴中→専門部　藤井義夫ゼミ 陸軍　見習士官　ルソン島南アンチポロにて 海軍官舎で育つ
清松茂雄	1921・4	1942・4学部	1945・8・30	24	120頁参照

【沖縄】

氏名	生年月	学部・専門部入学	戦没年月日	没年齢	略歴 学歴 軍歴（地名戦没場所）エピソードなど
三谷譲一	1921・12	1942・4学部	1945・3・24	23	彦根高商→学部 板垣與一ゼミ 陸上競技部 陸軍 海上輸送第15大隊 見習士官 鹿児島沖 輸送船団カナ３０４沖縄へ兵員輸送中雷撃で戦死。
松藤大治	1921・9	1942・10学部	1945・4・6	23	124頁参照
川又満吉	1923・1	1942・4学部	1945・4・7	22	126頁参照
立野廣光	1922・1	1942・10学部	1945・4・9	23	128頁参照
野元純	1922・6	1942・4専門部	1945・4・12	22	130頁参照
鶴岡文吾	1922・1	1943・10学部	1945・5・4	23	132頁参照
矢野弘一	1922・2	1942・4学部	1945・5・4	23	134頁参照
大庭弘行	1923・3	1942・10学部	1945・5・22	22	136頁参照

松田　清	1921・10	1942・4学部	1945・5・25	23	府立二中→予科→学部　増地庸治郎ゼミ　宝生会（熱心な会員） 海軍　沖縄特別根拠地隊司令部　士官　本島中部与那原にて 与那原の射堡隊（魚雷を陸上から発射する部隊）所属
川島荘太郎	1922・7	1942・10学部	1945・6・15	22	138頁参照
田中　誠	1923・11	1942・4専門部	1945・6・20	21	140頁参照
鷲津信夫	1922・5	1943・10学部	1945・6・22	23	府立八中→予科→学部　常盤敏太ゼミ　ホッケー部 陸軍　戦車第27連隊　見習士官　糸満新垣にて 4月13日からの那覇北方の戦闘では小隊長だった

【マリアナ諸島・硫黄島】

氏名	生年月	学部・専門部入学	戦没年月日	没年齢	略歴　学歴　軍歴（地名戦没場所） エピソードなど
齋藤　實	1921・3	1943・10学部	1944・7・18	23	144頁参照
榎本芳太郎	1922・1	1942・10学部	1944・9・30	22	146頁参照

氏名	生年月	学部・専門部入学	戦没年月日	没年齢	略歴　学歴　軍歴（地名戦没場所）エピソードなど
板尾興市	1923・10	1943・10学部	1945・2・18	21	148頁参照
牛島英彦	1923・2	1942・10学部	1945・3・17	22	150頁参照
塩澤武吉	1923・3	1942・4学部	1945・3・17	22	152頁参照
長浜栄智	1923・1	1942・10学部	1945・3・17	22	府立四中→予科→学部　板垣與一ゼミ　空手部　海軍　南方諸島航空隊　飛行要務士官　硫黄島にて
村越祐三郎	1922・5	1943・10学部	1945・3・17	22	芝商業→予科→学部　山田雄三ゼミ　海軍　南方諸島航空隊　通信士官　硫黄島にて

【ビルマ】

氏名	生年月	学部・専門部入学	戦没年月日	没年齢	略歴　学歴　軍歴（地名戦没場所）エピソードなど
園田惣人	1918・7	1942・4学部	1945・3・24	26	156頁参照
金子利朗	1920・9	1942・4学部	1945・3・27	24	158頁参照

野村　明	1922・9	1942・4学部	1945・3・27	22	成蹊高校→学部　佐藤弘ゼミ　陸軍経理学校（小平）→昭南経理教育部　ビルマ方面軍貨物廠　見習士官　ビルマ・カワにて　米の調達の出張中、ビルマ国軍の反乱に遭遇
田村篤也	1920・6	1942・10学部	1945・4・25	24	神戸一中→予科→学部　米谷隆三ゼミ　陸軍　中部第51部隊　兵　ビルマにて　学徒出陣前に入隊した可能性あり。
秋山敏夫	1922・10	1942・10学部	1945・5・8	22	160頁参照
榎本八郎	1922・12	1942・4専門部	1945・7・12	22	162頁参照

【台湾・南シナ海】

氏名	生年月	学部・専門部入学	戦没年月日	没年齢	略歴　学歴　軍歴（地名戦没場所）エピソードなど
増澤敏夫	1922・1	1942・4専門部	1944・10・7	22	166頁参照
永田英郎	1921・8	1942・4学部	1944・10・12	23	168頁参照

渡辺利男	1921・10	1942・10学部	1944・11・17	23	横浜一中→予科→学部 山口茂ゼミ 陸上競技部 陸軍 南方軍教育隊へ移動中に積荷の四塩化エチルがもれ中毒死 昭南陸軍病院にて
脇坂善夫	1922・4	1942・10学部	1944・12・4	22	府立三中→予科→学部 高橋泰蔵ゼミ 軟式庭球部 陸軍 第6航空情報部 軍曹 南方海上にて魚雷攻撃にて輸送船沈没
渡辺孝	1923・2	1943・4予科	1945・1・9	21	予科→学徒出陣（1943・12） 陸軍 第一気象連隊 見習士官 台湾・高雄港外左営沖にて
今橋二郎	1923・1	1942・4専門部	1945・1・12	21	福岡宗像中→専門部 陸軍 第三航空軍司令部 見習士官 仏印サンジャック沖にて第七共栄丸に乗船か
原瀬宗太郎	1921・11	1942・10学部	1945・1・15	23	170頁参照
中西正蔵	1923・6	1943・10学部	1945・1・23	21	宇治山田中→予科→学部 中山伊知郎ゼミ 陸軍 飛行第20戦隊 見習士官 福建省沖七星島付近にて台湾に向かう途中、魚雷攻撃を受け海没死
藤原達明	1921・2	1942・4学部	1945・2・20	24	灘中→予科→学部 佐藤弘ゼミ 海軍第23特別根拠地隊 士官 カムラン沖にて駆逐艦「野風」にて赴任の途次

山本晋平	1922・12	1942・10学部	1945・6・8	22	172頁参照
大野清一	1921・6	1942・4学部	1945・7・12	24	府立三商→横浜高商→学部　井藤半彌ゼミ 海軍　海軍経理学校→台中石岡地区第61航空廠士官 1945年3月発病、7月結核性脳膜炎、肺浸潤　戦病死

【中国・満洲・シベリア】

氏名	生年月	学部・専門部入学	戦没年月日	没年齢	略歴　学歴　軍歴（地名戦没場所） エピソードなど
荒川正三郎	1922・1	1942・10学部	1944・7・10	22	176頁参照
公文達郎	1920・10	1942・4学部	1944・11・17	24	府立四中→予科→学部　吾妻光俊ゼミ 陸軍　南方軍気象部　軍曹　済州島付近　海没死
森田栄雄	1922・8	1943・10学部	1945・1・23	22	浦和中→予科→学部　馬術部 陸軍　見習士官　福建省にて
原誠四郎	1921・5	1942・4学部	1945・3・11	23	178頁参照
中村興	1922・6	1942・4専門部	1945・5・23	22	京北中→専門部　端艇部のコックス 陸軍　見習士官　満洲国にて 「メダカ」小さくても、声はでかく、艇に乗ると恐ろしかった

小林　蕃	1924・4	1943・4専門部	1945・7・11	21	180頁参照
中込　良太郎	1923・3	1943・10学部	1945・7・25	22	芝中→予科→学部　高橋泰蔵ゼミ　野球部 海軍　元山特別根拠地隊　士官　北西日本海（清津近海）にて
奈良幸男	1922・10	1942・4学部	1945・8・12	22	182頁参照
山口　勉	1923・1	1943・10学部	1945・8・16	22	神戸高商→学部　高島善哉ゼミ 陸軍　見習士官　中国東安省平陽鎮にて
流石康正	1925・5	1945・4学部	1945・9・28	20	府立六中→予科　柔道部　入隊（１９４４年12月） 陸軍　兵　北載河１５４兵站病院にて 入隊前学友に、「なぜ戦争をしなければならないのか」と。
伊藤宏平	1925・1	1945・4学部	1946・3・20	21	184頁参照
樋口嘉彦	1925・10	1944・4専門部	1946・3・28	20	陸軍　伍長　延吉陸軍病院にて
打海　宏	1924・12	1945・4学部	1946・4・16	21	府立八中→予科　体操班　入隊（１９４５年２月） シベリア　コムソモリスクにて

宗像弘俊	1924・12	1945・4学部	1946・6・3	21	広島一中→予科→上海兵站病院（マラリア）にて
楠原量之助	1925・7	1944・4専門部	1947・5・27	21	シベリア　イルクーツクにて
吉田敦信	1922・11	1942・4学部	1948・5・20	25	186頁参照

【国内】

氏名	生年月	学部・専門部入学	戦没年月日	没年齢	略歴　学歴　軍歴（地名戦没場所） エピソードなど
名嘉元正明	1923・8	1942・4専門部	1943・12・22	20	沖縄一中→専門部　鬼頭仁三郎ゼミ　水泳部　自由形 海軍　相浦海兵団　入団直後に佐世保海軍病院にて死亡。 水泳部の仲間に沖縄の民謡を教えていた。
角野博	1923・5	1943・10学部	1944・1・26	20	京都一商→横浜高商→学部　鬼頭仁三郎ゼミ 海軍　舞鶴海兵団　海軍舞鶴病院（盲腸炎）にて
角田芳徳	1921・7	1942・10学部	1945・1・6	23	大田原中→予科→学部　山中篤太郎ゼミ　機甲班 陸軍　経理部幹部候補生　広島陸軍病院にて死亡

都竹史郎	1924・3	1942・10学部	1945・2・26	20	190頁参照
坂本理一	1923・10	1943・10学部	1945・3・10	21	銚子商業→予科→学部　上田辰之助ゼミ　映画演劇研究会 海軍　海軍気象部　気象士官 東京大空襲にて消火敢闘中
折井清文	1922・6	1943・10学部	1945・4・21	22	192頁参照
島田健一	1922・6	1942・10学部	1945・4・21	22	194頁参照
羽太健吉	1923・11	1943・10学部	1945・4・27	21	府立八中→専門部→学部　山口茂ゼミ　バレー部 陸軍　陸軍騎兵学校　見習士官　習志野陸軍病院にて
安達泰三	1923・1	1942・4専門部	1945・5・1	22	沼津中→専門部 陸軍　航空搭乗員（操縦）特操2期士官　埼玉県児玉基地第4教育飛行隊　夜間飛行訓練中の事故
市岡巌	1922・9	1943・10学部	1945・5・4	22	196頁参照
横堀元吉	1923・1	1943・10学部	1945・7・14	22	福島田村中→予科→学部　上田辰之助ゼミ 陸軍　仙台師管区歩兵第2補充隊　会津若松陸軍病院にて
益子健治	1924・3	1942・4専門部	1945・7・24	21	198頁参照

氏名	生年月	学部・専門部入学	戦没年月日	没年齢	略歴　学歴　軍歴（地名戦没場所）エピソードなど
世良　誠	1924・3	1943・10学部	1945・8・6	21	200頁参照
内藤佳博	1922・8	1943・10学部	1945・8・6	23	芝商業→専門部→学部　吾妻光俊ゼミ　銃剣道班　陸軍　中国軍管区輜重兵補充隊　見習士官　原爆死
伊藤友治	1924・7	1944・10学部	1945・8・21	21	202頁参照
前葉平一	1921・6	1942・4学部	1945・8・21	24	204頁参照
嶋尾正彦	1922・7	1943・10学部	1946・10・29	24	呉一中→予科→学部　常盤敏太ゼミ　予科ホッケー部　陸軍　歩兵第11連隊補充隊　兵　岡山県和気郡にて死去
上条晴義	1921・10	1943・10学部	1947・9・11	25	商工実習→横浜高商→学部　吉永栄助ゼミ　海軍　呉鎮守府　巡洋艦「出雲」士官　瀬戸内海にて負傷

【戦没年月日、戦没場所の特定できない戦没出陣学徒】

氏名	生年月	学部・専門部入学	戦没年月日	没年齢	略歴　学歴　軍歴（地名戦没場所）エピソードなど
喰代（ほおじろ）　源	1922・4	1942・4専門部	不詳	不詳	獨協中→専門部　海軍　鎮海防衛隊　士官
上田丈男	1923・12	1943・10学部	不詳	不詳	暁星中→予科→学部　吾妻光俊ゼミ

足跡を辿る旅を終えて（執筆者より）

学徒出陣で入隊し、21歳で戦死した若者の諦念の中にも隠し切れぬ葛藤が感じられる。

敏夫の商大在学から40数年を経て、私は縁あって助手として一橋に勤めることになった。在職も四半世紀を過ぎた数年前、一橋いしぶみの会の活動を知り、このたび敏夫を紹介する小文を書く機会を得た。

執筆のため一橋いしぶみの会より送っていただいた同期会関係の資料（１９４４年専門部卒の「同期会文集」）や、実家に保存されていた敏夫の手紙などを読む中で、戦争という特殊な状況下にあっても、友と語り、笑いあ

「数」に還元されぬ「個」

増澤眞理子

伯父・増澤敏夫については「悲壮なる此の戦いに臨みてはいかで安きを求むべきかは」という歌が、仏壇に飾られた敏夫の写真（大叔父・久弥のもとに送られてきたもので、大竹海兵団の建物をバックに海兵の姿で写っている）の裏に書かれているのを、以前から知っていた。

い、勉学に励んでいたあたりまえの若者としての敏夫の姿が浮かび上がってきた。

ＮＨＫの「世界ふれあい街歩き」という番組で「ウクライナ・キエフ　特別篇」（２０１９年放送の再放送）という回があった。

デートするカップル、散歩する親子、にぎわう市場、どこにでもある日常の風景。最後にナレーションのイッセー尾形が、登場した人物たちの現在の様子を紹介する。

ストリートミュージシャンの男性は志願して出征、ピザ店で働いていた元兵士は再び戦場に赴き戦死――具体的で個性的な人生の一瞬を見せた人々の姿は、今も続く戦争の中でのその人たちへの思いを呼び起こす。

一橋いしぶみの会の活動もまた、具体的な人びとの生を再現する。再現された人生のいくつかの断面が、「ひとの命」は「死者○万人」といった「数」に還元され得ないということを私たちに伝えている。

執筆を通じ学徒出陣を再認識

岩村宗通

私の母の兄つまり私の伯父にあたる原瀬宗太郎のことを書くに際し、種々の資料を活用しました。資料は戸籍謄本、軍歴照会などの公的なものと、母の実家の遺品として保管されていた学校の通知表及び証書、壮行会メンバーによる署名のある日の丸、アルバムなどの私的なものです。

これらの資料と母や叔母から断片的に聞いた話とを組み合わせることにより、母親の実家である原瀬家が戦前、戦後をどのように過ごしてきたかをＮＨＫの番組のように詳らかにすることができました。

80年が経過し、宗太郎を知る人の話を直接に聞くことはもはやできませんが、如水会図書閲覧室にある硬式野球部や同期会の資料にある原瀬宗太郎の記載をこの機会に読むことができ、有難いことと思いました。祖父と伯父は共に一橋で学びましたが、スポーツマンとしても秀でていたこと、祖父は安積中学卒業式で答辞を読んだこと、宗太郎も麻布中学時代に学業優秀であったことなども知ることができ、改めて尊敬の気持ちが湧いてきました。

宗太郎が海軍を志望したのは、陸軍ではジャングルなどで食料がなくなり苦しんで死ぬことも想定されるので、瞬時に絶命するほうがいいというのがその選択理由であったと母から聞いたことがあります。

軍歴照会により乗船艦艇名、沈没場所を正確に知ることができました。

また、ＫＯＤＡＩＲＡ祭の一橋いしぶみの会の展示で示された前途有望な学徒の方々についての記録を拝読し、学徒出陣の実態を知り、その無念を想像し、ご冥福を祈ると共に改めて敬意を払わねばと思いました。

毎年の命日に挙行される靖国神社永代神楽祭には倅や娘も時々参列していますが、平和を守るという強い意志を持ち、学徒出陣を風化させることなく語り継いでいくことは大切なことと思いました。

一橋いしぶみの会は独自に様々な調査をし、如水会資料室にある伯父関連の資料を探し出し、書き方のアドバイスもしてくださいました。誠に有難いことと感謝申し上げます。

80年の隔たりを超えて

亀田英太郎

同じ一橋大学の大学生とはいえ、私たちと戦前を生きた彼らとでは何もかもが違う。当時の写真を見れば皆同じような坊主頭をしているし、大学のシステムも違う。中でも最も違うのは社会の情勢に違いない。命令ひとつで強制的に徴兵され、身体の自由を奪われ、命の危険にさらされる。その感覚は、私達には想像しようとしてもできるものではない。

この企画にかかわらせていただくようになってから今年で3年目になる。毎回、様々な資料を読むにつれて、学徒の徴集延期が停止され出征しなければならないというのがどういった感覚なのかずっと考えてきた。彼らが部の文集などに遺した文章を見る限り、徴兵への恐怖をつづっているものは無きに等しい。成人になれば徴兵されて軍役につくことがスタンダードであった時代、徴兵を前に学生生活を送る彼らの胸の内は、推しはかることのできない未知のものかもしれないと感じ始めてさえいた。

そんな中、今回担当した雑賀一雄さんについての資料はとても新鮮だった。彼は学生時代、商業教育を否定しようとする世論の圧力に抗い、徴兵後もあえて訓練の際に手を抜いて事務方に回されるよう図っていた様子も見られる。そこには間違いなく、国家による強制への反発、あるいは死への恐怖が見て取れた。

雑賀さんの場合はたまたま顕著だっただけで、ほかの方々もきっと多かれ少なかれ時勢への反発と戦争への恐怖を抱きながら戦地へ赴いたに違いない。ただ、当時の社会状況や道徳観がそれを表に出すことを妨げていただけに過ぎないのだろう。そんな当たり前のことに、今回改めて気づかされた。

何十年という時を隔ててはいても、彼らは私たちと同じ、一人の若者に過ぎない。私は、資料に遺された事実を通じ、彼らの人となりを、想いを、そして自らの運命へのやるせなさを少しでも表現しようと努めたつもりだ。

時世に飲み込まれ散っていった先輩たちの冥福を改めて祈ると共に、現在の自分の振る舞いとこれからの世界の進む道を見つめ直す最良の機会となった。

「普通の人」について書き残すことの意義

川平朋花

吉田敦信さんについて執筆したときは、シベリア抑留が全体のテーマでした。平成に生まれた自分にとって「戦争」は歴史の教科書で見るものであり、１９４５年8月15日で「終わった」ような気さえしてしまうのですが、シベリア抑留について調べると当然あの日より後のお話も多く、「終戦」以降も苦しんだ人の存在を強く感じました。もちろんそれで後世の人間が簡単にわかった気になってはいけません。ただ、自分にとっては、歴史の年表で学ぶときとは違う、一個人に思いを馳せられる貴重な経験だったことは事実です。

具体的に執筆時を振り返ると、吉田さんは明確な記録が残っていない部分もあり、憶測にならないように書くことを意識しました。どのようにまとめるかは悩みましたが、このように記録があまり残っていない「普通の人」についてまとめることにこそ、一橋いしぶみの会の意義があるのだと思います。

「普通の人」についてまとめる……ということを考えると、ある方を思い出します。一橋いしぶみの会のご縁でお話を伺った卒業生の久米明さんです。ご連絡を差し上げたとき、最初は「自分の話なんて大したことがない」とおっしゃっていました。きっと自分は「普通の人」であり、語れるような経験はしていないという感覚がおありだったのだと思います。しかしご本人にとっては「大したことがない」ことでも、私にとっては伺えてよかったと深く思うお話ばかりでした。

当時の商大には戦時中の体制に批判的だった教員もいたこと。同級生が学徒出陣で入隊し、一人で『一橋新聞』予科版を編集することになったこと。学徒出陣を見送る高島善哉教授の言葉について。勤労動員の中で「俺の青春はどっかへ行ってしまった」と思ったこと。そして玉音放送を聞いたときの感情や学校に戻った後の日々について……。たしかに戦争と聞いて思い浮かぶような血まみれで悲惨なお話ではないのですが、諦めと恨みをともなう「奇妙なる青春時代」だったと回想される姿には胸が苦しくなりました。

　このように文献を読んだり直接お話を伺ったりするきっかけをつくってくださったのは、一橋いしぶみの会の皆様です。この機会に改めて感謝と敬意を表したいと思います。そして記録や記憶の断片を集め、伝えていく活動が今後も続くことを願います。

学生時代を、〝未来〟につなげられなかった人たち

櫛田真帆

当時を体験しなかった私が、残された資料を元に原稿を執筆することは、とても困難を伴うものでした。長くはない文章の中で、戦没者の一生について語り、そして様々な人に戦争の悲惨さに共感してもらうためには〝事実〟を正確に書く必要があり、大きな責任とプレッシャーを感じました。

　しかしながら、メディア・学校の授業でしか触れてこなかった、遠い存在であった〝戦争〟について、自分と同じ学生だった方の状況を考えていくことは、〝戦争〟を自分事として捉え、想像力を働かすよい機会となりました。

　私は新型コロナウイルスという、自分ではどうしようもない出来事により、制限された生活を送った者の一人です。そのため、十分な学生生活を送ることができなかった人たちに共感した部分が多くありました。そして、そのような激動の時代の中でも、困難な状況に飲み込まれず、精一杯に学生生活を全うした努力と勇気に、感銘と刺激を受けました。しかし私たちは〝先〟があるからこそ、

困難な状況をバネにして、自分のよりよい将来のために頑張っていくことができます。

私が担当させていただいた大野さんについて、彼の専門部や山岳班での経験は、彼の人格形成や価値観、将来のキャリアに深い足跡を残したことが伺えました。学生時代とは本当に、学業については勿論のこと、部活動や沢山の人との出会いもあり、多くのことを蓄積できる期間です。

私自身、より専門的に研究する中で、学問的な興味や思考を拡大すること、またサークル活動・留学・アルバイトを通じて、自己成長や将来の自分の姿を思い描くことができました。だからこそ、どんなに沢山のことを学び、素晴らしい経験をしても、それを〝未来〟につなげることが叶わなかった人たちの、無念な状況に心が痛みました。

そして、人の命、そして将来を永遠に奪ってしまう戦争とは、疑いなく、なくならなければならないものだと強く感じます。いきなり理由なく大きな戦争が起こることはありません。日々の小さな変化の積み重ねで起こるものです。

私たちは、そうした小さな変化にも目を向けて、人の将来を奪うことを防いでいかなければならないと感じました。このことを伝える取組に、学生として携われたことは、とても貴重な経験となりました。

伯父との新たな出会いに通じた原稿作成

高津泰之

私と戦死した伯父との接点は、年に数回、母の実家の墓参りで手を合わせることくらいだった。

しかし原稿作成にあたり伯父の足跡を辿る作業が続く中で、改めて母や叔母から幼い頃の話を聞いたり、その当時の写真を探したりしている間に、伯父のことをもっと知りたいという気持ちが募ってきた。

特に私が関心を抱いたのは伯父の戦時下での学生生活だったが、歳が離れていた母や叔母に尋ねてもなかなかリアルな情報が得られず困り果てていた。

しかし、一橋いしぶみの会より、ゼミ・部活・サークル等の情報・資料を写真と共に提供していただき、学生時代の伯父の姿が具体的に浮かんできた。中でも伯父が実際に受けた入試問題が掲載された当時の『一橋新聞』のコピー等はとても興味深いものだった。数年前に亡くなった伯母（母の姉）が元気だった頃にもっと尋ねておけばよかった、もう少し早く足跡を辿る作業を始めるべきだったと悔やまれてならない。

一橋祭の会場の国立へ出かけようとした早朝、再び写真の整理をしていたところ、写真の間に紛れ込んでいた伯父の学生証（昭和16年4月1日発行）を偶然に発見、まるで一緒に国立へ連れて行けとでも言って現れたかのようなタイミングにビックリ仰天……。ポケットに収め、キャンパス内も散策し約80年ぶりに国立の空気を味わってもらった。

流石に私自身にも熱いモノが込み上げて、伯父の存在をぐっと身近に感じた瞬間だった。

原稿作成にかかわったからこそ得た、伯父との不思議な出会いであった気がしてならない。また同時に私自身も高校時代を国立で過ごした訳で、伯父の学生時代とオーバーラップするかの国立の当時と変わらぬ風景に新たな思いを抱き、嬉しささえも感じた1日となった。

身近に感じた学徒出陣

田村英慈

戦時中に多くの一橋生が戦地へ派遣され、そこで命を落としてしまったという事実は知っていた。しかし今回、戦死した学生の一生涯を具に追ったことで、「学徒出陣」

という記号として知っていた歴史的単語が、一気に自分にとって身近な存在になった。

それと同時に、自分と同じくらいの年代の若者が戦地へ赴かざるを得なかったということに、当人はどれほど無念であっただろうかを実感した。

このように、若者の将来を奪ってしまうような悲惨な戦争は、二度と繰り返してはならないと、再度実感させられた。

肌に感じる学徒出陣

友定隆

同窓の戦没者の人生を記事にするという仕事を引き受けて、やはり最も印象に残ったことは、我々と何ら変わらぬ学生生活を送った人たちが、戦地に向かわねばならなかったということだ。

自分が執筆した人のうちの一人はバスケットボール部に所属して、先輩の家にたまり、しょうもない遊びに興じたりして学園生活を過ごした。

だが、戦争が激化すると、一変して前線に送られ戦死する運命を辿る。

そのように、時代が違うだけで境遇が似た自分と戦没者を比較すると、学徒出陣、ひいては戦争が身近に感じられた。

これまでに受けた戦争教育はどこか押し付けのようで、自分には関係のないことだと流してしまう節があった。

しかし、今回の仕事を引き受けて、執筆を頼まれただけで、戦争の悲惨さを教えられたわけでもないのに、なぜか戦争の悲惨さを実感した。

そういうわけで、今回の執筆は、自分が戦争に送られた姿を鮮明にイメージすることができ、改めて戦争について考えられる非常にいい機会だった。

戦争の延長線上にある現在　後輩としての感想

中尾文香

少ない機会ながら、一橋いしぶみの会の執筆活動に参加させていただき感じたことは、戦時中の一橋生が確かに生きていた証を実感したことによる安心感と、彼らを死に追いやった戦争への恐怖です。

1回目の執筆で担当したのは、東京商大学部で語学を学び、22歳の若さで硫黄島にて戦死した塩澤武吉さんでした。執筆にあたって会から送られた主な資料は、塩澤さんの兄と商大の同級生による回想録です。回想録からは、商大でドイツ語の勉強に熱中していた塩澤さんの姿が生き生きと伝わりました。特に、ドイツ語の本を読み、その面白さのあまり声をあげて笑っていたという彼のエピソードは印象深いです。

戦時中の学生はお国のために勉学に励んでいたというイメージを以前は持っていましたが、現代の私たちと同じように勉学を楽しむ学生が戦時中にいたということに安心感を覚えました。

一方で、戦時中の商大生と現代の一橋生の姿が重なったからこそ、より戦争の恐ろしさを自分にも襲い掛かる可能性のある危機として実感することにもなりました。塩澤さんが出征する前日に「残っているお前たちはせめて元気で」と学友に言い残したという話からは、悪化する戦況を憂い、すでに死を予期して絶望した彼の心情がうかがえました。

また、2回目に担当した伊藤友治さんの執筆作業では、見習い士官として広島に派遣された伊藤さんを死に至らしめた原子爆弾の恐ろしさを感じました。伊藤さんは日本の戦況が悪化しても軍国主義に染まらず、商大での学びを生かして外交によって戦争を解決する展望をよく周囲に語っていたという話を知ると、歯止めが利かなくなった戦争完遂の流れ、そして原爆という大量殺戮兵器の使用の結果亡くなった伊藤さんの無念が一層胸に迫りました。

一橋いしぶみの会の執筆活動を通じ、私たち一橋生は、戦時中の学生たちが生きていたその延長線上に今を生きているのだということを強く実感することができました。執筆活動に参加させていただき、ありがとうございました。

歴史に触れるという経験

中尾柊也

社会学部1年のとき、一橋いしぶみの会の企画に携わりました。一橋大学を目指した理由が、第二次世界大戦に関心を持っており、吉田裕先生をはじめ、長らくその研究の系譜があったためです。

この企画に携わったのは完全に偶然で、自分が所属していた大学新聞部が一橋いしぶみの会の活動をお手伝いさせていただいていた、という経緯があったためです。入部時にはそうしたことを知らなかったのですが、自分の関心があった歴史を広める営みに参加できることもあって、手を挙げさせていただきました。

会では、鶴岡文吾さんの発表資料作成や、学園祭でのブース開設を手伝いました。東京商大の学徒、第二次世界大戦の歴史といったことがらに関心を持たれる方がこれほどまでにいるのだ、ということを実感しました。

自分は2年生以降、学業や新聞部でのコロナ禍への対応に追われたこともあって、一橋いしぶみの会の活動に満足に参加することができませんでした。そのため、半ば傍観者としての立場になってしまいました。ですが、1度でもこの取組に関われたことは、自分にとって非常に得難い経験であったと感じています。

戦争の時代を生きた若者たちの姿を語り継ぐという取

組が続いていくことを心より願っております。

現代の一橋生と戦没した一橋生

羽衣杉雄

一橋新聞部が一橋いしぶみの会の調査活動に協力しはじめたのは、２０１５年、私が学部1年生の秋の一橋祭からである。最初は、１９２４年創刊の一橋新聞をもとに、戦時中の学園の様子を紐解くという企画であった。翌年の一橋祭から、個別の戦没学生の生涯を展示するようになった。

以降、新聞部員が定期的に戦没学生の紹介文を執筆するようになったが、調査対象者の選定や資料収集は一橋いしぶみの会に任せきりであった。正直なところ当時の新聞部は、単独で企画や模擬店を行う規模も活発さもなく、適度な労力で学園祭に参加できるくらいに思っていた。学園祭が近づくと、担当の戦没学生に関する資料を渡され、説明を受けた。それを決まった形式・文量に再構成することが新聞部員に任された。

会から与えられた資料は、主に卒業アルバム・部活の記録・当時の『一橋新聞』などであったが、約80年前に生きた人物とは思えないほど情報量が豊かで、活き活きした学園生活を想像できた。

当時の東京商大は社会科学の名門とされ、日本各地や植民地から学生が集まった。今よりもっと緑豊かだった国立で、勉学に勤しみ、体育会や課外活動を通して仲間と友情を深めていたようだ。卒業後は、商社マン、外交官、教員などになって、国内外で活躍する……。

いまの一橋生の一般的なライフパスとあまり変わらないのである。たった1つの違いは、人生のある時点で動員され、戦没したということ。私はそれに気づいてから、今の学生となるべく同じ地平で、彼らの人生を書くことを意識していた。

２０１９年に大規模改装された広島の原爆資料館を訪れる機会があった。

焼けただれた被爆人形が撤去されたことに「戦争の悲惨さが伝わらない」と批判する意見もあるようだが、改装後の展示で印象に残ったのは、被爆者の遺品を展示するコーナーである。

持ち主は児童・生徒、会社員、主婦、高齢者、外国人など多様で、遺品とともに写真、経歴、人となりが紹介される。

来訪者は、被爆者のいずれかに自分の境遇との共通点を見出し、戦争に巻き込まれた苦しみ・悲しさを想像しやすくなっているように感じた。

戦争を直接経験した世代が少なくなる現在の日本で、この展示は意義深いものだと思う。

一橋いしぶみの会の調査活動が、現代を生きる一橋生にも届いてほしいと願っている。

一人の戦没者の足跡を辿ることについて

古田幸大

昭和末期生まれの私は、物心ついた頃に従軍経験者が身近にいた最後の世代なのだろうと思います。

私の祖父は、学徒出陣者ではありませんが、先の大戦中に応召してニューギニア方面へ従軍した人でした。幸運にも無事に復員し、私が大学卒業するまで存命でありました。孫の私に対して戦時中の経験について語ることは多くありませんでしたが、乗っていた輸送船が空襲で沈められたときのことや山越えの転進行のことは幾度か聞かされました。それほど身体が丈夫とも思えない祖父が、よく生き延びられたものだと不思議に感じたものです。今思い返すと、もう少し詳しい話をきいておけばよかったとも思います。

今やその祖父が他界して20年近く経ち、戦友会なども すでにほとんど解散したと聞きます。従軍経験者の方の話を直接に伺うことは、もはや不可能になりつつあるでしょう。

そうした中で、私は、一橋いしぶみの会の調査活動に関わって、幾人かの戦没者の足跡を追い、在学中のエピソード等にも触れることで、直接に会ったことのない先輩の姿がおぼろげながら具体的な個人として捉えられたような気がします。従軍経験談を直接に聞くことができなくなりつつあるとき、一人の戦没者を具体的な個人として捉えて足跡を追いかけることは、先の大戦のことをただの過去の出来事ではなく、現在と地続きの事象なのだと理解するための1つの方法として有益なのではないかと思っています。

また、そうして具体的な個人が忘れ去られないように努めることが、志半ばで世を去った同窓の先輩に対する慰霊の在り方の1つなのではないかとも思うところです。

未来への希望を込めて

星野めいみ

一橋大学ラグビー部の100周年記念を機に、OBの方々について執筆する機会をいただきました。執筆を通して、かつて同じ大学に所属し、ラグビーという共通のスポーツに魅了されて学生生活を送っていた方々が、戦争によってその学生生活を中断することとなってしまった事実を目の当たりにしました。令和の時代に大学生活を送った私にとっては、「戦争」は、教科書でしか知らない出来事でしたが、自分自身と比較することで、「戦争」について深く考えるきっかけとなりました。

そして、こうした状況下でも、ラグビーをし続けていた彼らに尊敬の念を抱くと共に、100年という部の歴史を、途絶えることなく築き上げてきた彼らへの感謝の念を抱きました。

戦争に関する残存資料や、戦没した彼らについての情報も多くはありません。しかし、彼らも、それぞれが志を抱いて学生生活を送っていた一人の若者です。

本来知ることができなかった彼らの人間性について、私自身を含め、多くの方々に知っていただける、貴重な機会であったと思います。私たちにできることは少ないけれど、こうした活動を通じて記憶を継承していくことが大切であり、彼らへの追悼となると思います。

平和な国立で、平和ではない過去に触れること

堀満祐子

「くにたちって一橋って平和だよね」。一橋大学在学中に幾度となく呟いた言葉です。

国立駅周辺が文教地区に指定されているため繁華街や高い建物がなく、郊外特有のなんとなくのんびりした雰囲気があるからでしょうか。一橋大学はその象徴で、特に週末の校内は、図書館へ向かう学生や音楽を流しながら踊るダンスサークル、自転車の練習をする親子、デッサンをする地元の人たち、様々な人がゆるやかに共存していました。

一方、その穏やかな空気の中で私が調べていたのは物騒なことでした。一橋いしぶみの会からいただいた資料をもとにした紹介文の執筆にあたり、知識が足りなかった私は「学徒出陣」「特攻 白鷺隊」など沖縄戦で戦死された方の状況や背景を理解するための基本的なところから勉強していました。大学の先輩が遭遇した過酷な現実に、これまでの戦争にまつわる知識がより現実味をおびました。それは、平和な空間で、平和の対極にあった時代とつながる瞬間でした。

一橋いしぶみの会がやっていることは、80年前の記録

と記憶のかけらを探しもとめて、パズルのように組み合わせ、ひとりの人物の学生生活から「戦死」までの物語を紡ぐことです。多くの非情の死に触れるその作業は決して心地のよいものではありませんが、反射的に平和とその意義を感じ、それを他の人にも伝えることができる貴重な機会でした。

寡黙な友人

松井晴香

一橋いしぶみの会の原稿執筆には、学部生のときに2回ほど関わる機会をいただきました。戦没学生の手記や同窓生の書いた述懐、ときには集合写真なども参照しつつ彼らの生きた学生生活を再構成することは、骨の折れる作業でありながら、同時に心温まるものでもありました。学生生活を送っている時代や社会状況などに違いはあれど、級友たちとたわいもないことで盛り上がったり、課外活動に全力を尽くしたりする彼らの姿には、非常に親しみをおぼえたからです。

原稿執筆者としての私にとっては、戦没学生たちは原稿の題材であり、執筆や調査の対象でしかないとさえ言えてしまうかもしれません。しかしながら、彼らと同年代の一学生としての私にとっては、資料を通して触れる彼らは、現にキャンパスで会い直接会話を交わす友人たちとほとんど変わりのない、いきいきとした姿で現れてくるように感じられました。

新型コロナウイルスの流行によって、学生生活にさまざまな制約があった時期だったことも手伝ってか、戦争という大きな波のうねりの中で、決して自由とはいえない学生生活を生きた彼らに、自分を重ね合わせることさえありました。

資料を見比べながら原稿を書く時間は、執筆作業というよりも、知り合ったばかりの友人と訥々と語らう時間に似ていたように思います。

結びにかえて、このような貴重な機会をくださった一橋いしぶみの会のみなさまに、感謝を申し上げます。

神風は戦後に吹き平成に止む。そして令和

森田徹

今回、フィリピンにて戦死された二人の大先輩を担当させていただいた。戦前の大学生は今とは段違いの大変なエリートである。それをむざむざ死なせたのが学徒出陣であったと改めて感じる。彼らは大正生まれの世代である。家族を守り、国を守るために死を賭した。そして、戦地から生還した人たちの悔しさ、気概は経済に向かった。「戦死した人たちに申し訳ない」――その気持ちを常に抱き、『敗北を抱きしめて』（J・ダワー著）家族の暮らしを豊かにしようと必死に創意工夫をしながら働いた。そして、昭和の後半、米国にて『ジャパン・アズ・ナンバーワン』（E・ボーゲル著）が出版される、奇跡以外の何物でもない驚異の復興を遂げる。

戦争目的（経済問題の解決、東南アジア諸国の解放）は、開戦前に夢想すらできないレベルにまで達成しえた。「神風は戦後に吹いた」とは、鬼才小室直樹氏の言。戦没した方々にはもって瞑していただきたいし、深甚なる感謝を捧ぐ。

しかし、今となっては情けないと嘆息されているに違いない。昭和に続く平成の時代、一人当たりGDPは世界二位から下がり続け、ついに昨年は30位。金額はアジア首位のシンガポールのたった4割。早晩、台湾、韓国にも抜かれるといわれる始末。

昭和の奇跡の復興を遂げた人たちは戦前を知っていた。だから敗北を抱きしめ、その反省、悔しさを糧に邁進した。しかし、戦後生まれの我々世代はそれを知らず、敗北を抱きしめてない。学校教育、マスコミがそれを避

けてきたことをいいことに安穏と過ごし、日本は没落。今回、大先輩の軌跡を書くにあたり、初めてフィリピン戦の激烈さを知る。それを戦後まで継続した小野田寛郎氏の凄さも。インターネットによる多彩な言語空間の出現により、ＧＨＱのＷＧＩＰ（ウォー・ギルド・インフォメーション・プログラム）による自虐史観や閉ざされた言語空間にも綻びが見え始めた。過去を知り、みつめて、狂瀾を既倒にめぐらす、日本復活の令和の御代となることを切に祈る。

執筆を終えて〜雑感

山口修

西直一は１９２３（大正12）年6月13日生まれで、今生きていれば令和5年6月で１００歳である。なぜもっと多くの戦友達が存命の内に直一の軌跡を辿ろうとしなかったのか、悔いが残る。

直一（長男で妹が5人）の妹（三女、私の母）和子は、今年90歳。今でもお兄ちゃんの話になると、戦時中の女学生になる。和歌山県の英語の弁論大会で優勝した話、商大時代に学生に米を食べさせろと大臣に掛け合った話、仙台予備士官学校で銃剣道の先生役をしていた話、母にとっては自慢の兄である。

祖母ます尾は、90歳で亡くなるまで長男直一が生きて帰ってくると信じていた。１９４４（昭和19）年9月仙台予備士官学校を卒業して戦地へ向かう直前、5歳の妹の希世代を連れて新宮から仙台まで2日かけて会いに行った。長旅で風邪をひいていた五女希世代は、お兄ちゃんからかけられた優しい言葉を今も心に刻んでいる。戦地でいつもにこやかに「椰子の実」を唄っていた直一に思いを寄せて二期会出身の希世代は最近よく唄うようになった。

長女千賀子は、脳梗塞で倒れ意識が混濁していた中でも仙台予備士官学校広瀬隊の写真を見せると、目を見開かせてお兄ちゃんはこれと指さした。一時回復して字も読めるようになったとき、読みたい本はと問うと藤村の詩集であった。椰子の実を病床で詠んだ。西荻窪のお兄ちゃんの下宿を訪れたことがある伯母に倒れる前にもっと話を聴きたかった。

次女良子は、老舗煎餅屋西香梅堂の後を継ぎ夫義弘と共に戦時中では考えられなかった発展をさせて和歌山でも有名な店とした。奈良東大寺での仙台陸軍予備士官学校11期生の慰霊祭に祖母と共に出席していたことを知ったのは伯母が亡くなった後である。椰子の実を一緒に唄っていた戦友の話を伺いに一緒に参加したかったが叶わぬ夢である。

四女規尹子は、唯一何で今更過去のことを調べるのと私に言った。実は一番お兄ちゃんを愛しているのではないかと思う。彼女の心の中の世界に侵入してほしくなかったのではないかと思われる。

40年前、私が結婚するときに祖母に挨拶に行った。祖母が妻に出身はと聞いて仙台と応えたとき、祖母は飛び上がらんばかりに驚いた。直一さんが引き合わせてくれたのだと思った。

一橋いしぶみの会刊行物

【戦没学友の碑と記名碑（佐野書院）】

補論：学歴と徴兵検査、学校教練、武官

中学進学が分かれ目：学歴の持つ重み

出陣学徒は、高学歴であった。在学中に徴兵検査を受けた。中等学校進学以降、長期にわたって学校教練を受けてきた。

そして、出陣学徒の多くが陸海軍の幹部養成への道を選択し、陸軍であれば入隊後、大勢が陸軍予備士官学校に入校した。また、多数の学徒が海軍予備学生を志願した。この「予備」とは、後述するように、正規の武官に対する「予備」であった。順に見ていこう。

藤原彰（1922―2003）『中国戦線従軍記』から、藤原の父に関する記述を見る。

「父の出身は奈良県生駒郡法隆寺村で、生家は法隆寺山内で雑用係をつとめる貧しい家で、大勢の兄弟の末っ子だった。兄の一人が河内の浄土真宗の寺へ養子に行って、そこの住職になっていた。その兄が、日露戦争に召集されて出征するにあたって、お寺の跡取りのことを考えて、末弟である私の父をまた養子にした。その養父藤原順道（私からいえば養祖父であり、伯父でもある）は旅順の二百三高地で戦死した。父は藤原姓になっていた

が、まだ小学生だったので法隆寺の実家で暮らしていた。その実家はとても中学校へ進むような豊かさではなかったが、養父が金鵄勲章をもらったので、その年金を学資にして、奈良県唯一の公立の中学校である郡山中学校に進んだ。しかし父は中学校卒業にあたって、お寺を継ぐ気にはならなかったので、学費の必要のない上級学校として、陸軍経理学校と上海の東亜同文書院を受験し両方に合格した。同文書院のほうは、各県から一人の奨学生の枠があり、仲のよい同級生が補欠だったのでそれに譲って、経理学校に進学したのだと言っていた。(傍線は引用者)」。

　１９２２(大正11)年生まれの藤原の父の話である。出陣学徒世代からちょうど一世代上だが、進学が困難である状況はあまり変わらない。学費が必要であるか否かは、進学にあたって重要な要素であった。藤原の父のようにあてになる資産がたまたまできたとか、地元の資産家の支援を受けるといった幸運に恵まれない限り、進学することは、豊かな家庭であることを必要とした。

　１９３５(昭和10)年の徴兵検査受検者において中等教育修了者７２，０３４人(「中学校卒」３５，３７３人、「中学校と同等と認むる学校卒」３６，６６１人)、さらに上の高等教育修了者が２７，０８８人で、これらを合わせても全体の１５．６パーセントにすぎない。後述するように中等教育以上の進学者は徴兵検査受検年齢が人によって異なるため、同一年齢における比較とはならないが、当時の男子の学歴は概ねこのような分布であった(図表1)。

　中学校を卒業すれば、役場でも会社でもホワイトカラーになることができた。つらい肉体労働から離れることができ、将来の選択肢が広がる最初の分かれ目が、中学進学だった。

　兵役についても同様だった。

　徴兵検査の受け方は、学歴によって異なり、これも中

【図表１　1935（昭和10）年　徴兵検査　教育程度別】

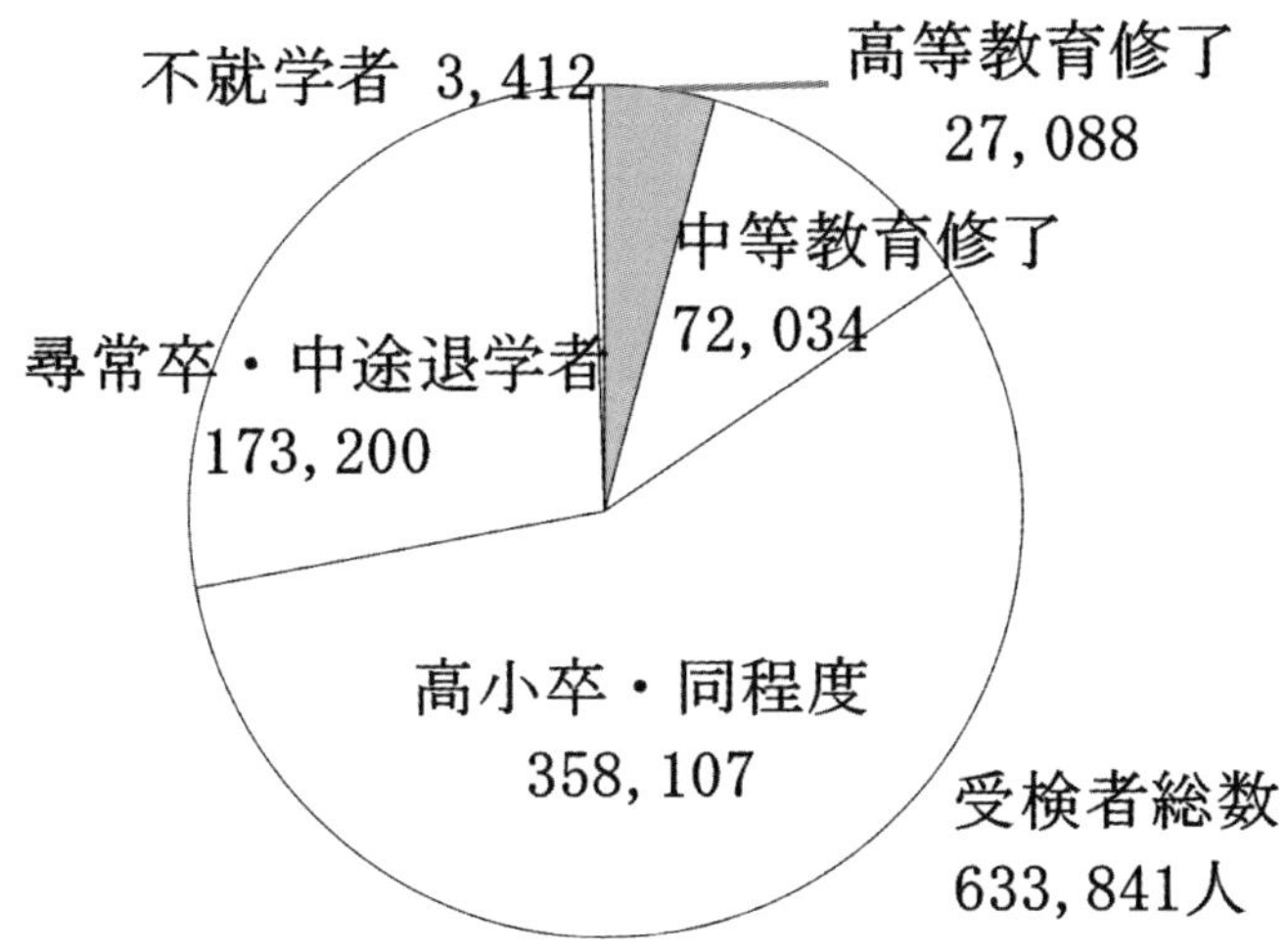

出所：『陸海軍軍事年鑑昭和15年』より筆者作成

学進学か否かによって大きく違ったのである。学歴のもつ重みが、今日とは異なった。

上級学校に進学しない一般的な男子の徴兵検査

多くの男子は中学校に代表される中等学校に進むことができず、尋常小学校或いはその上の高等小学校（修業年限2年）を卒業すると丁稚、徒弟、給仕、店員になる。あるいは、農林漁業で働く。

彼ら一般的な男子の徴兵検査はどのように行われたか。徴兵に似た言葉として「徴集」がある。「徴集」は、「現役（平時も戦時も軍務につく）または補充兵役に就かしむための行政処分」であり、「在郷の兵員を呼び集める行政処分」たる「召集」とは異なる。徴兵検査は、徴集の一環として身体検査・身上検査・兵種の選定を行う。

徴兵適齢（前年12月1日から11月30日までの間に20歳に達する年齢）となる男子が家族にいる戸主（戸主自身が徴兵適齢となる場合を含む）は、徴兵適齢届を、本籍

【図表２　体格等位と兵役関係一覧表】

甲種	乙種（一乙・二乙・三乙）	丙種	丁種	戊種
現役	補充兵役	第二国民兵役	兵役免除	判断しづらい者
予備役				
第一国民兵役	国民兵役			

出所：大江義行「兵役警察に就て」
『軍事警察雑誌』第24巻第10号、40頁を参考に筆者作成
※志願して兵籍に入る者を除く

地の市区町村長に、徴兵検査の前年11月末日までに提出する義務がある。

すると、数か月後に徴兵検査の通知書が届き、その年の4月16日から7月31日までの間で徴兵検査が行われる。身体検査で判定される体格等位により、甲種、乙種、丙種、丁種、戊種と判定される。「現役に適する者」が甲種乙種、「国民兵役に適するも現役に適せざる者」が丙種、「兵役に適せざる者」が丁種、「兵役の適否を判定し難き者」が戊種である。戊種は、翌年また徴兵検査を受けなくてはならなかった。

甲種と乙種が現役、補充兵役の対象となる。かつての平時には甲種の中でも抽選で選ばれた者だけが現役として入営したが、戦局の悪化に伴い、甲種はみな現役となった。

乙種はさらに一乙、二乙と分けられ、現役となるか補充兵役となるかは現役の充足度合によって異なった。1939（昭和14）年には、三乙という区分も生まれ、やがて一乙、二乙はもちろん、三乙・丙種まで召集された。体格等位と兵役関係は、図表2を参照されたい。

入営は1月10日、6月10日を建前とするが、特に必要のある部隊（主に満洲、朝鮮、台湾）への入営期日は、12月10日または同1日、6月10日または同1日としている。輸送と教育時期の関係を考慮したものである。

なお、徴兵検査の教育程度別の分類で、図表1では「不就学者」でまとめている内訳は、「不就学者・読書算術為し得るもの」1、192人、「不就学者・読書算術為さざるもの」2，220人であった。

小学校卒業、高等小学校卒業と分類されている者でも、必ずしも全員が満足に通学して勉強することができたとは限らない。特に農繁期ともなれば、遊びたい盛りの子供でも水汲み、苗運び、家畜の世話、子守り、家の掃除等々しなくてはならない仕事が多くあった。小学校、高等小学校でも数多くの中退者がいた。

都市部とそれ以外との格差は、想像以上に大きかった。

農村兵士は、体格・体力こそ都会出身の学徒兵にまさることもあった一方で、軍隊での学課では泣かされた。

上級学校進学男子の徴兵検査

義務教育を終え、なお何年かの間、日常の勤労を免除されて上級学校に進学したのは、恵まれた階層だった。さらに、彼らは兵役面でも「特典」を有していた。

中等学校以上に在学する者には、在学徴集延期を願い出れば認められた。この趣旨は、兵役と文政との互いの協調である。国家の文教を振興することは国の発展上、極めて大切であるとして、兵役のために学業が妨げられないことをめざした制度である。

在学徴集延期の手続きは、以下のとおりである。

（1）初めて徴集延期をしようと思う者は、本籍地の連隊区徴兵官に宛てて、その年の4月15日までに到着するよう「在学徴集延期願」に学校長の「在学証明書」を添えて、本籍地の市区町村長に差し出さねばならない。（2）引き続いて延期する者、すなわち第2年目からは、毎年4月15日までに到着するよう「在学証明書」だけを、本籍地の市区町村長を経て、本籍地の連隊区徴兵官宛てに差し出す。（3）学校の卒業または修了にあたっては、「在学徴集延期事故止届」を本籍地の市区町村長を経て、本籍地の連隊区徴兵官宛てに差し出す。これにより先送りされていた徴兵検査を受検することになる。

先述した徴兵検査（図表1）の場合、出陣学徒と同じ階層は、「大学学部卒」が10、057人（1．59パーセント）、「高等専門学校卒」が12，347人（1．95パーセント）、「高等専門学校と同等と認むる学校卒」が4，684人（0・74パーセント）に相当する。図表1では「高等教育」としてまとめた数値で示している。

中等教育修了者として図表1で表示されるのは、中等教育を最終学歴とし、当時在学徴集延期が認められていた上限22歳から20歳までの受検者数である。

在学徴集延期の上限は、学校の程度によって異なる。

東京商大の場合は、１９２７（昭和２）年の兵役法制定当時は、予科・専門部・教員養成所は年齢25年、大学学部は27年であったが、改正を経て短縮されていく。

多くの出陣学徒世代が属する年代、たとえば１９２１（大正10）年６月生まれの男子を仮定すると、中等学校以上に進学しなかった場合には、１９４１（昭和16）年の4月16日から7月末までの間に徴兵検査を受検し、現役に選ばれたならば翌年1月に入隊した。

一方、同じ年月に生まれた男子が中学を出て大学予科（あるいは高等学校）に進学したとすると、同年代の多くの青年が兵役についている間、学校で勉強をしている。よほど長い回り道をしない限り大学学部を卒業するまで「徴集延期」できるので、もしかしたらその間に戦争は終わるかもしれない。それが入学時の制度であり、彼らはそのつもりで入学した。ところが、それが大きく変わったのが、出陣学徒世代であった。

１９４１（昭和16）年、１９４２（昭和17）年は学校の修業年限短縮により、最上学年は繰上げ卒業となり、卒業となる徴兵適齢者に対しては在学中に臨時の徴兵検査が実施された。出陣学徒世代の2学年上と1学年上の学年は、学校を卒業するまでは兵役に就かずに済んだとはいえ、学校に在学できる年限が短くなってしまった。しかし、かろうじて卒業・就職という過程を経ることができた分だけ、本書でいう出陣学徒世代とは異なる。

１９４３（昭和18）年10月、在学徴集延期は停止され、やはり臨時の徴兵検査が徴兵適齢者全員に対して実施された。検査により現役とされても、医科または理工科等の学徒に対しては、全般の情勢の許す範囲において修学を継続させ、有為の幹部として現在以上の実力で勤務させるために入営延期が命じられた。これは、「軍事上、修学を継続させるを要する者」に限定され、従来の徴集延期とは根本的に異なる。

１９４３年12月には徴兵適齢が19歳に引き下げられた。１９４４（昭和19）年だけは、「2年分」の徴兵適齢者がいたことになる。

なお、１９４３年に出された在学徴集延期臨時特例は、１９４５（昭和20）年11月16日、ポツダム宣言受諾に伴い発する命令の件に基き、兵役法、兵器等製造事業特別助成法、兵役法施行令等とともに廃止された（勅令第６３４号）。

学校教練

日露戦争（１９０４（明治37）―１９０５（明治38）年）は、我が国始まって以来の大戦争で、召員総数１２４万人となった。当時の我が国男子総数の５パーセントである。しかし、第一次世界大戦（１９１４（大正3）―１９１８（大正7）年）での各国の兵員は、英国７５０万人、フランス７００万人、ドイツ１２８０万人と、各国の男子総数の31から37パーセントにものぼった。

大戦後、欧米諸国が競って国民訓練又は軍事予備教育の施設に努力しつつある現状を調べたわが国陸軍は、より広く平素から軍事訓練を実施する必要性を痛感した。「国家総動員」について研究を重ね、議論の末、学校教練の制度化は、当時のいわゆる「宇垣軍縮」とあいまって、１９２５（大正14）年４月11日をもって公布された「陸軍現役将校学校配属令」（勅令第１３５号）および同月13日をもって定められた「教練教授要目」（文部省訓令第６号）で始まった。この勅令は、官公立の中学校・高等学校・大学予科・専門学校等に陸軍現役将校を配属させ教練を担当させることとし、私立学校においては、当該学校の申請によってこれを行ない、とりわけ大学学部の申し出あるときは特に配属させることとした。

教練は必修科目の体操の中に位置づけられた。学校教練の有無は卒業者の徴兵猶予または兵役期間の短縮などの恩典の有無に結果したので（のち廃止）、すべての大学及び中等学校以上の私立学校でも配属将校を受け入れることになり、のちに大学の教練も必修となる。

学校教練に関しては、年に一度、陸軍大臣の任命した教練査閲官による査閲が義務付けられた。幹部候補生となるための資格として、配属将校の行なう教練を修了し、その検定に合格することが必須とされた。学校教練によって、幹部候補生すなわち戦時の予備役初級士官の大量補充源の確保を狙った。陸軍予備士官学校がいくつもつくられた。

すなわち、当時「限られた階層」として認められていた中等学校以上の学歴があれば、陸軍において学歴がない者よりは有利な立場になる可能性が大きい。一方、海軍では学校教練の成績は重視されなかったために、それを理由に海軍を希望するという学徒もおり、海軍では一般の兵隊よりも昇進の早い予備学生制度を用意していた。

なお、学校に現役将校を配属して教練の振作を図ることとした政府は、同様の趣旨をもって一般青年の資質向上を期し、1926(大正15)年4月20日、青年訓練所令(勅令第70号)を制定した。青年訓練所は、1935(昭和10)年に実業補習学校と統合して青年学校となった。

出陣学徒世代が中等学校に進学した当時には、配属将校による学校教練は制度として定着していた。出陣学徒世代は、中等学校・専門学校又は大学予科(高等学校)・大学学部と上級学校に在籍している間、学校教練を長く受けつづけてきた世代でもある。青年学校でも教練は課せられたが、「学校出」が学校教練を受けた年数には及ばない。

なお、1941(昭和16)年でそれぞれの学校の教練教授時数、野営日数は次のとおりである。

大学予科・高等学校・専門学校(3年制) 毎年教授時数 70時(第3学年のみ60時)、毎年野外演習日数7日(第3学年のみ 野外演習でなく陸軍軍事講習7日)

大学学部(3年制) 毎年教授時数 60時、毎年野外演習日数7日(第3学年のみ 野外演習でなく陸軍軍事講習7日)

武官とは何か

図表2において、兵が現役を終えてから予備役につくことがわかる。そして、陸海軍の下士官以上についても、現役に対する予備役がある。この「現役」が武官である。

大日本帝国憲法第十条は、

天皇ハ行政各部ノ官制及文武官ノ俸給ヲ定メ及文武官ヲ任免ス但シ此ノ憲法又ハ他ノ法律ニ特例ヲ掲ゲタルモノハ各其ノ条項ニ依ル　と定める。

武官とは、陸海軍の下士官以上を指し、武官以外の官吏を文官という。警察官や技官も文官である。武官は、憲法第十条の文武官の任命大権に基き任命せらるる者であり、文官とひとしく国家の官吏である。官吏は、現在の公務員よりはるかに狭い範囲である。

多くの学徒兵が目指した陸海軍の幹部養成とは、武官すなわち将校・下士官の「予備」なのであった。

武官になるには、大きく分けて2つの筋道がある。

1つは、軍の学校に入るという道である。

軍の学校の代表的なものとして、陸軍三校（陸軍幼年学校〔陸幼〕→陸軍士官学校〔陸士。陸軍予科士官学校・陸軍航空士官学校を含めて陸士と総称〕→陸軍大学校〔陸大〕）あるいは海軍三校（海軍兵学校〔海兵〕、海軍機関学校、海軍経理学校）が挙げられる。陸軍大学校〔陸大〕を卒業すると、参謀である。海軍大学校もあったが、陸大ほどエリートの必須要件とはみなされなかった。軍の学校を出て、正規の将校となる手段として、陸軍幼年学校を除けば、学費がかからないというのも大きな魅力であった。

〔陸士〕〔海兵〕は中学の途中から受験する。昭和の初めは大変な不景気があり、「大学は出たけれど」という言葉がはやるくらい、帝大生でも就職にありつけない時期があった。中学の途中で〔陸士〕、〔海兵〕に合格すれば経済的な安定が見込めるという理由から、選択した者も多いという。

なお、陸軍士官学校〔陸士〕や海軍兵学校〔海兵〕といった軍学校をへて正規将校となった者は、それぞれの学校入学時にきびしい身体検査はあるものの、徴兵検査は受けない。

もう1つの武官になる道は、徴兵もしくは志願により軍にはいって下士となり、軍の中で昇進してゆくというコースである。兵は武官ではないが、下士官からは武官であり官吏であるから、一定の年限以上勤めれば恩給もある。農家でみじめな暮らしをするよりは、親の力にも頼ることなく武官になれるという、「出世」の夢がありえた。実際には、下士官はともかくとして兵から上がって将校になるには非常に険しい道のりである。だからのらくろは、人気を博した。

昭和の初めごろからの航空熱の高まりもあり、飛行兵を目指す者も多かった。新聞社などが村々を回り、映画の上映や軍人による講演等を行なって少年達の空への憧れをいっそうかきたてた。予科練（海軍飛行予科練習生）がことに有名である。あるいは、軍隊で一定の技能を身に着け、それを除隊後の就職に役立てようと考える者もいた。飛行兵、整備兵に人気があるのは、そういう理由も大きかった。新聞社の航空カメラマンなら月額２００円位もらえる、というようなことが、盛んに宣伝された。大工職平均賃金月額が55円、活版植字工賃金月額が56円、判任官平均俸給月額が65円という時代である（１９３７年）。武官は立身出世の手段となりえた。

多くの学徒兵がなったものは

出陣学徒に話を戻す。現役将校は、軍の学校を卒業した者がなり、出陣学徒たちは予備役将校であった。下士官も、たたきあげの現役下士官に対し、学徒兵らがなったのは予備役下士官である。陸海軍に入隊して訓練を受け、試験等を受けている間はもちろん「現役」であるが、任官したとたん制度上は予備役となり、またその場で召集されたことになっていた。任官前に落命した者、任官後に戦没した者、戦没出陣学徒の死亡時の階級は様々である。

付記・陸軍士官学校も戦時短縮措置

先述した藤原彰は、陸軍士官学校に入学した。

「1941年7月18日、私たち第55期生は陸軍士官学校を卒業した。1922年7月2日生まれの私は、まだ19歳になったばかりであった。部下の兵士たちよりも年少の将校が出現することになったのである。これは士官学校の歴代各期のなかで、私たちの55期は、時局の影響を受けて最短期間で卒業することになったためである。1937年にはじまった日中戦争が予想以上に拡大し、思わぬ損害が多出して、現役幹部の不足が深刻になったので、陸軍当局は1937年春に入校した士官学校の53期生を、同年秋にも追加募集し、さらに38年春入校の54期生も採用人員を増加した。本来は39年春入校すべき55期生は、時期を早めて38年12月に入校することにされた」

そして、「入校してからも55期生は超短縮教育を受けた。通常は2カ年の予科を、38年12月から39年11月までの1カ年で修了、多くの学科や科目がカットされた。予科卒業後の隊附教育（部隊での実習）も、通常半年のところを四カ月半に短縮され、伍長、軍曹の勤務をそれぞれ1カ月で」すませた（引用はいずれも『中国戦線従軍記』）。

士官学校本科も通常2か年のところを1年3か月で卒業となった。省略された学科としては、まず国際法がある。次に問題点として藤原が挙げるのが「戦術教育や戦闘訓練のすべてが、ソ連軍に対するものに終始したこと」である。対中国軍、対アメリカ軍の戦闘に有効な闘い方はいっさい教わらなかったという。帝国陸軍の仮想敵はロシア（ソ連）であった。

戦争末期の正規将校たちも、出陣学徒と同世代の若者たちは、繰り上げ卒業で軍務に就き、学業半ばという点は出陣学徒に近い処遇であった。

（酒井雅子）

あとがき

未完の学生生活

私の父は１９４３（昭和18）年10月、東京商大学部在学中に入隊した出陣学徒である。ただし生還した。私的な話から始めて恐縮であるが、私は、自分が一橋大学卒業を迎えた3月、母から思いもよらぬお願いをされた。

「お父さんが卒業式に参列したいといっている」

今と違い、大学の式典に親が付き添う時代ではなく、親の参列は、何か気恥ずかしい気がした。確たる返事もせず、当日を迎え、キャンパスに来た両親に、不肖の娘は顔を会わせないようにしていた記憶がある。

父と同期の学生たちは「卒業」式ではなく、「壮行」会によって学園と訣別した。急遽の徴兵検査が行われ、入隊したのち、繰上げの卒業が決まり、証書だけが家族の元へ送られた。これさえ見ることなく戦死した人もいたはずである。

父は娘の卒業式に、自分の卒業式を重ね合わせたようだ。「兼松講堂は変わらないな」とポツリ語っていた。突如断ち切られた学生生活に対する思いと無念は後から知った。

１９４４（昭和19）年卒業とされた父の期の同期会は元号の「19」を「いく」と読ませ、その名を「郁水会」と称した。

この期はもう１つの不条理を被っている。終戦後に戻る場所を持たなかったことである。一学年上の１９４３（昭和18）年9月の卒業者は就職を決めてから入隊した。会社によっては入隊中の給与も支給されている。一学年下の学生たちは、入学直後の入隊だったため、終戦後は大学に復学する権利を持った。徴集延期の停止の不意打ちを食らったこの年次のみ、入隊後に繰上げの卒業となり、帰還時の身分がどこにもなかった。このため、終戦後は、まず働き口を探す必要にせまられた。

「郁水会」には、通常の会合では戦争の話をしない、という不文律があった。もちろん戦争の話をすればきりがなく、過去に固執せず前を向こう、ということであったろう。しかし前線で常に死と対峙し緊迫感の中にいた者、内地に留まれた者、戦後の抑留者となった者、運が作用した面が大きいとはいえ、生還者たちの経験も大きく異なった。兵であった日の記憶が、同じ感情で共有できぬことを、彼らは暗黙の裡に了解していたと思われる。

その一方、会は戦没同期の黙祷から始まった。彼等の戦没地を訪れては追悼を重ねた。生き残った負い目はあったろう。

生還者の多くは、戦死した友より長く生き、日本の戦後の復興を支え、高度経済成長を導き、豊かな社会をつくることに貢献した。それは否定しない。しかし残虐な戦いが多感な若者に与えた心傷が大きすぎて、現実社会に戻れなかったケースもあった。

東京商大の学部在学時に入隊した内田清比佐（１９４２年10月学部入学）は「復員後、酒に溺れるようになり性格が変わった」と、年の離れた実弟で、ロックシンガーであった内田裕也が明かしている。清比佐は、ケンカに明け暮れすさんだ生活を送った後、早逝した。その名前は卒業者名簿にはない。彼もまた学園に還らざる学友の一人である。戦争のトラウマから変貌した自慢の兄の姿に衝撃を受けた弟は、戦争断固反対の立場を終生崩さなかった。

学徒出陣の「物語」は、大概1943（昭和18）年10月21日、神宮外苑の壮行会の雨中の行進の場面から始まる。だが壮行会は大阪、仙台、京都、名古屋等の国内各地、あまり知られていないが朝鮮、台湾、満洲の外地でも行われた。外地に移住した日系二世の壮行会も開催されている。「学徒」にしても出自が一様ではない。帝大とそれ以外、官立と私立、専門学校、高校、そして外地の学徒。それぞれの意識はかなり違ったであろう。一括りとして語ることはできないのである。壮行会も、志願なのか選抜によったのかは、学校によって異なったと思われる。全員参加ではなかった。徴集延期の停止が決まり急ぎ故郷に戻った者もいた。「皇国の為に身を捧げん」と戦争の大義に殉じる旨を綴って自室に閉じこもった者もいれば、その大義に疑念を持ち、はたして「天皇陛下万歳」といって死ねるのか、との覚悟が決まるまで山手線を周回した者もいた。

若くして死ぬことは悲劇として語られる。若者全般に当てはまる話であるが、学徒の場合、戦争に対して理不尽を感じつつ体制に殉じざるを得なかった葛藤や、前途を断たれた無念を言葉として表現していることが多く、その悲劇には拍車がかかる。

「学生が戦争に行ったことを美化してくれるな」と、学徒兵だった方から言われたことがある。10月21日、神宮外苑の雨の行進と、平和を希求しつつ死んだ若き学徒兵たちの組み合わせは、あまりにもシンボライズされすぎていた。そのような「美しい物語」に昇華することは承知できないということであった。美しく語ることで、対極にある戦争の非情は語れるが、それはまた真実を見えにくくする。そしてその真実もひととおりではない。

ただ今となっては、その真実の追求に迫ろうとしても限度がある。戦没学徒たちの生涯はあまりにも短くほぼ何も残っていない。自分の家庭を持つこともできず散った若者たちは、親族が絶えていた場合、遺品その他を探すことがほぼ不可であった。卒業アルバムがつくれなかった戦時下、一葉の写真すら探し出せなかった学徒がいる。生死も分からない朝鮮・台湾の学徒たちもいた。

本書は東京商科大学学部、予科、専門部の学徒のみに焦点をあてている。理系を持たないこの学校では、徴集延期の停止が決定された後、適齢学徒はほぼ順番に入隊していった。学内学徒は同じ運命の下にあった。

東京商大は官立ではありながら、東京帝大や一高が持っていたナショナルエリート的な思想は強くなかった。教授たちが、「死ぬな、必ず戻ってこい」と呼びかけ、「君たちの仕事は戦後にあるんだ」という希望の言葉を発することができたのは、一橋リベラリズムといわれた学園風土も影響している。

学徒兵を特別視することへの批判は今もある。学徒という恵まれた立場の一階層の、戦争における役割は個々のプロフィールからは断片しか読み取れなかった。ただ、選抜者のみに施した高等教育とは、戦局の悪化で不足した下級将校や下士官にするためでも、技術習得を必要とした飛行兵としての速成を目したものではなかったはずだ。学徒たちも高等教育を受けた恩恵に対して、それに応える責任の自覚をもっていた。国家の未来を担うはずだった学徒を、学業を中断させ戦地へ向かわせたことは、教育の正常な姿ではない。「一億玉砕」と言い放った時点で、国は未来の姿を持っていない。「学徒出陣」は愚策でしかなかった。

亡き君ら如何に見てゐむ長き戦後
　　われら過ぎ来しその生きざまを
白井洋三

白井は前述した「郁水会」のメンバーで、同期の唐津常男と共に学生時代から歌人の一面を持っていた。

この歌が詠まれたのは1973（昭和48）年、終戦から四半世紀あまりが過ぎていた。前年1月にはグアム島で残留日本兵が発見され、5月に沖縄が返還、10月には日中国交が正常化され、戦争は本当に過去のものとなりつつあった。学業半ばで戦地へ赴き「若く逝きし友」と「生き残りし吾等」の対比を、白井は晩年まで詠んだ。出陣学徒たちの学生生活は、生還者にとっても最後まで完結をみていない。

戦争というおろかな仕業を語り継ぐこと、その誓いを戦没学友の鎮魂として捧げたい。

（野村由美）

それぞれの「あたりまえ」を問い直す

まず、本書を手に取り読んでくださった読者の皆さまに心より御礼申し上げる。

いま私たちが「あたりまえ」と思っていることが、別の時代、別の国では、必ずしもそうではない。

ここ何年かの通信手段の発達により、世界各地から、戦争の映像が絶え間なく流れ込む。音声のついたカラー映像で、戦争が中継される残酷な時代となった。

本書を編み、80年前の大日本帝国が目前にあらわれた。平和に育った身からすれば、まるで外国である。それはそのまま、自分自身の「あたりまえ」を問い直す作業でもあった。特に、女性の存在が気になった。

「ねえさん、千人針を頼みます」

徴兵検査を受けて合格し入隊が決まった青年が、離れて暮らす姉に出した手紙の一節である。青年は学徒兵ではない。両親は既になく、たった1人の肉親である姉も青年も、それぞれ働いている。千人針を用意するのは、こうした身内の女性や国防婦人会であった。

「一ツ橋ガクト君物語」に登場する3人の女性、ガクト君の母親イト、ガクト君のねえさんキクエ、そしてばあやも、あわただしくガクト君の入隊の支度を整えたに違いない。通常の徴兵検査よりも、入隊までの時間が極めて少なかったのが出陣学徒兵である（なお、その後の物語では、ばあやはガクトぼっちゃんの無事を祈りつつ終戦直前に慢性盲腸炎で死亡する）。

勉強ができるキクエは、高等女学校を経て東京女子高等師範学校に行った。高等女学校は5年制の女子中等学校のことで、高等と冠しているものの、男子でいえば、中学校・実業学校と同じ中等教育である。

しかも、その教える内容と程度は、中学校と高等女学校とでは、大きく異なっていた。小学校でも、そうじが済めば女子は下校させられたが、進学を希望する男子は、五年生から残って補習を受けた。中等学校以上の男女が同じ内容の教育を受けるのは、戦後になってからである。

キクエが経験したような大陸旅行は、奈良女子高等師範学校(現・奈良女子大学)でも実施した。詳細な行程を、奈良女子大学のウェブサイトで見ることができる。「日満共同一如の精神的自負をうながされし点に於て、得るところ極めて多かりき」といった文章に、はっとする。

1945(昭和20)年12月に、「女子教育刷新要綱」が閣議決定された。これにより、高等教育の女子への門戸が正式に開かれた。伝統ある「女子大学」は何校も存在したが、大学令に基づく大学ではなかった。高等教育でも例外的に戦前から東北帝大などでは女子学生を受け入れていたが、一橋学園に女子学生が入学したのは1949(昭和24)年である。東京商大の、最初にして最後の女子学生として、たった一人入学・卒業した石原一子先輩は実業界でも研鑽を重ね、我が国の上場企業女性役員第1号となった。学業でも、実業でも、いばらの道を切り開いた、仰ぎ見てやまない大先輩である。

その石原先輩の、東京商大在学中には、軍の学校出身の同級生がいたと聞いた。そのときはこちら側に十分な知識がなく、「そうでしたか」と聞き流してしまった。

阿川弘之の言葉を借りれば、敗戦と同時に「栄誉ある帝国陸海軍の軍人はすべて侵略戦の手駒、社会から追放され無視されて当然の忌むべき存在に変つた」。

城山三郎(1927―2007)は、志願して海軍特別幹部練習生となり、訓練中に終戦を迎えたのち、東京商大(当時、東京産業大)の予科に入学した。阿川弘之のいう陸海軍の軍人に向けられた憎しみの視線は、軍の学校に在籍したというだけの青年にも向けられた（加藤仁『城山三郎伝：筆に限りなし』２００９）。

学校の管轄は文部省というのが私の「あたりまえ」であったのだが、軍の学校で学んだ人は相当いた。

藤原彰先生には、一橋大学学部在学中に「政治学」をお教えいただいた。受講生の多い人気授業だった。『中国戦線従軍記』は、私たちが卒業後何年もたってから書かれているが、こんなに凄惨な体験をお持ちだとは思わなかった。東京商大戦没出陣学徒のご縁で、学生時代お世話になった先生の本を手にする。これも「学縁」であろう。

陸軍士官学校の藤原彰先生の期（55期）が戦時短縮であったと知り、出陣学徒世代と近い年代であろう陸士・海兵それぞれの戦没者数を掲げる（大小田八尋「日本の挽歌靖國神社桜花　老兵は死なず亡友を弔う日々」『偕行』（641号）、２００４—５）。次頁を参照されたい。

戦没者は学徒兵と少年兵が多く正規将校は温存されたという物言いは、この若い将校たちに限れば、訂正されるべきである。

本書の主役は戦没出陣学徒であるが、もちろん戦没者は彼らだけではない。学徒兵の一方で、「人生の一発逆転」を目指して、貧しい暮らしから這い上がる手段として戦争に賭けた少年・若者たち。再度の召集に応じて、妻子や老母を残し、後ろ髪を引かれる思いで戦地に赴いた大勢の将兵。銃後の人々。そして、多くのアジア大陸や太平洋の島々の人たち。

植民地支配の暴力性も、今日の私たちが考えねばならない課題の1つである。

（酒井雅子）

陸軍士官学校50～57期卒業生　戦没者数

陸士　期別	卒業年月（注）	卒業者数	戦没者数	戦没率％
50期	地　1937・12 航　1938・ 6	466	164	35.2
51期	地　1938・12 航　1939・ 4	506	194	38.3
52期	地　1939・ 9 航　同　上	637	226	35.5
53期	地　1940・ 2 航　1940・ 6	1,719	654	38.0
54期	地　1940・ 9 航　1941・ 3	2,186	891	40.8
55期	地　1941・ 7 航　1942・ 3	2,350	973	41.4
56期	地　1942・12 航　1943・ 5	2,299	1,008	43.8
57期	地　1944・ 4 航　1944・ 3	2,303	709	30.8

（注）　地・・地上兵科　　航・・航空兵科

海軍兵学校66～73期卒業生　戦没者数

海兵　期別	卒業年月	卒業者数	戦没者数	戦没率％
66期	1938・ 9	220	119	54.1
67期	1939・ 7	248	155	62.5
68期	1940・ 8	288	191	66.3
69期	1941・ 3	343	222	64.7
70期	1941・11	433	287	66.3
71期	1942・11	581	329	56.6
72期	1943・ 9	625	337	53.9
73期	1944・ 3	898	283	31.5

出所：大小田八尋「日本の挽歌靖国神社の桜花　老兵は死なず亡き友を弔う日々」
『偕行』641号　2004-5

還らざる学友(とも)よ　君たちの志は
ここ国立に　永遠(とわ)に生き続ける

一橋大学国立西キャンパスの南隣り、佐野書院の前庭にある「戦没学友の碑」に刻まれた碑文である。戦後55年たった2000（平成12）年に建立されたこの碑には、戦争を体験し、学友や家族、知人を戦争で失くした戦中派と戦後第一世代の気持ちが込められている。「戦没学生の鎮魂碑を」と題して如水会々報に寄稿した松崎弘（1939年専門部卒業）が「これは忠魂碑ではない。鎮魂碑または慰霊碑なのだ。戦火に散った吾が会員・学生を慰めたいのだ。反戦平和の願いを託し、残された我々が再び愚かなことをさせない、しないという誓いの〝しるし〟でもあるのだ」と訴えたのは1999（平成11）年3月のことだった。この呼びかけに如水会員、遺族、その他大学関係者900余名、年次会等16団体が1360万円の寄付によって応えた。そして翌年4月に碑が建立され、1年後に附属記名碑が加えられて、戦没学友の碑が完成した。

一橋いしぶみの会は、大学による碑の管理を支援し、毎年碑の前において追悼会を開催するために結成された。その後、一橋いしぶみの会は毎年の追悼会に加え、2010（平成22）年4月に「戦没学友の碑」建立10周年記念文集『一橋人と昭和の戦争』を編纂した。戦没者の遺稿、戦後様々な機会に綴られた戦争体験や戦没学友への思いを集めた貴重な取組だった。

2015（平成27）年、戦後70年の節目の年には、90代になっていた出陣学徒の会員の中から、戦争と戦没学友を次の世代に伝えることを一橋いしぶみの会に期待するとの声が挙がった。その期待に応えるべく始まったのが春のKODAIRA祭、秋の一橋祭における「戦争と一橋生」という企画だった。一橋大学新聞部の現役部員有志が呼びかけに応えて、「一橋新聞と卒業アルバムに見る戦争と一橋生」が実現した。3日間の来場者が400名と主催者の一橋大学新聞部も一橋いしぶみの会も、予想外の反響に驚いた。これは節目の年だけにとどめる企画ではないとして翌年からは、戦没学友一人ひとりの歩みを調べ、彼らが現に国立や小平において生きた証を発掘し、今の世代に伝え、次世代に残す取組が始まった。今迄に調べた戦没学友の数は120人余りである。そして、学徒出陣80年の節目の年である2023（令和5）年に戦没出陣学徒の足跡を集め、まとめることで、学徒出陣を戦没出陣学徒の生きた証として伝えることができた。2015（平成27）年に戦中派から受け取ったバトンを一歩前に進められたと思っている。

戦没出陣学徒の個人史を調べるベースとなったのは2001（平成13）年の戦没学友の碑附属記名碑作成のために、大学、如水会、各学年幹事の尽力によりつくられた『戦没学友名簿』である。この名簿も一からつくられたものではない。1984（昭和59）年に如水会により編纂された『第二次大戦と一橋』に掲載された戦没学友名簿作成の取組があったればこそ作成できたと言える。

また学徒出陣世代の大半の学年は入学50年等の節目の年にそれぞれ記念文集を編纂しており、戦没した同期生の回想や自身の戦争体験が掲載記事の大きな割合を占めている。そして、その巻末資料として、同期生名簿が掲載され、個人に関する詳細な情報を記録している同期会もある。これら、出陣学徒世代が残してくれたものが、個人史を辿るための欠かせない資料となっている。また戦前、一橋会では毎年『一橋会会員名簿』を発行しており、氏名、出身中学、住所、実家の住所、所属ゼミ、所属クラブといった情報が記載されている。調査の方針を決めたり、遺族を探すためには欠かせない資料である。

運動部の多くは（一部文化部も）、戦前には毎年部誌を発行し、戦績や活動報告、所属部員の所感文を掲載してきた。更に創部50、70、１００年といった節目の年には部史を編纂している部も少なくない。その際には何らかの形で戦没した部員の回想が記されている。巻末資料として「戦没者名簿」を掲載している部もある。

１９４１（昭和16）年4月予科入学の予科クラス「緑芳会」は、戦後間もない１９４６（昭和21）年10月にその時点で判明していた同クラスの戦没学友3名について『市岡・世良・平井君を偲ぶ』と題する追悼文集を発行している。

１９４２（昭和17）年4月学部入学者を中心とする「郁水会」は、学部卒業15年目の１９５９（昭和34）年に同期会誌『郁水1号』を発行し、そこには戦没学友の追悼スペースを設けている。このような出版物の多くは、卒業生から大学の学園史資料室や如水会に寄贈され、公開されているので本書の執筆にあたって欠かせない参考文献となった。

東京商大予科や専門部に入学したものは学徒出陣で入隊するまで少なくとも2年余り東京商大の「学園生活」があったが、１９４３（昭和18）年10月に高商や旧制高校から東京商大の学部に進学し、戦没した4名にとってはわずか2か月の「学園生活」となってしまった。彼らについての国立での学生時代の情報は限られている。出身校である高商や旧制高校の後継大学やその同窓会にも資料の提供を戴いた。出身校といえば、旧制中学の後継高校及びその同窓会にもお世話になった。この場を借りてお礼申し上げる。

入隊後の足跡については、陸軍より海軍の方が資料がまとまっている。海軍に属した出陣学徒のほとんどは飛行専修予備学生、兵科予備学生か主計科見習尉官となった。このグループの戦友会は正確な名簿を作成しており、戦没者については戦没場所、戦没年月日が明記されている。飛行専修予備学生と主計科見習尉官については、まとまった回想文集も出版しており、戦没者一人ひとりについて戦場でのこと、戦没状況などを戦友が書き残してくれているケースもある。
その点、陸軍の場合には、出陣学徒の人数が海軍の2倍以上であったのに加え、幹部候補になるのが全体の8割で、その内65％が士官候補の甲種、35％が下士官候補の乙種となったといわれているように進路も分かれた。更に、過半数が進んだとされる甲種幹部候補生の教育機関も多数存在しており、しかも、その中心的存在である予備士官学校や軍教育隊でも同期生全体を組織する戦友会が存在しないところが多い。

東京商大出陣学徒が多く入校した前橋予備士官学校及び陸軍小平経理学校については、網羅された戦没者名簿が存在しているが、そのほかの学校ではそのような名簿が存在するのは仙台予備士官学校など限られている。乙種幹部候補生の場合には学校単位で戦没者情報を入手することはむつかしい。幹部教育修了後に配属された部隊名がわかった場合には、その部隊の部隊史や部隊略歴から部隊の動きがわかる。戦没した時期の部隊の所在や戦況を把握して、戦没者の置かれた状況を推測できることもある。一兵卒として出征した出陣学徒についても同じことがいえる。このような困難な調査にあたっては、防衛省防衛研究所戦史研究センター資料室や靖國神社偕行文庫に所蔵されている文献や資料から、貴重な情報を入手することができた。また、地方自治体の図書館や郷土史料館などから思いがけず情報が寄せられることもあった。多くの皆さんの協力がなければこの本は出来上がっていないだろう。

卒業アルバムのない出陣学徒たちである。同期会の回想文集にある氏名付き集合写真には助けられた。そこで得られない方々の写真収集には苦労した。出身校の同窓会の協力を得て、出身校の卒業アルバムから写真を提供いただいたこともある。先年亡くなられた松本勝之さん（1943年10月学部入学）を訪ねたときには、99歳の高齢にもかかわらず、予科時代の写真を多数用意されていた。そして、寮の同室者と陸上競技部の集合写真を提供いただき、同期の斎藤實さんと世良誠さんを鮮明な画像で紹介することができた。今回の出版事業の過程で無事帰還された中川秀造さん（1942年4月学部入学）の遺族からは、丁寧に整理された当時のアルバムを見せていただき、氏名を付した端艇部と予科クラスの集合写真を見つけた。不鮮明な飛行服姿の写真しかなかった立野廣光さんと前葉平一さんの予科時代の鮮明な写真をお借りできた。端艇部の仲間と談笑する立野さん、スラっと背筋の伸びた前葉さんの姿は剣道部仲間の回想にある「佐々木小次郎」という形容がピッタリだった。

　遺族とつながると、思いがけないことを知ることがある。沖縄で亡くなった川島荘太郎さんは、沖縄に向かう船に乗船する直前に、船から降りてきた見知らぬ人に手紙を託し、両親あてに行先を知らせたという。両親はその手紙で荘太郎さんの任地を知ったが、それが親子の最後の交信となった。このことを荘太郎さんの弟国男さんの手紙で知った。残しておきたいエピソードだと思った。

　戦艦「大和」と運命を共にした川又満吉さんの妹博子さんを取材した執筆者から「みつよっさん」と呼んでいたと聞いた。「まんきちさん」と呼んでいた私はまた一歩川又さんに近づいた気がした。シベリアで亡くなった伊藤宏平さんの両親は戦後3年経って受け取った収容所仲間からの葉書を読んで葬儀を挙げる決心がついたと聞いた。親の深い悲しみが伝わってきた。

　中には、遺族に巡り合えたにもかかわらず、協力を得られないこともあった。兄を失くしたその方の悲しみ、くやしさ、後悔の念の入り混じった電話口での言葉は忘れられない。その時既に戦後75年以上が過ぎていた。私はその方のお兄さんのパネルをつくることをやめた。それでも多くの遺族の方の協力がなければもちろんこの本はできていない。改めてお礼を申し上げる。

　この活動の過程で、一橋いしぶみの会に思わぬ変化が現れた。春・秋の追悼会への遺族の参加が増えたのである。それまでは、遺族の参加は1組、2組であり、参加者のマイノリティであったが、調査の過程で出会うことのできた遺族の中から追悼会への参加を得られるようになったからである。春・秋の追悼会は遺族同士の交流の場であり、また、戦没学友と「血縁」でつながっているものと、「学縁」でつながっているものの交流の場となっている。

そんな中で、フィリピンで亡くなられた西直一さんの妹森希世代さんとの交流があった。本書の出版を考えているとき、偶々学園祭の企画「戦争と一橋生」に来られた希世代さんにそのことを話した。「うちは出版社だから、何でも相談に乗りますよ」と言われた。これが今回お世話になったセルバ出版との出会いだった。その希世代さんが本年9月に帰らぬ人となった。この出版事業の背中を押していただいたことに感謝すると共にご冥福をお祈りする。

この間一橋いしぶみの会の学園祭企画『戦争と一橋生』では多くの先生方に講演会の講師や企画に関する助言を戴いた。この機会にお名前を記して感謝申し上げる。（五十音順　敬称略）

井上寿一（学習院大学）、倉沢愛子（慶應大学）、栗原俊雄（毎日新聞）、坂上康博（一橋大学）、佐藤仁史（一橋大学）、中村江里（広島大学）、福間良明（立命館大学）、保阪正康、吉田裕（一橋大学）

中野聡学長をはじめ、附属図書館、学園史資料室等大学の関係者の皆さんには資料の閲覧や資料調査にご協力、ご配慮をいただき、感謝申し上げる。学長には、2017（平成29年）の一橋祭で講演頂いて以来、学園祭の展示会場にはいつもご来場いただき、相談にも気軽に応じていただいている。更に、今回の出版にあたっては「序」の執筆を快くお引き受けいただき、その上身に余るお言葉をいただいた。お礼を申し上げたい。

末筆ながら如水会には一橋いしぶみの会創設以来物心両面にわたり多くの支援をいただいており感謝申し上げる。

（竹内雄介）

参考文献

一橋大学　学園史関係

一橋大学『一橋大学年譜Ⅰ』、１９７６

一橋大学『一橋大学年譜Ⅱ』、２００４

一橋大学学園史刊行委員会『一橋大学百二十年史—Captain of Industry を越えて』、１９９５

一橋大学学園史編集委員会編『一橋大学学制史資料』第８集、１９８３

一橋大学学園史編纂事業委員会編『第二次大戦と一橋』、１９８３

一橋大学学園史編纂事業委員会編『戦後と一橋』、１９８３

丸山泰男、如水会学園史刊行委員会『戦争の時代と一橋』、１９８９

一橋専門部教員養成所編纂委員会編『一橋専門部教員養成所史』、１９５１

一橋新聞部『一橋新聞』縮刷版第5巻、不二出版、１９８９

東京商科大学『東京商科大学一覧』、１９３２—４３

如水会々報（号数は文中に記載）

一橋会一橋新聞部『一橋新聞予科版』

第1章　一橋学園の学徒出陣

出陣学徒の少年時代　一ツ橋ガクト君物語

相島亀三郎『私の学校経営：体験四十年』明治図書、１９３７

朝日新聞社編『朝日年鑑昭和12年』朝日新聞社、１９３６

芦沢紀之『暁の戒厳令：安藤大尉とその死』芙蓉書房、１９７５

上村貞子編『官公私立諸学校改訂就学案内(日用百科全書:第37編)』博文館、１９０４

内田忠賢「東京女高師の地理巡検：１９３９年の満州旅行」(1)・(2)『お茶の水地理』42、43、お茶の水地理学会、２００１、２００２

奥田環「東京女子高等師範学校の修学旅行」『お茶の水女子大学人文科学研究』7，お茶の水女子大学、２０１１—３

「お茶の水女子大学百年史」刊行委員会編『お茶の水女子大学百年史』「お茶の水女子大学百年史」刊行委員会、１９８４

外務省外交史料館「外交資料に見る日本万国博覧会への道」外務省外交史料館、２０１０

片桐護郎「体位の新規格」『戦友』（３２２）軍人会館出版部、１９３７—４

加藤謙一『少年倶楽部時代：編集長の回想』講談社、１９６８

木田元「相次ぐ戦争の時代を生きて」『コレクション戦争と文学』16　月報９　集英社、２０１２

木下航二編『尋中、一中、日比谷高校　八十年の回想：母校創立八十周年記念回想録』如蘭会、１９５８

教育資料研究会編『学校講話新資料』厚生閣書店、１９３２

ケネス・ルオフ著木村剛久訳『紀元二千六百年：消費と観光のナショナリズム』朝日新聞出版、２０１０

『国会画報』39（７）麹町出版、１９９７—７

今和次郎編著『新版　大東京案内』上　ちくま学芸文庫、２００１（原著１９２９）

佐藤愛子「私の履歴書」『私の履歴書　女流作家』日経ビジネス文庫、２００７

志摩達郎『戦時必携国民百科事典』文泉書房、１９３９

青年教育振興会『青年と教育』第５巻第12号、青年教育振興会、１９４９—12

瀬戸内寂聴「私の履歴書」『私の履歴書　女流作家』日経ビジネス文庫、２００７

大日本少年団連盟『少年団研究』第15巻第８号、大日本少年団連盟、１９３８—８

大日本青年団編『大日本青年団史』大日本青年団、１９４２

宅野田夫「近眼国日本：官史の怠慢を衝く」『大日』（１８３）、大日社、１９３８—９

帝国書院『昭和９年版　復刻版地図帳』帝国書院、１９３８

東京市編『東京市町会時報』第３巻第２号、東京市、１９３８—５

東京市編『東京市政概要昭和13年版』東京市、１９３８

東京12チャンネル報道部編『証言　私の昭和史１（昭和初期）』学芸書林、１９６９

『東京女子高等師範学校　第六臨時教員養成所　一覧』自昭和十二年至昭和十三年、１９３７

東京府立第一中学校編輯『東京府立第一中学校創立五十年史』東京府立第一中学校、１９２９

同盟通信社編『時事年鑑昭和14年版』同盟通信社、１９３８

内閣情報局編『週報』（50）・（56）・（57）・（62）・内閣印刷局、１９３７—９、11、12

内閣情報部編『写真週報』（25）・（29）・（34）内閣情報部、１９３８—８、10

永井菊枝「私の満洲旅行」『彷書月刊』２００３年８月号、弘興社、２００３—８

中谷孝雄「肇国の精神と大東亜戦争」『少年倶楽部』第29巻２号、大日本雄弁会講談社、１９４２—２

中道寿一『君はヒトラー・ユーゲントを見たか?』南窓社、１９９９
日独青少年団交驩会 編 『日独青少年団交驩会事業概要』日独青少年団交驩会、１９３９
日本万国博覧会事務局『万博』(22)・(23)・(25) 日本万国博覧会事務局、１９３８―３、４、５
日本放送協会『NHK年鑑　昭和17年版』日本放送出版協会、１９４１
日比谷高校百年史編集委員会編『日比谷高校百年史　上巻』日比谷高校百年史刊行委員会、１９７９
『別冊太陽　昭和十年―二十年　子ども昭和史』平凡社、１９８６
本田和子『ところで軍国少女はどこへ行った』ななみ書房、２０１９
読売新聞社編集局編『支那事変実記　第13輯』非凡閣、１９３８
陸軍将校生徒試験常置委員編　『輝く陸軍将校生徒』大日本雄弁会講談社、１９３７

戦争が廊下の奥に立つてゐた～雨の壮行会

朝日ジャーナル編『昭和史の瞬間』朝日新聞社、１９８２
阿部次郎『三太郎の日記・合本』岩波書店、１９１８
郁水会『郁水五十年』、１９９４
大澤俊夫『東京商科大学予科の精神と風土』ＰＨＰエディターズ・グループ、２００５
小田桐誠『企業戦士たちの太平洋戦争』社会思想社、１９９３
海軍第三期兵科予備学生会『海軍第三期兵科予備学生名簿』、１９８１
志水達夫『在りし日の健人　志水健人遺稿集』、１９４３
戦没学友の碑建立期成会『戦没学友名簿』、２００１
第十三期誌編集委員会『第十三期海軍飛行専修予備学生誌』、１９９３
高瀬五郎監修 高戸顕隆述『學徒出陣』毎日新聞社、１９４３
高橋琢磨『葬られた文部大臣　橋田邦彦』ｗａｖｅ出版、２０１７
立花隆『天皇と東大』文藝春秋、２００５
東京商大剣道部部誌『士魂　学徒出陣号』、１９４３
東京商大陸上競技部部誌『ATHLETIK　FREUND いざ征かん』第18号、１９４３
東京大学史史料室編『東京大学の学徒動員・学徒出陣』東京大学出版会、１９９８
西山伸「１９４３年夏の大量動員―「学徒出陣」の先駆として」『京都大学大学文書館研究紀要16』、２０１８
西山伸「研究ノート　徴集猶予停止に関するいくつかの問題について」『京都大学大学文書館研究紀要14』、２０１６
蜷川壽恵『学徒出陣　戦争と青春』吉川弘文館、１９９８

日本戦没学生記念会 編『きけわだつみのこえ　日本戦没学生の手記』（新版）岩波文庫、1995

日本戦没学生記念会 編『きけわだつみのこえ　日本戦没学生の手記』第2集、岩波文庫、2003

一橋梓会『一橋弓道部八十八年史』、1988

一橋バレーボールクラブ『一橋バレー五十年史』、1986

保阪正康『『きけわだつみのこえ』の戦後史』朝日文庫、2020

三木清『人生論ノート』創文社、1941

吉野源三郎『君たちはどう生きるか』岩波文庫、1982
（初出　新潮社、1937）

陸軍学徒史料編纂委員会『検証・陸軍学徒兵の史料』、文秀社、1973

渡辺白泉『渡辺白泉全句集』沖積社、1984

明治神宮外苑競技場について

朝日新聞社編『運動年鑑大正10年度』朝日新聞社、1921

朝日新聞社編『朝日年鑑昭和20年』朝日新聞社、1944

『写された港区　四』東京都港区みなと図書館、1984

官報、1918・6・17

『国会画報』41（8）麹町出版、1999—8

後藤健生『国立競技場の100年』ミネルヴァ書房、2013

時事新報社編『時事年鑑　大正11年』・『時事年鑑　大正12年』・『時事年鑑大正13年』・『時事年鑑大正14年』・『時事年鑑大正16年』『時事年鑑昭和2年版』・『時事年鑑昭和3年版』・『時事年鑑昭和4年版』・『時事年鑑昭和5年版』・『時事年鑑昭和6年版』・『時事年鑑昭和7年版』・『時事年鑑昭和8年版』・『時事年鑑昭和10年版』・『時事年鑑昭和11年版』・『時事年鑑昭和12年版』時事新報社、1921—1936

時事通信社編『時事年鑑昭和32年版』・『時事年鑑昭和34年版』時事新報社、1956、1958

『時代文化記録集成』（26）時代文化研究会、1935—11

大東京社編『明治神宮と大東京』［大東京社］、1920

高橋卯三郎「明治神宮外苑設計に就て」『庭園』（2）日本庭園協会、1919—12

竹内正浩『写真と地図でめぐる軍都・東京』NHK 出版新書、2015

戸石泰一『消燈ラッパと兵隊』KKベストセラーズ、1976

東京市設案内所編『東京の四季：年中行事と近郊の行楽地』東京市役所、1937

同盟通信社編『時事年鑑昭和14年版』・『時事年鑑昭和15年版』・『時事年鑑昭和16年版』・『時事年鑑昭和17年版』・『時事年鑑昭和18年版』・『時事年鑑昭和19年版』同盟通信社、1938—1943

新村出編『辞苑』博文館、1935

日本教育評論社調査部編纂『最新東京学校案内昭和12年版

改訂第2版』日本教育評論社、１９３６
戸田市編『戸田市史　通史編　上』戸田市、１９８７
溝口白羊『明治神宮紀』日本評論社出版部、１９２９
明治神宮奉賛会編『明治神宮外苑奉献概要報告』明治奉賛会、１９２６
山口輝臣『明治神宮の出現』吉川弘文館、２００５
渡辺定夫「運動公園は施設の団地か?」『公共建築』39（１）（１５１）公共建築協会、１９９７—１

第2章 戦局の悪化から終戦まで

出陣後の学園～終戦と一橋

朝日ジャーナル編『昭和史の瞬間』朝日新聞社、１９８２
姜徳相『朝鮮人学徒出陣―もう一つのわだつみのこえ』、１９９７
白井洋三『戦の後の長き日』短歌新聞社、１９７４
高瀬荘太郎先生記念事業会『高瀬荘太郎』、１９７５
東京大学百年史編纂委員会『東京大学百年史　通史編二』、東京大学出版会、１９８５
東京大学史史料室編『東京大学の学徒動員・学徒出陣』東京大学出版会、１９９８
西山伸「戦時期における高等教育機関の在学・修業年限短縮について」『京都大学大学文書館紀要15』、２０１７
保阪正康『「戦争要員世代」と「少国民世代」からの告発』、毎日新聞社、２０２２
文部省『学制八十年史』、１９５４
安川寿之輔『日本の近代化と戦争責任　―わだつみ学徒兵と大学の戦争責任を問う』明石書店、１９９７

第3章　戦没出陣学徒の足跡

部史・誌

1四神会『一橋ボート百年の歩み』、１９８３
2東京商大ア式蹴球部部誌『蹴球』
3東京商大剣道部部誌『士魂』
4東京商大山岳部『針葉樹会報』
5東京商大端艇部『端艇部報』
6『一橋梓会『一橋弓道部八十八年史』、１９８８
7一橋バスケットボールクラブ『一橋大学バスケットボール部部史資料』、１９８３
8一橋大学硬式野球部『一橋硬式野球部五十年史』、１９７３
9一橋大学硬式野球部『一橋硬式野球部75年史』、１９９８
10一橋大学剣友会『一橋剣友会員戦中の記』、１９９７
11一橋大学剣友会『一橋剣道部八十年史』、１９８３
12一橋大学ラグビーフットボールOBクラブ『一橋ラグビー七十

年への軌跡』、1990
12-1 一橋大学ラグビーフットボールOBクラブ『一橋ラグビー部100周年記念誌』、2022
13 一橋大学写真部OB会『一橋大学写真部五十年史』、1988
14 一橋柔友会『一橋大学柔道部八十年史』、1983
15 一橋水友会『一橋水泳部六十年史』、1983
16 一橋庭球倶楽部・一橋大学庭球部『一橋のテニス』、1982
17 一橋バレーボールクラブ『一橋バレー五十年史』、1986
18 一橋ホッケークラブ『一橋ホッケー部70年史』、1998
19 一橋陸上競技倶楽部『一橋大学陸上競技部史』、1997
20 西松会『一橋大学ア式蹴球部60年史』、1982

同期会誌

21 郁水会『郁水一号』（昭和17年4月学部入学）、1959
22 郁水会『アルバム・東京商科大学卒業記念　昭和十九年九月』、1974
23 郁水会『郁水五十年』（昭和18年4月学部入学）、1994
24 10月クラブ『東京商科大学入学五十周年記念誌』（昭和17年10月学部入学）、1992
25 東京商大十八年入学会『東京商科大学入学50周年記念誌』（昭和18年・学部入学）、1993
26 東京商大十八年入学会有志『学徒出陣後の学園生活』、1987
27 昭和十九年門養会『萬象光輝きて』、1986
28 橋畔会『橋畔にーそして今　戦後五十年記念文集』、1995
29 暁翔会『暁翔』、1940・1941・1942
29-1 緑芳会『市岡・世良・平井君を偲ぶ』、1946

軍隊関係

30 青空会編『記録文集あおぞら第1から第5集』、1978―1982
31 赤松信乗『赤松海軍予備学生日記』講談社、1973
32 阿川弘之『雲の墓標』新潮社、1958
33 芥川瑠璃子『青春のかたみ　芥川三兄弟』文藝春秋社、1993
34 阿利莫二『ルソン戦―死の谷』岩波新書、1987
35 石崎由三郎『一朗記』春歩堂、1953
36 井畑憲次・野間弘編『海軍主計科士官物語二年現役補修学生総覧』浴恩出版会、1968
37 蛯名賢造『海軍予備学生』図書出版社、1977
38 大内建二『戦う日本漁船』光人社、2011
39 沖浦沖男編著『ビルマ助っ人兵団　下』叢文社、1985
40 海軍十四期会『海軍十四期会会報』
41 海軍兵科予備学生名簿編纂室『海軍兵科第四期予備学生・第一期予備生徒名簿』、1969

42海軍兵科予備学生名簿編纂室『海軍兵科第五期予備学生・第二期予備生徒名簿』、1970
43学徒兵懇話会『新編検証陸軍学徒兵の資料』、2000
44門田隆将『蒼海に消ゆ　祖国アメリカへ特攻した海軍少尉「松藤大治」の生涯』角川文庫、2015
44-1旧仙台陸軍予備士官学校第11期生同期会『学徒兵の手記』
45京都大学大学文書館『京都大学における「学徒出陣」：調査研究報告書』京都大学大学文書館、2006
46笹島恒輔『燦たり石門幹候隊』産業新潮社、1982
47士交会の本刊行委員会『士交会の仲間たち』、1989
48東海林正志『夕やけの地平線　痛恨の義勇隊開拓団』、1996
49末國正雄・秦郁彦監修『連合艦隊海空戦戦闘詳報』、アテネ書房、1996
50鈴木清『ネグロス島の戦闘記録』、1947
51相馬会『相馬ヶ原』独歩書林、1987
52相馬原会『鎮魂録』、1984
53高瀬五郎監修 高戸顕隆述『學徒出陣』毎日新聞社、1943
54多田実『硫黄島玉砕海軍学徒兵慟哭の記録』朝日文庫、2008
55東京大学史史料室編『東京大学の学徒動員・学徒出陣』東京大学出版会、1998
56豊橋第一予備士官学校特別甲種幹部候補生第一期生『鎮魂』豊橋第一予備士官学校特別甲種幹部候補生第一期生、1995
57西山伸「軍隊における学徒兵」「京都大学における「学徒出陣」」調査研究報告書、2006
58蜷川寿恵『学徒出陣　戦争と青春』吉川弘文館、1998
59日本戦没学生記念会 編『きけ　わだつみのこえ　日本戦没学生の手記』（新版）岩波文庫、1995
60白鴎遺族会編『雲ながるる果てに』河出書房新社、1995
60-1一橋いしぶみの会『一橋人と昭和の戦争』、2010
60-2藤原彰『中国戦線従軍記』岩波現代文庫、2019（初出2002）
61福迫有恒他『陸軍経理学校十三期経理部幹部候補生同期生名簿』、1973
62防衛庁防衛研究所戦史室『戦史叢書』朝雲新聞社
「イラワジ会戦　ビルマ防衛の破たん」、1969
63「沖縄方面陸軍作戦」、1968
64「海軍捷号作戦（2）」、1972
65「海上護衛戦」、1971
66「シッタン・明号作戦　ビルマ戦線の崩壊と泰・仏印の防衛」、1969
67「捷号陸軍作戦（2）ルソン決戦」、1972
68「中部太平洋陸軍作戦（1）マリアナ玉砕まで」、1967
69「中部太平洋陸軍作戦（2）ペリリュー・アンガウル・硫黄島」、1968

70「本土決戦準備（2）」、1972
71本間正人『経理から見た日本陸軍』文藝春秋、2021
72鎌田七郎「足柄の最期」『丸　別冊太平洋戦争証言シリーズ第3号』潮書房、1986
73向坊壽『帽振れ』昭和出版、1971
74村山常雄『シベリアに逝きし46300名を刻む』七つ森書館、2009
75茂木　尚『学徒出陣の証言』(改訂版)、2021
76森重昭『原爆で死んだ米兵秘史』潮書房光人社、2016
77柳井乃武夫『万死に一生』徳間書店、2008
78山口誠『グアムと日本人　戦争を埋め立てた楽園』岩波新書、2007
79吉田満『戦艦大和ノ最期』創元社、1952
80吉田裕『日本軍兵士』中央公論新社、2017
81緑園会九期会戦後五十年記念誌編集委員会『想い出の緑園』、1995
82リロアン会『リロアン』文秀社、1990
83リロアン会『リロアン会報』
84出田宗孝記述『比島『クラーク』地区戦闘状況』、1946

個人史参考文献リスト

氏名	参考文献No.	氏名	参考文献No.
秋山 敏夫	3,10,11,24,66	島田 健一	24,32,75,
荒川 正三郎	2,20、33,46	世良 誠	19,25,26,29-1,56,57,60-1,76
石井 尚次	16,21,23,34	園田 惣人	22,23,29,39,66
石崎 一朗	14,21,23,35	立野 廣光	1,5,24,32,49,73,75
板尾 興市	17,25,38,59	田中 誠	7,27
市岡 巌	25,29-1,30,41	都竹 史郎	14,24,26,51
伊藤 宏平	28,74 遺族	鶴岡 文吾	3,25,63,遺族
伊藤 友治	17,56,57	永田 英郎	18,21,23
潮田 脩	77,82,83	奈良 幸男	1,21,23
牛島 英彦	1,5,24,54,69, 71	西 直一	34,44-1,43,67,遺族
榎本 八郎	27,66	西村 豊	22,23,31,35,40
榎本 芳太郎	68,78,遺族	野元 純	27,
大野 健司	4,21,47	原 誠四郎	12,12-1,13,21, 81,遺族
大庭 弘行	24,47	原瀬 宗太郎	8,9,24,41,遺族
岡 泰彦	24,60,遺族	平井 有幸	25,29-1,64
折井 清文	18,25,75,遺族	古市 宗次	25,43,50,遺族
金子 利朗	21,23,29、43、61	前葉 平一	3,21,40,75
川島 荘太郎	24,63,遺族	益子 健治	1,27,42
川又 満吉	21,23,47,79 遺族	増澤 敏夫	27,遺族
清松 茂雄	21,23,47	松藤 大治	3,10、11,24,44,75
金原 實	2,20,24,31,43	守屋 正治	24,34,52
小林 蕃	遺族	八代 忠	12,12-1,31,47,84
雑賀 一雄	25,34,52	矢野 弘一	15,21,23,75,遺族
齋藤 實	68,	山本 晋平	24,36,47,72
塩澤 武吉	23,47,54	吉田 敦信	14,23,48,74

部隊略歴は、アジア歴史資料センター公開資料を閲覧
遺族：　遺族の執筆、遺族への取材

補論：学歴と徴兵検査、学校教練、武官

伊藤隆監修、百瀬孝著『事典　昭和戦前期の日本：制度と実態』吉川弘文館、1990
岩手県農村文化懇談会編『戦没農民兵士の手紙』岩波新書、1961
大江志乃夫『徴兵制』岩波新書、1981
大江義行「兵役警察に就て」『軍事警察雑誌』第24巻第10号（275）軍警会、1931―10
小原徳志編『石ころに語る母たち：農村婦人の戦争体験』未来社、1964
川上景可『学生兵役参考』川上景可、1940
河出書房新社編集部編『わが世代　大正十年生まれ』河出書房新社、1979
軍人会館出版部 編『陸海軍軍事年鑑昭和15年』軍人会館出版部、1940
桜井忠温『陸軍と陸戦の話：小学生全集50』興文社、1929
「受験と学生」調査部編『学生受験年鑑昭和16年版』研究社、1941
田中繁『飛行場と立川』田中繁、1975
帝都教育会編『御親閲記念写真帖』帝都教育会、1939
内閣情報局編『週報』（370）内閣印刷局、1943―11
中井歩兵中佐「兵役法略説」『軍事警察雑誌』第22巻第4号（245号）
広田照幸『陸軍将校の教育社会史：立身出世と天皇制』(上)・(下)ちくま学芸文庫、2021（原著1997）
藤原彰『中国戦線従軍記』岩波現代文庫、2019（原著2002）
防衛庁防衛研修所戦史部『陸軍軍戦備（戦史叢書）』朝雲新聞社、1979
文部科学省『学制百五十年史』文部科学省、2022
吉田裕『日本の軍隊 兵士たちの近代史』岩波新書、2002

戦没出陣学徒氏名索引（五十音順）

編者略歴

一橋いしぶみの会

一橋大学「戦没学友の碑」（2000 年建立）における追悼及び碑の保全を行う卒業生・在校生、遺族の会。戦争記憶の継承を活動の中心におく。

【竹内雄介】（代表）
1974 年 一橋大学経済学部卒業
2014 年 東京外国語大学大学院総合国際学研究科
博士前期課程修了、修士（学術）

【酒井雅子】
1982 年 一橋大学法学部卒業
2006 年 一橋大学大学院国際企業戦略研究科
修士課程修了、修士（経営法）

【野村由美】
1985 年 一橋大学社会学部、1988 年同大学商学部卒業
2016 年 東京大学大学院教育学研究科
修士課程修了、修士（教育学）
東京大学大学院教育学研究科博士課程在

学徒出陣80年目のレクイエム　還らざる学友たちへ

2023年 12 月28日 初版発行

編　著　一橋いしぶみの会　© Hitotsubashi Ishibumi Association
発行人　森　　忠順
発行所　株式会社 セルバ出版
〒 113-0034
東京都文京区湯島 1 丁目 12 番 6 号 高関ビル 5 B
☎ 03（5812）1178　　FAX 03（5812）1188
http://www.seluba.co.jp/
発　売　株式会社 三省堂書店／創英社
〒 101-0051
東京都千代田区神田神保町 1 丁目 1 番地
☎ 03（3291）2295　　FAX 03（3292）7687

印刷・製本　株式会社　丸井工文社

Printed in JAPAN
ISBN978-4-86367-862-0